태권도 지도자를 위한

국기원 승품·단 심사 총론

 경기도태권도협회
GYEONG GI-DO TAEKWONDO ASSOCIATION

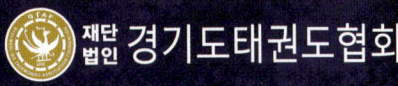

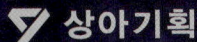

태권도 지도자를 위한
국기원 승품·단 심사 총론

저　　　자 | 경기도태권도협회
편찬위원장 | 김경덕 (경기도태권도협회장)
편 찬 위 원 | 이송학 (경기도태권도협회)
　　　　　　조남도 (경기도태권도협회)
　　　　　　오철희 (경기도태권도협회)
　　　　　　문종휴 (경기도태권도협회)
　　　　　　구본호 (경희대학교 대학원 겸임교수)
　　　　　　강경석 (경기도태권도협회)
전 문 위 원 | 정태성 (국기원 품새교수)
　　　　　　서민학 (국기원 품새교수)
　　　　　　김성기 (국기원 품새교수)
　　　　　　고영정 (경희대학교 겸임교수)
　　　　　　강유진 (서울대학교 대학원 박사과정 수료)
프로젝트 매니저 | 이송학 (전략기획위원회 위원장)
사진·영상 모델 | 이주영, 김태우, 윤대건, 김은숙, 김연부, 이철희, 황인식,
　　　　　　　심윤호, 공태현

초 판 발 행 | 2022년 4월 22일
발 행 인 | 문상필
표지디자인 | 이태진
편집디자인 | 이상혁, 이태진
펴 낸 곳 | 상아기획
등 록 번 호 | 제318-1997-000041호
주　　　소 | 서울시 영등포구 경인로 82길 3-4 (문래동 1가 센터플러스 715호)
대 표 전 화 | 02-2164-2700
홈 페 이 지 | www.tkdsanga.com
이 메 일 | 0221642700@daum.net

가격 27,000원

ISBN　979-11-86196-19-9　13690

ⓒ 저작권은 저자에게 있습니다. 저자와 합의해 인지는 생략합니다.
* 잘못 만들어진 책은 구입하신 서점에서 교환해 드립니다.
Printed in KOREA

　본 교재는 태권도장에서 수련자를 지도하는 관장이나 사범이 국기원 승·품단 심사를 준비하는 데 필요한 모든 내용을 숙지하기 위한 직무교육용 교재로 활용하는 것을 목적으로 한다.

　본 교재에서 다뤄지는 태권도 예절, 기본과 기술, 심사 규정 등의 내용은 국기원에서 발간한 교본 및 발간물을 근간으로 하였고 일부 자세한 설명이 필요한 부분은 대폭 보완하였다.

　국기원 승품·단 심사자를 위한 심리적 접근, 몸에 대한 이해와 부상 관리, 승품·단 심사 후 응심자 관리 부문은 새롭게 추가하였다.

발간사

올해는 경기도태권도협회 창립 60주년이 되는 해입니다. 지난 60년간 경기도태권도협회의 발전과 태권도 보급에 헌신해 온 2,500여 개 태권도장의 지도자들과 300여 개 전문 스포츠팀 지도자들의 성원으로 대한민국의 중심인 경기도태권도협회는 발전을 거듭하여 왔습니다.

그동안 태권도 수련을 통한 건강과 정신수양 및 올바른 인성 함양을 위한 교육적 효과는 폭넓게 인정받고 지속적으로 증명됐습니다. 이에 따라 경기도태권도협회는 모든 태권도인들이 이론과 실기를 좀 더 쉽고 체계적으로 배우고 지도할 수 있도록 연구하여 왔으며 창립 60주년을 맞이하여 승품·단 심사의 모든 과정을 집대성하여 표준을 제시하게 되었습니다.

이번에 발간하는 「국기원 승품·단 심사 총론」은 태권도 종주국인 대한민국에서 최초로 출판되는 전문 서적으로 태권도인들의 예절과 심사의식을 포함한 승품·단 심사와 관련된 모든 이론과 실기의 지침서이며 태권도를 배우고 지도하는 수련생과 지도자들의 길잡이가 되어 줄 것입니다.

특히, 본 서적은 태권도를 지속적으로 수련하고 연구하여 고단자가 되기 위한 가장 중요한 관문인 국기원 승품·단 심사에 임하는 수련생을 지도하는 사범님들에게는 매우 중요한 역할을 담당할 것입니다. 국기원 승품·단 심사 과목인 기본동작과 품새, 겨루기, 격파 수련과 심사를 위한 모든 기술의 핵심을 제시하고 있으며 수련 시 발생 가능한 상해 예방과 심리적 안정을 찾아주기 위한 방안, 심사 후 수련생 관리를 통한 장기 수련생 확보 방안을 포함하여 더욱 발전적인 태권도장 경영을 위한 방향도 제시하고 있습니다.

그동안 많은 어려움 속에서도 「국기원 승품·단 심사 총론」의 이론과 기술을 새롭게 정립해 주신 집필진의 노고에 격려와 감사를 보냅니다. 앞으로 본 「국기원 승품·단 심사 총론」이 경기도태권도협회의 모든 지도자들의 필독서가 되어 수련생들의 예절교육과 태권도 전반에 걸쳐 지도하고 연구하는 데 적극적으로 활용되기를 기대하며 경기도태권도협회 모든 회원들의 발전적인 미래를 기원합니다.

경기도태권도협회 회장 김경덕

추천사

태권도 지도자를 위한 「국기원 승품·단 심사 총론」의 발간을 진심으로 축하드리며, 뜻깊은 일에 함께할 수 있어 기쁩니다.

오늘날 태권도 승품·단 심사 환경은 급변하고 있습니다.

특히 예기치 못한 신종 코로나바이러스 감염증(코로나19) 확산으로 인해 사람들이 모이지 못하는 환경이 되면서 태권도 수련은 물론 심사를 준비하고, 시행하는 데 어려움이 매우 컸습니다.

이런 상황에서 태권도 심사와 관련한 내용을 총망라한 서적인 「국기원 승품·단 심사 총론」의 발간은 우리 모두에게 가뭄 끝에 내리는 단비와 같이 소중하게 여겨집니다.

이 서적은 우리 국기원의 태권도심사규정뿐만 아니라 심사 준비과정, 심사 과목, 수련 내용까지 알기 쉽게 담아내며, 독자의 이해를 돕고 있습니다.

또한 국기원 태권도 교본을 중심으로 내용을 구성해, 표준화를 통한 올바른 태권도 지도에 도움을 주는 등 태권도 지도자들의 길잡이가 될 것입니다.

「국기원 승품·단 심사 총론」의 발간으로 인해 심사제도에 대한 이해를 한층 높이는 기회가 되리라 확신하면서 태권도 지도자 여러분께 추천 드립니다.

이 서적의 발간을 위해 수고를 아끼지 않으신 김경덕 경기도태권도 협회 회장님을 비롯한 편찬위원회 관계자 여러분께 고마운 마음을 전합니다.

아울러 경기도태권도협회 창립 60주년을 축하드리고, 앞으로 협회가 그려나갈 태권도의 밝은 미래에 지구촌 태권도 가족의 구심점인 국기원도 언제나 함께 하겠습니다.

국기원장 이 동 섭

목차

I. 국기원 승품·단 심사 9

1. 국기원 심사와 심사제도의 의의 11
2. 심사의 역사 13
3. 심사의 구분 16
4. 표준심사과목 17
5. 심사평가 및 시행 18
6. 심사장 예절 28
7. 심사 복장 32
8. 심사 운영 34
9. 심사순서 및 심사장 구성 39
10. 심사 접수 47

II. 심사 준비과정 55

1. 응심자를 위한 심리적 접근 57
2. 몸에 대한 이해와 부상관리 69
3. 태권도 예절과 의식 78
4. 도복과 띠 87
5. 태권도장 예절 93

III. 심사 과목 및 수련 내용 · · · · · · · · 99

1. 유급자 기본동작 · · · · · · · · · · · · · · · · · 101
2. 유급자 품새 · · · · · · · · · · · · · · · · · · · 157
3. 유단자 기본동작 · · · · · · · · · · · · · · · · · 231
4. 유단자 품새 · · · · · · · · · · · · · · · · · · · 297
5. 겨루기 · 389
6. 격파 · 443

IV. 부록 · 459

1. 승품·단 심사 이후 응심자 관리 · · · · · · · · · 460
2. 찾아가는 승품·단 심사 안내 · · · · · · · · · · · 467
참고문헌 · 471
편찬위원 · 472

| 태권도 지도자를 위한
| 태권도 국기원 승품·단 심사 총론

Ⅰ. 국기원 승품·단 심사

1. 국기원 심사와 심사제도의 의의
   1) 심사의 의의
   2) 심사의 제도적 의의
2. 심사의 역사
3. 심사의 구분
4. 표준심사과목
5. 심사평가
   1) 기본동작 과목, 품새 과목
   2) 겨루기 과목
   3) 격파 과목
6. 심사장 예절
   1) 심사장에서의 질서 및 안전 교육
7. 심사 복장
   1) 응심자
   2) 심사평가위원과 진행요원
8. 심사 운영
   1) 개회식 순서
   2) 개회식 진행 시나리오
   3) 책임관 대본(예시)
   4) 검인관 대본(예시)
9. 심사순서 및 심사장 구성
   1) 심사순서
   2) 심사장 구성(세로형)
   3) 심사장 구성(가로형)
   4) 심사장 본부석 구성
   5) 검인석 안내
   6) 품새 심사장 안내
   7) 겨루기 심사장 안내
   8) 격파 심사장 안내
10. 심사 접수
    1) 국기원 승품·단 심사 안내문과 신청서 발송
    2) 태권도 품·단증 취득의 이점 안내
    3) 승품·단 연한 및 지정 품새
    4) 심사접수

Ⅰ. 국기원 승품·단 심사

1. 국기원 심사와 심사제도의 의의

1) 심사의 정의

심사란 태권도 수련자가 국기원 태권도 승품·단 자격을 취득하기 위한 절차를 말한다. 또한, 태권도의 기술 수준과 수련 정도를 측정하여, 자격을 부여하는 것으로 국기원의 태권도 승품·단 심사는 권위와 정통성을 상징한다.

2) 심사제도

태권도는 필연적으로 그 수련성과를 장기간에 걸쳐 확인하기 위하여 심사라는 통과의례를 거쳐야 한다. 그렇다면 심사는 과연 어떠한 방식으로 접근하는 것이 바람직할 것인가에 대한 문제가 발생할 수 있다.

꾸준한 수련을 통하여 습득한 기예와 태도적인 측면을 과연 어떠한 방식으로 평가받을 수 있는지가 중요한 것이다. 과거 전문교육기관이 부족하고 도제제도(徒弟制度)를 통하여 지도자와 수련자 간의 관계를 형성하였던 시기에는 지도자가 수련자에게 필요한 각종 기술을 전수하고 이를 지도자가 자체적으로 평가하여 그 기술 완성도를 평가 또는 시정하곤 하였다.

광범위한 수련집단에 대한 수련 정도를 평가하기 위하여서는 명확한 기준이 필요하며, 이를 제도화라는 과정에서 국기원의 심사규정으로 정립되었다.

가령, 수련인구가 많지 않았던 태권도 보급 초기에는 승단심사를 태권도 중앙도장(현 국기원)에서 통합적으로 시행하였는데 이는 수련인구가 많지 않았던 만큼 승단심사에 응시하고자 하는 인원 역시 소수였기 때문이었다.

그러나 태권도가 체계를 갖추어 가면서 유소년과 성인층으로 수련인구와 계층이 확대됨에 따라 지정된 한 곳에서 심사를 진행하기에 어려움이 발생하게 되어 심사해야 하는 수련자들을 모두 수용하기에는 한계에 도달하게 되었다.

단일 심사 기관에서 모든 수련자의 심사를 진행할 수 없게 됨에 따라 이를 해결하기 위해 5단 이하의 심사는 심사재수임 단체별(지역별)로 수행하게 하여 유소년 등 저연령층의 경우는 별도로 심사를 진행하는 방식을 채택하게 된 것이다.

이를 명확히 실행하고 심사유형별 특성을 반영하기 위해 제도화는 필연적일 수밖에 없다.

말하자면 다수의 수련인구에 대한 심사를 적절히 문제없이 수행하기 위한 기준으로서 심사제도의 합리화가 요구되었다.

한편, 심사 행위 전반을 제도화시키는 과정은 명문화된 태권도 심사규정 및 규칙을 바탕으로 한다.

태권도 심사 행위 시 발생하는 각종 문제와 상황들을 사전에 예측한 다음 규정화함으로써 심사 행위에 참여하는 태권도 전문가 집단의 심사 효율성을 높일 수 있다는 점도 제도화의 의의라 할 수 있다.

또한, 태권도 수련에 따른 평가를 함에 있어 공신력을 높이는 것도 중요한데 이는 모든 심사의 제도화를 통하여 실현된다. 심사의 제도적 의의는 불특정 다수인 수련자의 수련성과 평가를 보다 원활하고 오류 없이 진행하여 수련자의 단계별 수련성취도를 인증한 다음 더욱 높은 단계로 수련자들을 인도하는 과정에서 찾을 수 있다.

2. 심사의 역사

우리나라는 해방을 전후로 기간도장이 창설되기 시작하며 현대 태권도의 역사가 시작되었다. 광복 이후 초창기 태권도는 오대관(청도관, 무덕관, 지도관, 창무관, 송무관)이 주가 되어 수련하였으며, 관별로 특성을 지니고 있어 수련방식이 조금씩 다르게 나타났다.

각 관(館)은 수련생들이 일정 기준의 실력을 갖추게 되었을 때 심사 기회를 제공하였다. 즉, 당시의 태권도 단의 발급은 각 관에서 이루어졌다. 관 대부분은 연 2회 승단심사를 열었으며, 형(현재의 품새)과 겨루기, 격파를 심사 종목으로 두었다. 또한, 각 관은 연무 시범이나 승단, 승급심사와 같은 행사에 대하여 상호 교류를 하며 함께 발전해나갔다.

현대 태권도의 시작이 관으로부터 이루어진 만큼, 단증 발행 또한 각 관에서 담당하였다. 각 관의 지도자들은 상호 협력의 과정에서 당시 권법, 당수도 등의 명칭으로 불리었던 태권도 무예의 명칭을 일관화하고, 승단심사 등의 업무를 효율적으로 처리하기 위하여 협회 구성을 염두에 두었던 것으로 보인다. 그래서 당시 각 관의 지도자들은 상호 친목을 형성하고 심사와 관련된 업무를 공동으로 처리할 조직의 필요성을 논의하였다. 승단심사의 시행과 단증 발급 등 심사 제도를 확립하고 공동으로 운영하는 방안을 마련하기 위하여 여러 차례 만남이 이루어졌다. 수차례의 시도에도 불구하고 관 통합이 결성되지 못하였으나, 그 당시의 모임은 관 통합의 시초로서 역사적 의의가 있다.

이후 태권도와 관련한 더 많은 단체가 난립하였으나, 마침내 1961년 대한태수도협회(1965년 대한태권도협회로 개칭)가 창설되었다. 이는 현대 태권도가 성립된 시점으로 볼 수 있다. 1961년 9월 16일 대한태권도협회의 창립과 더불어 각 관에서 시행해오던 승단심사를 협회에서 시작하게 되었다. 최초의 전국단위 공인승단심사대회가 1962년 11월 11일 국민회당에서 열렸다.

공식적인 대한태권도협회의 승단심사가 있기 전, 1954년 4월 25일 대한공수도협회에 의하여 제1회 태권도 심사대회가 시행되기도 하였다. 그로부터 1978년 8월 5일 10개의 대표 관이 폐쇄되어 통합하기까지 각 관에서 유단자 심사를 보고, 다시 협회 심사를 보는 이중심사형태로 심사가 이루어졌다. 각 관의 승단심사를 거쳐서 협회의 '공인 단'을 인정받는 이중 승단 심사제도가 시행되었던 셈이다.

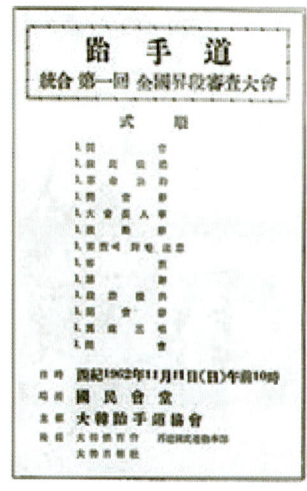 

1962년 대한태수도협회 초단증서발부대장

그 후 1965년 대한태수도협회는 대한태권도협회로 명칭을 바꾸었고, 심사대회를 연 4회 정기 심사로 지속하였다. 당시까지 지속하였던 승단심사의 이원화 현상은 1972년 3월 1일 심사규정의 제정과 1972년 11월 30일 국기원(태권도 중앙도장)의 개원과 함께 1972년 12월부터 일원화가 이뤄졌다.

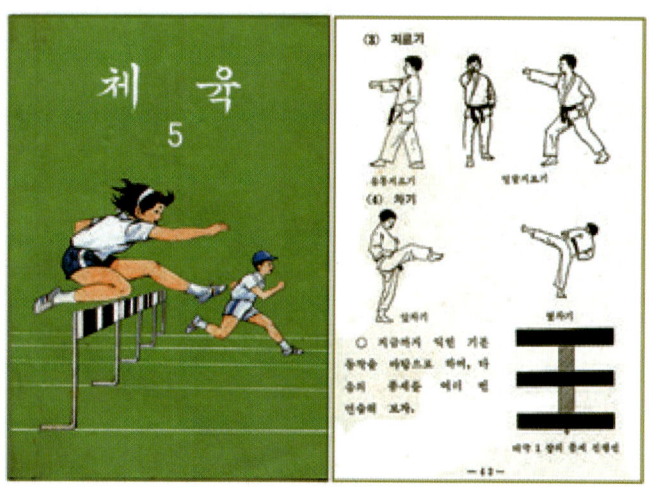

초등학교 교과서에 태극 품새 체택

15세 미만을 대상으로 시행해오던 소년부 승단심사는 1975년부터 태극 품새를 채택하였다. 태극 품새는 1972년에 제작되어 1973년 2월에 초등학교 체육 교과에 태극 1장과 2장이 채택되었다. 중학교 교과에는 1973년 8월에 태극 3, 4, 5장이 채택되었고 고등학교는 1974년 12월에 태극 6, 7, 8장이 체육 교과에 포함되었다. 승품·단 심사에서 새롭게 제정된 품새를 심사과목에 채택함으로써 전국의 도장은 자연스럽게 기술과 용어의 차이점들을 줄여 나아가게 되었다.

1975년 2월 14일에는 '소년부 단'을 '품'으로 명칭을 변경하였다. 이는 대한태권도협회 기술심의회에서 결정된 것으로 유·소년 태권도 수련생들에 대하여 단이 지니는 체격과 체력, 지적 능력에 대한 권위를 지키기에는 어려움이 있는 것으로 판단하였기 때문이다. 품(品)은 본래 조선 시대 관직에서 정일품(正一品), 종일품(從一品) 등과 같이 서열과 계급을 표시하는 호칭으로 사용되었다. 이를 본떠 만 15세 미만의 유·소년에게는 품의 제도를 적용하였다. 이에 따라 1975년 3월 1일을 기하여 소년부 승단심사라는 호칭 역시 승품 심사로 변경되었다. 이후 품띠가 위는 검은색, 아래는 빨간색으로 정해져 오늘에 이르고 있다.

1979년 12월 28일 대한체육회관 대강당에서 열린 대한태권도협회 대의원 결의로 1980년 2월 5일 자로 승품·단 심사 및 단증발급 업무가 국기원으로 이관되었다. 이로써 승급심사는 각 도장에서 자체적으로 실시하고, 각 시·도 협회에서는 5단까지 공인 심사로 시행하며, 6단부터는 국기원에서 실시하고 있다.

3. 심사의 구분

심사는 다음과 같이 구분한다.

- 승급 심사 : 태권도 사범, 해외추천사범이 태권도 유품·단자가 아닌 일반 수련자 (무·유급자)를 대상으로 태권도장에서 시행하는 9급 ~ 1급까지 시행하는 심사
- 승품 심사 : 만 15세 미만인 자를 대상으로 시행하는 심사. 단, 4품은 만 18세 미만인 자로 한다.
- 승단 심사 : 만 15세 이상인 자를 대상으로 시행하는 심사
- 특별 심사
  - 장애인을 대상으로 시행하는 심사
  - 정책적 판단에 따라 시행하는 심사
- 명예단 심사 : 태권도 발전에 공헌한 자를 대상으로 단을 수여하기 위한 자격심사
- 추서단 심사 : 태권도 발전에 공로가 지대한 태권도 고단자가 타계하였을 경우 상위 단을 추서하기 위한 자격 심사

4. 표준심사과목

표준심사과목과 평가요소는 다음과 같다.

구분	과목	평가요소
실기	기본동작	정확성, 숙련도, 균형 등
	품새 (지정 품새, 필수 품새)	완성도(품새 완결, 정확성, 공방목표, 자세의 굴신), 숙련도(속도의 완급, 몸의 중심이동, 힘의 강유, 기의 집중, 호흡, 기합), 품위(태도, 예절, 차림새) 등
	겨루기	공격력, 방어력, 기술의 다양성 등
	격파	격파물의 완파(손날, 발), 자세 등
이론	필답	태권도 역사, 태권도 용어 및 기본동작, 겨루기, 품새, 시범, 태권도 심사 등
	논술	주제와의 적합성, 작성지침의 이행 등
	면접	태권도인으로서 알아야 하는 지식, 태권도 발전에 대한 공적, 활동경력, 품격, 인성, 사회공헌도 등

5. 심사평가 및 시행

심사평가는 절대적인 기준에 의하여 개개의 응시자를 평가하는 방법인 절대평가로 한다. 각 과목별 심사평가위원의 평가점수는 100점을 만점으로 하여 60점 이상은 합격, 60점 미만(59점 이하)는 불합격으로 판정한다.

1) 기본동작 과목, 품새 과목

(1) 과목내용
- 기본동작 과목 : 태권도의 기본인 서기(넓혀서기, 모아서기, 특수품서기), 방어(막기, 잡기), 공격(지르기, 치기, 찌르기, 차기, 꺾기, 넘기기), 특수품 등으로 구성됨.
- 품새 과목 : 유급자 품새(태극 1장 ~ 8장), 유단자 품새(고려, 금강, 태백, 평원, 십진, 지태, 천권, 한수, 일여) 등으로 구성됨.

(2) 평가요소
- 기본동작 과목 : 정확성, 숙련도, 균형
- 품새 과목 : 완성도, 숙련도, 품위

(3) 평가방법
- 심사평가위원 5인(3인)이 각각 평가함.

(4) 세부평가내용
① 완성도
a) 완결
- 첫 동작부터 끝 동작까지 마쳤을 때
  - 지침 : 국기원의 규정된 동작으로 품새를 제대로 끝까지 시연하였는지 살핌.

- 평가 : 1회 미완 시 감점, 2회 미완 시 탈락

• 시작점에서 끝점까지 품새선 상에서 움직임
 - 지침 : 시작에서 종료까지 품새 선을 벗어나지 않고 시연하였는지 살핌.
 - 평가 : 제자리에 돌아오지 못하였을 시 감점함. 품새 선을 벗어났을 때 감점함.

b) 정확성
 • 품의 각도
 - 지침 : 서기자세의 발끝 방향과 신체 관절의 신전과 굴곡의 각도를 살핌.
 - 평가 : 서기자세 및 공방의 자세 불량 시 감점함.

c) 공방목표
 • 공방의 목표
 - 지침 : 지르기, 치기, 찌르기, 차기, 꺾기, 넘기기 등의 동작이 목표와 일치하는가를 살핌.
 - 평가 : 공방의 손동작이나 차기가 목표를 벗어났을 때 감점함. 동작은 정확하나 신체가 경직되었을 때 감점함.

d) 자세의 굴신
 • 자세의 굴신
 - 지침 : 관절의 신전과 굴곡이 자연스럽게 이루어짐을 살핌.
 - 평가 : 자세가 높았다 낮았다 하면 감점함.
   ※단, 서기가 바뀔 때는 예외로 함.

② 숙련도
a) 속도의 완급
 • 동작의 시작 직전
 -지침 : 동작을 하기 직전의 준비동작을 자연스럽게 함.

- 동작 순간
  - 지침 : 동작을 행하는 순간을 빠르게 함.

- 이동 직전
  - 지침 : 동작 이동 직전은 자연스럽게 함.

- 이동 순간
  - 지침 : 이동 순간을 빠르게 함.
  - 평가 : 부자연스럽고 완급이 이루어지지 않으면 감점함.

b) 몸의 중심이동

- 균형과 안정성
  - 지침 : 자연스러운 형태의 이동이 물 흐르듯이 움직이며 이동 시 균형이 흐트러지지 않아야 한다. 자세가 안정감이 있어야 함. 회전 시 흔들리지 않아야 함.
  - 평가 : 균형이 잡히지 않고 불안정할 때 감점함.

- 보폭의 일정함
  - 지침 : 서기, 앞굽이, 뒷굽이 등의 폭이 일정하여야 함.
  - 평가 : 일정치 못한 보폭은 감점함.

c) 힘의 강유

- 힘의 강유
  - 지침 : 공방을 요하는 동작의 끝점에서 끊어치는 가격을 필요로 하는 상태를 살핌.
  - 평가 : 미는 동작이나 힘이 없어 보이는 동작은 감점함.

- 유연성
  - 지침 : 공방의 기술을 구사하는 중간과정이나 이동 간의 동작은 부드러우면서 자연스러워야 함.
  - 평가 : 동작을 시연하면서 처음부터 끝까지 경직된 동작은 감점함.

d) 기의 집중
- 호흡(복식호흡)
  - 지침 : 깊은 호흡을 하되 소리를 내지 않아야 함.
  - 평가 : 입으로 의식적인 소리를 내며 동작을 행할 시 감점함.

- 기세
  - 지침 : 생동감이 있도록 절도 있게 행하여야 함.
  - 평가 : 위 사항에 위배되면 감점함.

- 시선
  - 지침 : 공방 기술을 교환하는 가상의 상대방을 바로 보아야 함.

e) 기합
- 기합
  - 지침 : 기합은 굵고 기백이 있는 짧은소리여야 함.
  - 평가 : 기합을 넣지 아니하거나 괴성에 가까운 소리는 감점함.

③ 품위
a) 예절
  - 지침 : 단정하면서 공손한가를 살핌.
  - 평가 : 위 사항에 위배될 시 감점함.

b) 태도
  - 지침 : 당당하고 의연하면서 기백이 넘치는 품격을 느낄 수 있나 살핌.
  - 평가 : 위 사항에 맞지 않으면 감점함.

c) 도복
  - 지침 : 도복 매무새가 단정한가 그리고 청결한가를 살핌. 띠의 선이 고르며 끝단이 같게 매어졌나를 살핌. 소매나 바짓가랑이를 걷어붙이지 않았나를 살핌. 부착물을 난잡하

게 부착하였는지를 살핌.
- 평가 : 위 사항을 위배하였을 시 감점함.

2) 겨루기 과목

(1) 과목내용
- 경기 겨루기로 구성됨.

(2) 평가요소
- 공격력, 방어력, 기술의 다양성

(3) 평가방법
- 심사평가위원 5인(3인)이 각각 평가함.

(4) 세부평가내용
- 평가 시 확인 및 주의사항
- 겨루기는 전문선수의 시각이나 수준에서 평가하여서는 아니 되며, 숙련의 정도를 평가함.

① 시선 : 상대방을 계속 주시하여야 함.
② 기합 : 상대방의 기선을 제압할 수 있는 기합이 되어야 함.
③ 완급 : 신체의 속도가 느리고 빠름이 자연스럽게 이루어져야 함.
④ 강유 : 몸의 힘을 줄 때와 뺄 때를 알아 유연하게 함.
⑤ 신축 : 신체의 신축을 적절히 공방에 구사함.
⑥ 중심 : 몸놀림이 부자연스럽지 않아야 함.
⑦ 기의 다양성 : 공방의 기술을 다양하게 구사하여야 함.
⑧ 거리조정 : 상대방과의 공방거리를 적절하게 유지하여야 함.

• 주요사항
- 기합 여부
- 공격의 연결동작 발휘 여부
- 공방의 딛기 여부
- 공방에 따른 다양한 기술발휘 여부
- 상대의 공격에 대한 적절한 방어 및 대응기술 발휘 여부 등

3) 격파 과목

(1) 과목내용
• 손날격파, 발격파 등으로 구성됨.

(2) 평가요소
• 격파물의 완파(손날, 발) 여부, 자세

(3) 평가방법
• 심사평가위원 3인이 각각 평가함.

(4) 세부평가내용
• 평가 시 확인 및 주의사항
- 심사 시 격파는 올바른 자세에서 단련한 기술을 통해 격파물을 완파하는 것을 평가함.
① 시선 : 격파물을 계속 주시하여야 함.
② 기합 : 기선을 제압할 수 있고, 힘을 최고조로 끌어올리기 위한 기합이 되어야 함.
③ 동작의 완성도 : 준비에서부터 격파를 마칠 때까지 동작이 정확히 이루어져야 함.

4) 심사시행

(1) 응시자격

① 태권도심사규정 제10조 제1항에 따른 응시자격의 기준은 [별표 1]과 같아. <개정 2016. 5. 9.>

② 삭제 <2016. 5. 9.>

③ 자신의 국적 이외 국가에서 시행하는 심사에 응시하고자 하는 자의 경우 해당 국가에서 최소한 6개월 이상 거주하여야만 응시자격을 부여한다. 단, 정부, 국기원, 국기원의 사전 승인을 득한 교육기관 등이 해외 국적자 등을 대상으로 하는 교육에 참가, 수료하거나 자격을 취득한 자에게는 그 기간을 예외로 할 수 있으며, 제36조 제1항 제2호의 서류를 제출받아야 한다. <개정 2016. 5. 9., 2017. 3. 10.>

[전문개정 2015. 4. 14.]

(2) 응시결격사유

① 태권도심사규정 제10조 제2항에 따라 다음 각 호의 어느 하나에 해당하는 자는 심사에 응시할 수 없도록 하여야 한다.
    1. 징계를 받고 그 징계기간이 경과되지 아니한 자
    2. 임산부
    3. 부상자
    4. 중증 질환자
    5. 전염성 질환자
    6. 태권도심사규정 제5조 제1항 각 호에 적합하지 아니한 자

② 제1항에 해당하는 자가 응시결격사유를 숨기고 심사에 응시하거나, 심사에 합격아여도 향후에 발각 즉시 해당 품·단의 자격은 자동 취소한다.

[본조신설 2016. 5. 9.]

(3) 응시자격의 특례

① 태권도심사규정 제10조 제3항에 따른 응시자격의 특례는 다음 각 호와 같으며, 제36조 제1항 제3호의 서류를 제출받아야 한다. <개정 2016. 5. 9.>

1. 태권도 유공자와 관련한 응시자격의 특례는 평생 1회에 한하여 7단 이하의 심사에만 연한의 단축 혜택을 부여하며, 적용기준은 [별표 2]와 같다. 이 경우에도 연령의 기준은 [별표 1]을 그대로 적용한다. <개정 2015. 4 14., 2016. 5. 9., 2021. 10. 18.>

2. 대학교(태권도학과, 태권도전공)에서 태권도를 전공한 자 중 4년제 대학교 졸업예정자(3학년 2학기 종료 전까지 3단의 자격을 취득한 자로, 4학년 2학기에 재학 중인 자) 및 학점은행제 졸업예정자(대학교 4학년 졸업학력 이수 학점 중 80% 이상 이수한 자)에게는 4단의 응시자격을 부여한다. <개정 2015. 4. 14., 2016. 5. 9.>

3. 삭제 <2016. 5. 9.>

③ 응시자격의 특례에 관한 사항은 심사심의위원회의 심의, 의결을 거쳐 국기원장의 승인으로 확정된다. <개정 2016. 5. 9.>

(4) 심사과목의 일부면제

정기적으로 시행하는 심사에서 태권도심사규정 제11조 제1항 가 호의 세부과목 중 1과목의 과락으로 인하여 불합격한 자에 대하여는 다음 차수의 심사에서 합격한 과목을 면제하고, 불합격한 과목에 대하여 응시기회를 부여할 수 있다.

[본조신설 2016. 5. 9.]

(5) 품·단의 자격 전환 단증 교부

① 태권도심사규정 제20조 제3항에 따라 단증을 교부하기 위하여서는 제36조 제1항 제7호의 서류를 제출받아야 한다. 단, 국기원 정보화시스템으로 신청 시 일부 제출 서류는 확인 과정을 거쳐 첨부하지 않을 수 있다. <개정 2022. 2. 22.>

② 4품의 자격을 보유하고, 만 18세 이상이 된 자가 4단으로 자격을 전화, 단증을 교부하고자 하는 경우 국기원 세계태권도연수원에서 실시하는 보수교육을 이수하도록 하여야 한다.

③ 품·단의 자격 전환 등록에 따른 단증의 교부 시 수수료[별표 10]를 부관한다. <개정 2021. 10 .18., 개정 2022. 2. 22.>

[본조신설 2016. 5. 9.]

(6) 심사과목별 평가표

1-1. 기본동작과목, 품새과목 평가표(1품)

심사평가위원	성명	서명 또는 인

심사시행일 :   응시 품·단 :

응시번호	기본동작과목 평가요소			평가점수	품새과목 평가요소						평가점수	비고
					지정품새 1			지정품새 2				
	정확성	숙련도	균형		완성도	숙련도	품위	완성도	숙련도	품위		
1001												

1-2. 기본동작과목, 품새과목 평가표(2~4품, 1~9단)

심사평가위원	성명	서명 또는 인

심사시행일 :   응시 품·단 :

응시번호	기본동작과목 평가요소			평가점수	품새과목 평가요소						평가점수	비고
					지정품새			필수품새				
	정확성	숙련도	균형		완성도	숙련도	품위	완성도	숙련도	품위		
1001												

2. 겨루기과목 평가표(1~4품, 1~7단)

심사평가위원	성명	서명 또는 인

심사시행일 :   응시 품·단 :

응시번호	겨루기과목 평가요소			평가점수	비고
	공격력	방어력	기술의 다양성		
1001					

3. 격파과목 평가표(4~7단)

심사평가위원	성명	서명 또는 인

심사시행일 :   응시 단 :

응시번호	격파과목 평가요소			평가점수	비고
	손날완파	발완파	자세		
1001					

4. 필답과목 평가표(4, 5단)

심사평가위원	성명	서명 또는 인

심사시행일 :   응시 단 :

응시번호	필답과목 평가요소	평가점수	비고
	정답 수		
1001			

5. 논술과목 평가표(6~9단)

심사평가위원	성명	서명 또는 인

심사시행일 :   응시 단 :

응시번호	논술과목 평가요소		평가점수	비고
	주제와의 적합성	작성지침의 이행		
1001				

6. 심사장 예절

심사장은 심사 공간과 주차장을 포함한 건물 내외의 제반 구역을 말하며 지도자는 응심자의 신발 및 개인 물품을 안전하게 보관하고 관리해야 한다.

1) 심사장에서의 질서 및 안전 교육

심사장에 도착하면 모든 말과 행동은 태권도인의 예의범절로 포함되며, 응심자는 이를 준수해야 한다.

(1) 출입문, 계단, 복도, 관람석에서 질서를 지키며 안전에 유의한다.
① 심사장에서는 우측통행한다.
② 조용한 목소리로 대화한다.
③ 복장을 단정히 하고 의자를 밟거나 차거나 눕지 않는다.
④ 뛰어다니지 않으며 특히 벽을 차지 않는다.
⑤ 심사장에는 반려동물을 동반하지 않는다.
⑥ 실내 심사장에서는 물을 제외한 어떠한 음식물도 취식을 금지한다.
⑦ 도장별 정해진 위치에 자리하며 안내방송과 정해진 일정에 따라 행동한다.
⑧ 지도자는 응심자에게 심사 과목별 장소를 사전 교육한다.

(2) 검인 대기 시 주의사항
① 지정된 검인 대기 장소에서 안내자의 지시에 따른다.
② 심사에 불필요한 시계, 반지, 팔찌, 귀걸이, 목걸이 등 장신구는 제거 후 대기한다.
③ 심사번호 확인 및 부착 위치를 확인한다.
④ 주변 심사자와 불필요한 언행을 자제한다.
⑤ 공인도복 규정(도복 상의 엉덩이 부위 글씨, 도복 바지 양쪽 글씨) 확인 및 교체

⑥ 심사 중 머리카락으로 인해 불편이 없도록 단정하게 유지한다.(날카로운 머리 장신구 제거)
⑦ 안경은 심사 과목별 진행자의 지시에 따른다.
⑧ 응심자 외 출입을 금지한다.

(3) 검인석 통과 절차
① 검인관이 심사자의 신분을 대조하도록 주의집중 한다.
② 본인 확인(1, 2, 3품) 및 신분증(4, 5단) 대조 후 검인 확인 도장을 손등에 받는다.
③ 주변 지도자가 없으면 본인의 불필요한 물품을 검인석에 맡긴다.
④ 심사 전 특이사항 및 해당 서류는 검인관에게 보고 및 제출한다.(해당 서류 - 진단서, 진료확인서, 초본, 외국인 등록증 등)
⑤ 검인 후 진행자의 지시를 받아 과목별 심사 대기 장소로 이동한다.

(4) 심사 대기 시 주의사항
① 대기 장소에서 무단으로 이탈하지 않는다.
② 과도한 몸풀기나 몸짓으로 다른 응심자에게 불편함을 주지 않는다.
③ 자신의 차례가 오기 전에 응심번호와 복장을 다시 한 번 점검한다.
④ 선행 심사자의 심사를 유심히 관찰하며, 마음의 준비를 한다.

(5) 심사(기본동작, 품새, 겨루기, 격파) 시 주의사항 및 예절
① 입장 전 응심자는 본인에게 지정된 자리를 미리 파악하며, 입장 시 본인에게 지정된 위치에 자리한다.
② 응심자는 진행자의 안내와 통제에 따르며, 구령에 맞추어 시행한다.
③ 한 과목의 심사가 끝나면 진행자의 안내에 따라 다음 과목의 심사장으로 이동한다.
④ 모든 과목의 심사를 마치면 도장별 정해진 위치로 이동한다.

(6) 기본동작 및 품새 수행 시 행동 요령
① 심사평가위원께 예의 바르게 인사한다.
② 연습한 동작을 자신감 있게 표현한다.

③ 각 과목의 동작을 멈추지 않고 끝까지 수행한다.

(7) 겨루기 수행 시 행동 요령
① 심사평가위원께 예의 바르게 인사한다.
② 상대방을 존중하되 경계하는 마음과 시선으로 인사를 한다.
③ 주심의 진행에 집중하며 허용기술과 공격 부위를 준수한다.

(8) 격파 수행 시 행동 요령
① 심사평가위원께 예의 바르게 인사한다.
② 격파물의 위치를 본인 체형에 맞게 조절한다.
③ 주심의 진행에 따라 격파를 실시한다.

(9) 심사 후 예절
심사 후 지도자에 대한 감사 예절과 격려
① 심사 후 지도자는 응심자에게 격려와 지속적인 수련에 대한 필요성을 강조한다.
② 승품·단 심사 합격자 발표 예정일 및 승품·단 띠 수여식에 대한 안내를 한다.
③ 응심자의 가족 등 동반자에 대한 감사의 인사를 표한다.
④ 개인 물품을 분실하지 않도록 확인하며, 머물렀던 장소를 깨끗이 정리 정돈한다.

(10) 심사장에서는 개별적인 시상이나 행사는 불가
① 심사장에서는 주최·주관한 협회의 시상만 가능하다.
② 심사장에서는 주최·주관한 협회에서 승인한 상장 수여와 행사만 가능하다.

(11) 응심자에 대한 인사말 및 격려사
① 심사 전 자신감 향상 및 불안감을 해소하도록 지도한다.
② 심사 후 성취감과 즐거움을 느낄 수 있도록 지도한다.
③ 학부모에게는 심사 진행에 대한 전반적인 안내와 심사 후 추후 일정에 대해 설명한다.

(12) 포토존을 활용한 기념사진 촬영

① 경기도태권도 협회 포토존을 활용하여 심사자 및 가족들에게 추억을 남긴다.

② 심사 시 태권도 시범단 시범을 관람 후 시범단과 도장별 단체 사진 촬영 가능토록 준비한다.

(13) 심사 시 우발 상황에 대한 대처 방안 제시

① 심사 간 환자 발생에 대비해 구급차 대기 및 응급처치요원 대기시킨다.

② 심사 전 인근 병원 및 의료기관 파악으로 환자 발생 시 최단 시간 내 후송한다.

③ 심사 전 부족한 심사 물품에 대해 본부석에서 안내 및 지원을 한다.

7. 심사 복장

1) 응심자

- 응심자는 국기원이 지정한 태권도복과 띠를 착용하도록 하여야 한다.

- 승품 응심자는 품 도복, 승단 응시자는 단 도복을 착용하도록 하여야 한다. 단, 4품 응심자는 단 도복과 단띠 착용을 허용한다.
- 응심자가 도복 이외의 부속물(신발, 모자, 시계, 반지, 목걸이, 귀걸이 등)을 착용할 수 없도록 하여야 한다.

- 응심자가 도복 이외의 복장은 착용할 수 없도록 하여야 한다. 단, 여성 응시자의 경우 도복 상의 안에 백색 셔츠 착용을 허용한다.
- 응심자의 도복 부착물 허용범위는 다음과 같다.

응심자의 도복 부착물 허용 범위	
도복 상의(앞면)	도복 상의(뒷면)
도복 상의(앞면) 왼쪽 가슴에 소속명(로고) 부착 허용 V자 아랫부분 부착 허용. 단, 가슴에 국기를 부착할 경우 오른쪽 가슴에 소속명(로고) 부착 허용 (왼쪽 가슴 및 오른쪽 가슴 점선 크기 정도)	도복 상의(뒷면) 소속명, 성명, 태권도 글자 등 부착 허용 (등 부위 점선 크기 정도)
도복 상의(옆면)	도복 하의(옆면)
도복 상의(옆면) 왼쪽 팔 부분에 소속명 부착 허용 (어깨선 이하 점선 크기 정도)	도복 하의(옆면) 다리 부분에만 소속명 부착 허용 (무릎 이하 점선 크기 정도)

2) 심사평가위원과 진행요원

심사평가위원과 진행요원은 통일성 있는 복장을 착용하도록 하여야 한다.
심사 복장은 응심자를 대상으로 사전에 주지시켜야 하며, 위반 시는 즉시 시정조치 하고, 시정되지 않는 경우 심사에 응시할 수 없도록 조치하여야 한다.

8. 심사 운영

1) 개회식 순서
① 개회식
② 내빈 소개
③ 국기에 대한 경례
④ 애국가 제창
⑤ 순국선열 및 호국영령에 대한 묵념
⑥ 시상
⑦ 개회사
⑧ 심사위원 위촉
⑨ 검인관 안내
⑩ 지정 품새 추첨
⑪ 폐식

2) 개회식 진행 시나리오

사회자	예행연습	심사 예행연습 / 사전 교육 / 추첨자 선정 <본부석 대기> <첫 인사 – 안녕하십니까! / 끝인사 – 감사합니다.>	
○ 사회자		사회를 맡은 OOO입니다. 응심자 및 관계자분들은 주변을 정돈해 주시길 바랍니다. 잠시 후에 개회식을 시작할 예정이니 임원 및 심사위원은 지정된 자리에 위치해 주시기 바랍니다.	
	개식	지금부터 대한태권도협회가 주최하고 경기도 태권도 협회가 주관하는 제 OO회 국기원 승품•단 심사대회를 시작하겠습니다.	
	내빈소개	먼저 본회 국기원 승품•단 심사대회를 위해 참석하신 내•외빈을 소개해 올리겠습니다. 한분 한분 소개해 드릴 때마다 뜨거운 환영의 박수로 맞이해 주시기 바랍니다. (외부 손님부터 소개한다.) 경기도태권도협회에서 파견된 ◯◯◯ 책임관님 참석하셨습니다. ◯◯◯ 검인관님 참석하셨습니다. (내부 인사를 소개한다.) ◯◯◯ 고문님 참석하셨습니다. 본회 ◯◯◯ 회장님 참석하셨습니다. ◯◯◯ 부회장님 참석하셨습니다.	
	의례	다음은 국기에 대한 경례가 있겠습니다. 모두 일어나셔서 단상의 국기를 향해 주시길 바랍니다. (일동기립) (국기에 대한 경례) 다음은 애국가 제창을 하겠습니다. 녹음 반주에 맞추어 힘차게 1절을 불러주시길 바랍니다. (애국가 제창) 이어서 순국선열 및 호국영령에 대한 묵념이 있겠습니다. (일동 묵념) → (녹음 반주) → (바롯) 자리에 앉아주시길 바랍니다. (일동 착석)	
○ 사회자	시 상 회장님 단상으로	다음은 제 ◯◯회 국기원 승품•단 심사대회에 태권도 발전에 기여한 유공자에 대한 공로상 수여식이 있겠습니다. 호명된 수상자는 단상 앞으로 나와 주시기 바랍니다. 상장 - 소속 : ◯◯◯태권도장 성명 : ◯◯◯ (상장 대독)	

사회자	사회자 개회사 안내	다음은 경기도태권도협회 회장님의 개회사가 있겠습니다. 일동 차렷 - 회장님께 경례 – 바로 / 제창 – 안녕하십니까!<예행연습>	
		회장	회장 개회사
		개회사 종료 후 차렷 -> 경례 / 제창 – 감사합니다!<예행연습>	
	사회자 안내	다음은 본 제 ○○회 국기원 승품•단 심사대회 책임관님이신 ○○○님의 격려사 및 심사위원 위촉 시간입니다. 일동 차렷 - 책임관님께 경례 – 바로 / 제창 – 안녕하십니까!<예행연습>	
		책임관	책임관 격려사 / 심사위원 위촉
			감사합니다. 다음은 심사위원 위촉이 있겠습니다. 한분 한분 소개될 때마다 뜨거운 박수로 맞이해 주시기 바랍니다.
			책임관 심사위원 위촉
		격려사 및 위촉 종료 후 차렷 -> 경례 / 제창 – 감사합니다!<예행연습>	
	사회자 검인관 안 내	다음은 ○○○검인관님으로부터 심사 시 주의사항 전달이 있겠습니다. 일동 차렷 - 검인관님께 경례 – 바로 / 제창 – 안녕하십니까!<예행연습>	
		검인관	주의사항 안내
		주의사항 안내 후 종료 후 차렷 -> 경례 / 제창 – 감사합니다!<예행연습>	
	다음은 오늘 실시할 지정품새 추첨이 있겠습니다. 책임관님 및 추첨자는 추첨장소로 와주시길 바랍니다. 지정품새 추첨 – 책임관 입회 < 추첨자 추첨 - 1품(단), 2품(단), 3품(단), 4품(단) >		
	지금부터 심사를 시작하겠습니다. 심사위원 및 심사관계자는 장내 정리를 부탁드립니다.		

3) 책임관 대본(예시)

대본

심사 시 주의사항
 	
  응심자 여러분! 그리고 학부모님 안녕하십니까?
  저는 본 제○○회 국기원 승품•단 심사대회에 경기도태권도협회에서 책임관으로 파견된 ○○○입니다. 응심자 전원이 합격하기를 기원하면서 몇 가지 당부 말씀드리겠습니다.
  오늘 심사 채점기준으로, 기본동작은 정확성, 숙련도, 균형을 평가하고 품새 부문은 지정품새와 필수 품새 2가지 품새로 실시하는데 완성도, 숙련도, 품위에 입각한 동작의 정확성, 속도의 완급, 몸의 중심이동, 힘의 강유, 기의 집중, 기합, 품위 등을 평가할 것이고 겨루기 부문은 공격력, 방어력, 기술의 다양성에 입각하여 시선, 기합, 강유, 완급 등을 중점적으로 평가하겠으며 기본동작, 품새, 겨루기 공히 60점 이상이 되어야 합격이 됩니다.
 	
  아울러 금일 심사의 우수자에게는 경기도태권도협회가 우수메달과 상장을 시상하겠습니다.
다시 한 번 응심한 여러분 전원이 합격하기를 기원합니다.
감사합니다.

감사합니다. 다음은 심사위원 위촉이 있겠습니다. 한분 한분 소개될 때마다 뜨거운 박수로 맞이해 주시기 바랍니다.
먼저, 품새 부문 심사평가위원입니다. ○○○님, ○○○님, ○○○님, ○○○님, ○○○님, ○○○님,
다음은 겨루기 부문 심사평가위원입니다. ○○○님, ○○○님, ○○○님, ○○○님, ○○○님, ○○○님,
다음은 격파 부문 심사평가위원입니다. ○○○님, ○○○님, ○○○님, ○○○님, ○○○님, ○○○님,

4) 검인관 대본(예시)

심사 안내 및 주의사항

안녕하십니까?
저는 오늘 국기원 승품•단 심사대회에 경기도태권도협회에서 검인관으로 파견된 ○○○입니다.
심사안내 및 주의사항을 말씀드리겠습니다.

오늘 심사 순서는
1품 → 2품 → 3품 → 4품 → 1단 → 2단 → 3단 → 4단 → 5단 순으로 실시하겠으며 과목은 기본동작, 품새, 겨루기, 격파 순으로 진행하겠습니다.
기본동작과 품새는 ○명, 겨루기○명, 격파는 0명이 1개 조가 됩니다.
심사장에 입장할 때에는 반드시 검인석을 통과해야 하며 검인석에서 본인 확인을 받지 않은 응심자는 불합격 처리됨을 유념하여 주시기 바랍니다.

검인석에 입장 시 패용하고 계시는 시계, 반지, 팔찌, 귀걸이, 목걸이 등의 장신구는 안전을 위하여 소속 지도자나 학부모님께 맡기고 입장 바랍니다. 또한, 부득이한 사정으로 불참하신 응심자는 진단서나 진료확인서를 제출해 주시고 외국인이나 성명, 사진, 주민등록번호 등 인적사항 변경이 있을 경우는 검인석에 해당 서류를 제출바랍니다.

검인석 통과 후 품새 심사 대기석으로 이동하고 안경은 기본동작과 품새 심사 시는 착용할 수 있으나 겨루기 시에는 심사 진행자에게 맡기고 겨루기를 해야 합니다. 검인석에 맡기신 장신구는 심사 후 꼭! 찾아가시기 바랍니다.

4,5단 응심자의 필기시험은 본 회가 준비한 시험지로 00장소에서 00시에 모여서 실시하겠습니다. 신분증과 필기도구를 가지고 모여 주시기 바랍니다.
응심자 모두 안내방송에 귀를 기울여 주시고 안전에 각별한 주의를 기울여 오늘 심사를 성공적으로 마칠 수 있기를 바랍니다. 감사합니다.

이것으로 심사 안내 및 주의사항 전달을 마치겠습니다.
감사합니다.

9. 심사순서 및 심사장 구성

1) 심사순서

응심자 대기장	지정된 복장을 착용하고 순차적으로 응심자는 승품·단 심사를 준비한다. <복장, 번호표, 순서 확인>
심사 전 검인	본인 확인을 위한 절차로 심사자 사진을 확인 후 손등에 확인 도장
품새/기본동작 심사장	기본 동작 시연 각 품·단별 2개의 품새를 시연한다. 당일 추첨된 지정 품새 1 품·단별 필수품새 1
겨루기 심사장	태권도의 기본 기술과 품새로 익힌 기술을 활용해 두 사람이 서로 기량을 겨룬다. 단, 겨루기 시합이 아닌 자신의 기량을 최대한 발휘한다.
격파 심사장	<4단·5단> 지정된 격파를 실시한다.
심사자 퇴장	본인의 잊은 소지품이 없는지 확인 후 응심자 지도자에게 돌아간다.

※ 심사 진행 방향: 위에서 아래로

2) 심사장 구성(세로형)

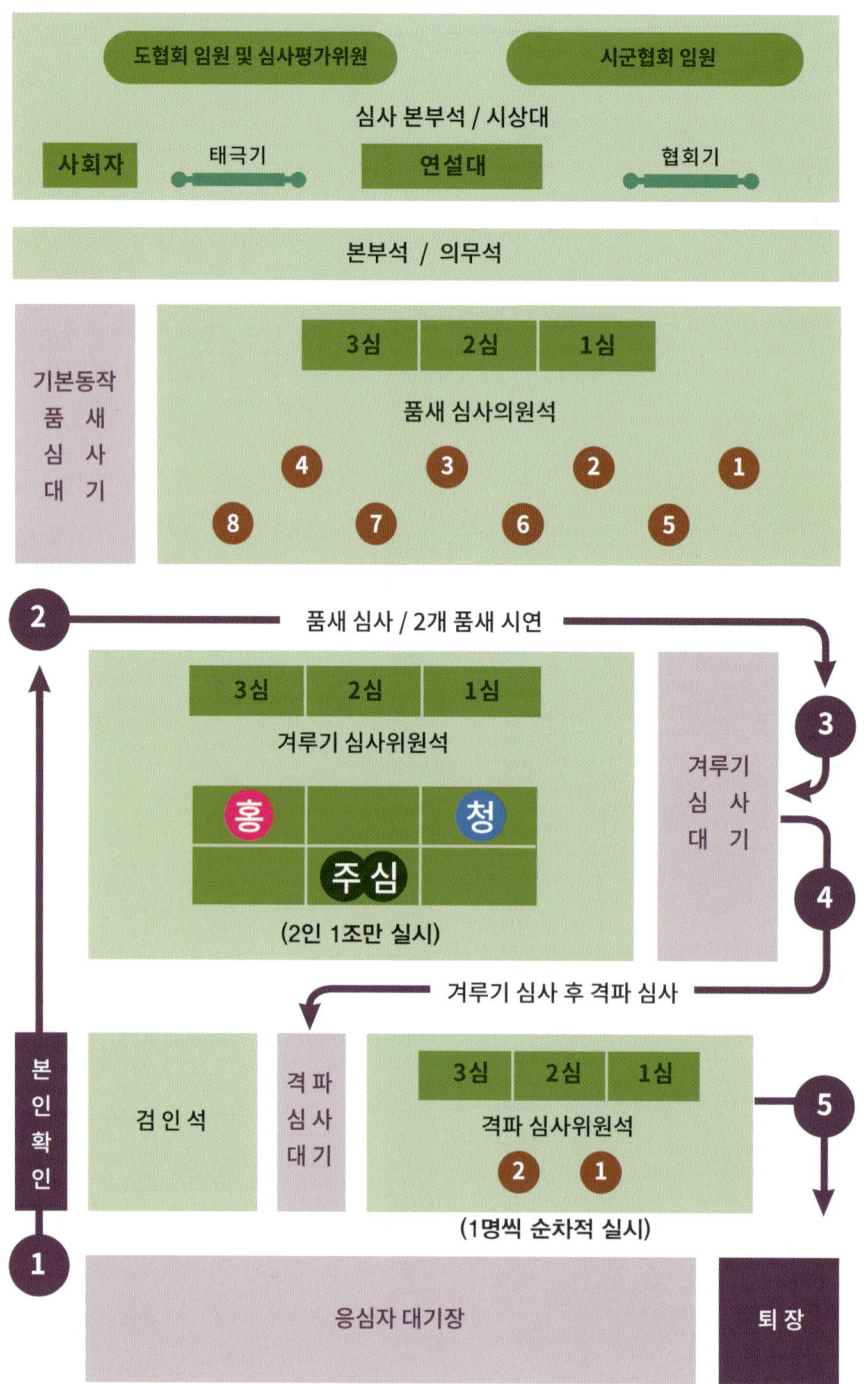

3) 심사장 구성(가로형)

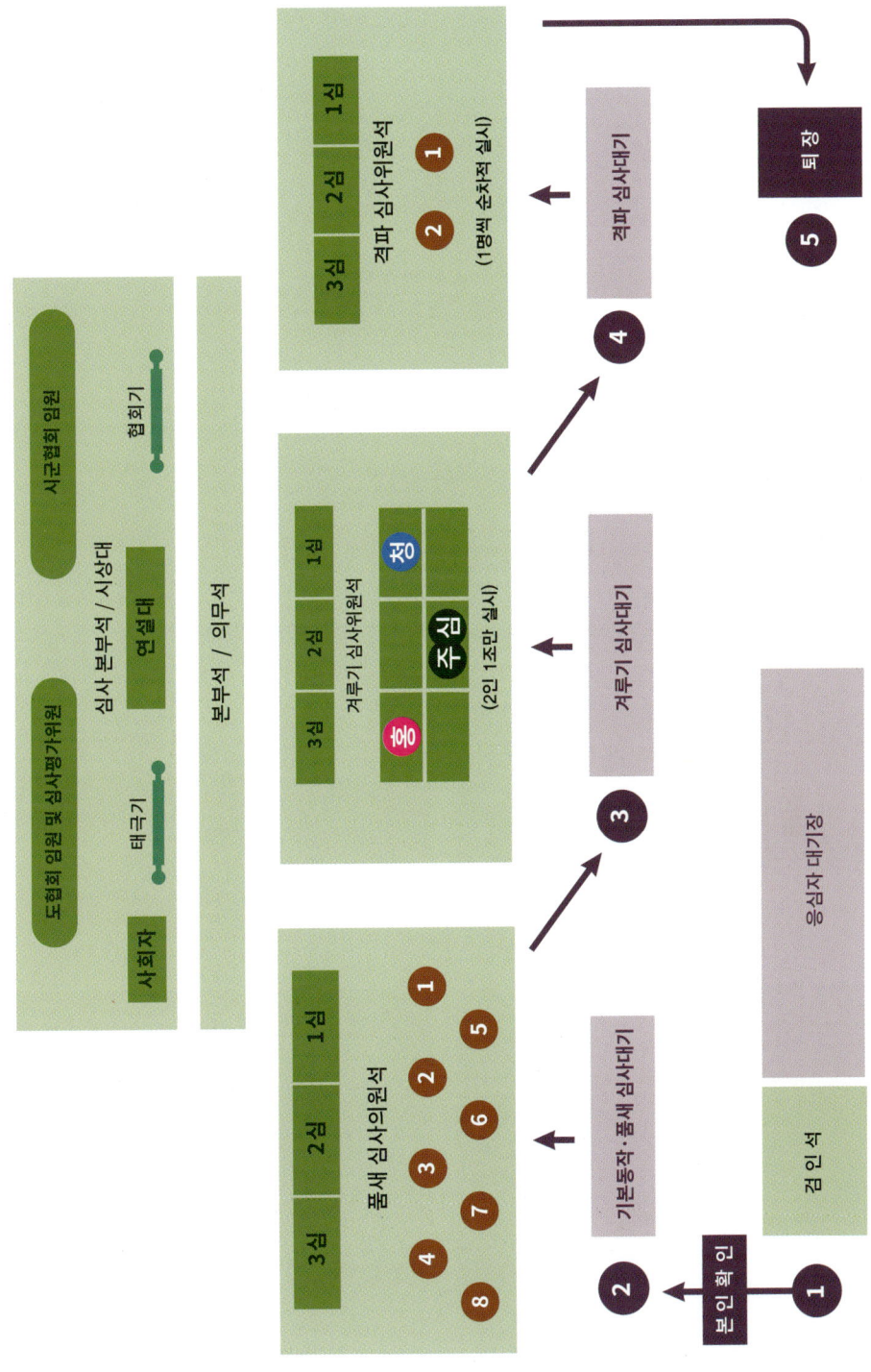

4) 심사장 본부석 구성

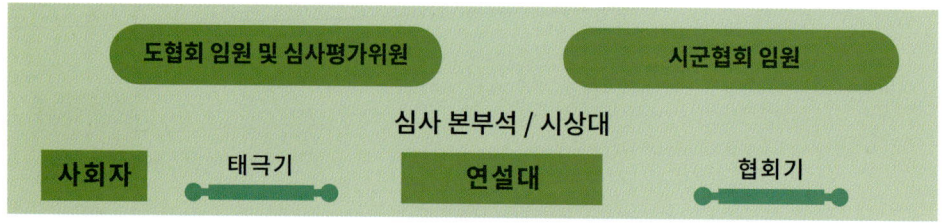

단 상 / 시상대	심사의 의례 및 심사 우수자 시상을 진행하는 장소
본부석	심사대회 진행의 전반적인 행사를 원활히 수행하는 장소
의무석 <간호사 1명>	심사대회 중 환자 발생 시 안전을 위한 응급처치가 이루어지는 장소

단상

본부석

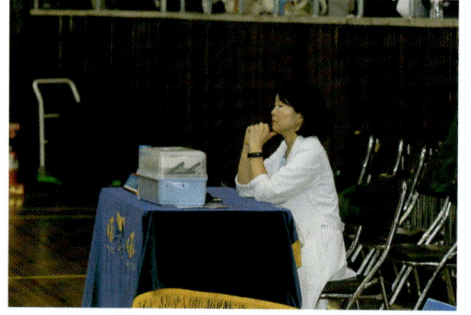

의무석

시상

5) 검인석 안내

응심자 인원 확인 및 확인 도장 발급, 환자 및 불참 인원 파악, 외국인 심사 등에 관하여 심사 진행을 위한 핵심적인 역할을 하는 장소	
검인관 1	심사 신청 인원과 응심자 대조 확인, 서류접수
검인관 2	확인도장 발급 / 진행, 질서유지

대기석

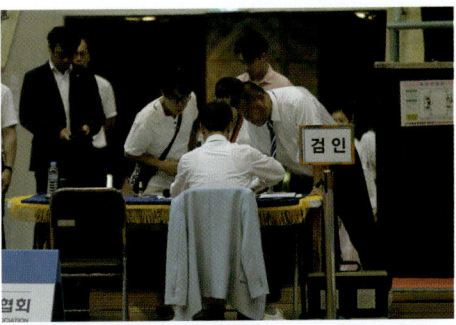

검인석

응심자 대기조

검인석 도장 발급

6) 품새 심사장 안내

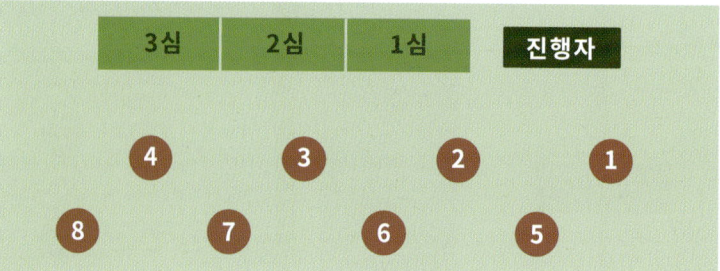

기본동작 / 품새 심사 대기장	응심자 순번에 맞는 위치 안내 및 원활한 심사진행을 위한 대기장소
심사평가위원	3심으로 이루어져 있으며 응심자의 기본동작/품새 심사를 평가하는 위원
진행자	기본동작, 품새 심사 간 원활한 구령 및 진행을 담당하는 위원

태권도 승품·단 심사 중 품새를 시연하는 곳으로 2개의 품새를 시연한다
품새는 추첨 품새 1개, 지정 품새 1개 시연을 원칙으로 한다.

품새 대기

품새 심사

평가위원 3인

진행위원

7) 겨루기 심사장 안내

태권도 승품·단 심사 중 겨루기를 평가하는 심사장

겨루기 심사 대기장	응심자 순번에 맞는 위치 안내 및 원활한 심사진행을 위한 대기장소
심 사 평 가 위 원	3심으로 이루어져 있으며 응심자의 겨루기 심사를 평가하는 위원
주심 < 진행자 >	겨루기 심사 간 원활한 구령 및 진행을 담당하는 위원

겨루기 대기

겨루기 심사

평가위원 3인

진행위원

8) 격파 심사장 안내

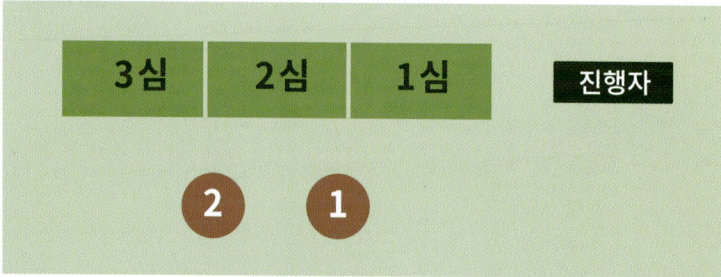

	4단 · 5단 심사 중 격파를 평가하는 심사장
격파 심사 대기장	응심자 순번에 맞는 위치 안내 및 원활한 심사진행을 위한 대기장소
심사평가위원	3심으로 이루어져 있으며 응심자의 격파 심사를 평가하는 위원
진행자	격파 심사 간 원활한 구령 및 진행을 담당하는 위원

격파 대기

격파 심사

평가위원 3인

진행위원

10. 심사 접수

태권도 지도자는 직접 지도한 수련생을 '심사추천'하여 국기원 심사에 응시하도록 한다. 수련생과 학부모에게 단증 취득의 이점과 국기원 심사에 합격하기 위한 과정을 설명한다. 지도자의 불찰로 심사에서 불이익이 생기지 않도록 접수에서 심사준비까지 책임 있는 자세가 필요하다.

1) 국기원 승품·단 심사 안내문과 신청서 발송

승품·단 심사 안내문과 신청서를 보낼 때는 심사과정, 준비사항, 그리고 비용 등에 대해 안내한다. 국기원 심사비는 수수료, 특별교육비, 그리고 제반 비용 등이 포함된다. 심사비는 수련생과 학부모로부터 지속적으로 민원이 발생하는 부분이다. 심사비가 국기원 승품·단 심사 합격을 위한 합리적인 금액이라는 사실을 인지하도록 구체적인 내용을 안내하는 게 권장된다.(심사 안내문 예시 참고)

2) 태권도 단증 취득의 이점 안내

태권도는 수련생에게 다양한 이점이 있다. 특히 엄정한 심사를 통해 취득하게 되는 태권도 단증은 우리나라 국기가 태권도인 까닭에 사회적으로 많은 우대와 혜택이 있다. 국기(國技)는 한 나라의 대표적인 기예나 운동을 의미한다. 수련생과 학부모에게 국기 태권도 단증 취득을 통해 얻을 수 있는 이점을 설명하여 심사 이후에도 태권도 수련을 지속하기를 권장한다.

3) 승품·단 연한 및 지정 품새

태권도 품은 1품부터 4품, 단은 1단부터 9단까지 체계가 있다. 심사 전에 수련생과 학부모에게 승품·단 연한 및 지정 품새에 대해 안내한다. 일회성 공지보다는 지속적인 공지를 통해 수련생의 목표의식을 고취할 수 있다.

4) 심사접수

지도자는 응시자로부터 신청서를 받아 국기원 심사등록 사이트에 전산으로 접수한다. 지도자의 아이디를 통해 접수하고, 심사비를 납부한다. 심사가 접수되면 협회의 승인 이후 번호표 출력이 가능하다.

※ 승품·단 지정 품새와 필수 품새

	지정 품새 (추첨)	필수 품새
1품(단)	태극 1장~8장 (2지정)	-
	태극 4장~7장 (1지정)	8장 (경기도)
2품(단)	태극 1장~8장 (1지정)	고려
3품(단)	태극 1장~8장, 고려 (1지정)	금강
4품(단)	태극 1장~8장, 고려, 금강 (1지정)	태백
5단	태극 1장~8장, 고려, 금강, 태백 (1지정)	평원

※ 응시자격의 기준

품(단)별	승품·단		
	연한구분	품부터 시작한 자	단부터 시작한 자
1품	-	만 15세 미만	-
1품에서 2품	1년	만 15세 미만	-
2품에서 3품	2년	만 15세 미만	-
3품에서 4품	3년	만 18세 미만	-
4품에서 4단	-	만 18세 이상	
4품에서 5단	4년	만 22세 이상	만 25세 이상
1단	-	-	만 15세 이상
1단에서 2단	1년	만 15세 이상	만 16세 이상
2단에서 3단	2년	만 15세 이상	만 18세 이상
3단에서 4단	3년	만 18세 이상	만 21세 이상
4단에서 5단	4년	만 22세 이상	만 25세 이상
5단에서 6단	5년	만 30세 이상	만 30세 이상
6단에서 7단	6년	만 36세 이상	만 36세 이상
7단에서 8단	8년	만 44세 이상	만 44세 이상
8단에서 9단	9년	만 53세 이상	만 53세 이상

- 태권도를 품부터 시작한 자의 경우 태권도 조기 수련자임을 감안, 5단까지 승단 연령의 단축 혜택을 부여함.
- 1~3품의 자격을 보유하고, 만 15세 이상이 된 자가 단으로 자격을 전환, 신청할 경우 단증을 교부할 수 있음.
- 4품의 자격을 보유하고, 만 18세 이상이 되어 4단으로 자격을 전환, 신청할 경우 국기원 세계태권도연수원에서 실시하는 보수교육을 이수하도록 하여야 하며, 4단으로 자격을 전환하지 아니함. 5단 승단의 연한은 4품 승품일로부터 적용함.
- 저단자(1~4품, 1~5단) 심사의 경우 연한 및 연령의 적용이 허용되는 범위는 심사시행일을 기준으로 15일 이전, 15일 이후까지로 함. 단, 품의 자격을 보유한 자에게 태권도심사규칙 제16조에 따른 응시기회를 부여할 때에는 연한 및 연령이 초과하였음에도 불구하고 불합격한 심사에 응시한 해당 품만 허용함.
- 고단자(6~9단) 심사의 연한 및 연령의 적용이 허용되는 범위는 심사시행일이 포함되어 있는 월로 함.
- 제15조 제1항 제1호에 따른 유공자 응시자격 특례는 연령에는 적용되지 않으며 연한의 단축만 부여함.

※ 국기원 심사 안내문 예시

국기원 심사안내

○○○ 부모님께!

안녕하세요? ○○이의 그간 노력과 정성이 이제 커다란 하나의 결실을 맺을 때가 온 것 같습니다. ○○이가 도장에서 열심히 땀 흘리며 수련하였기에 국기원 심사에서 좋은 결과를 얻으리라 생각됩니다. 심사를 준비하는 ○○이에게 아낌없는 격려와 성원을 보내주시기 바랍니다.

태권도 품(단)증은 우리나라의 국기가 태권도인 까닭에 전산 처리하여 자료를 영구히 보관하며, 품(단)이 높을수록 군대 및 경찰, 공무원시험 등에서 우대하는 등 각종 편리함을 얻을 수 있는 매우 값진 자격증입니다. 아래 사항을 확인하시어 착오 없이 접수하시기 바랍니다.

──────────────── 아　　　래 ────────────────

1. 심사일시: 2022년 O월 O일(O요일)
2. 장소와 시간: 미정(추후 공지 예정)
3. 집합시간: 2022년 O월 O일(O요일) 심사 예정시간은 추후 공지함
4. 복장: 흰 도복과 띠 착용(팬티 외 내의 금지, 여학생은 흰 티셔츠 가능)
5. 접수마감: O월 O일(O요일)까지
6. 제출서류: 심사신청서 1통(사진은 도장에서 촬영)
7. 심사비: 1품 – 15만 원
    (심사접수비+협회수수료+띠값+품증케이스+특별교육비 등 심사 제반 비용 포함)

추신 : 신청서 제출 이후 도장에서 30분 보충수련을 권장합니다.
　　　자세한 심사정보는 경기도태권도협회 홈페이지에서 확인 가능합니다.

2022년 O월 O일
○○○태권도장
관장 ○○○ 드림

※ 단증의 우대 및 혜택 예시

태권도 단증은 미래를 위한 투자입니다.
(태권도 단증 취득의 혜택)

태권도는 법률에 의해 제정된 대한민국의 국기입니다.
태권도 단증은 우리나라의 국기가 태권도인 까닭에 사회적으로 많은 혜택이 있습니다.

1. 경찰, 국가정보원 등 공무원 시험 가산점
   (태권도 단증 보유 시 다른 직종의 전문 자격과 동등한 대우)

2. 사관학교 및 경찰대학 필수 교과목으로 유단자 우대

3. ROTC 및 군 특수부대, 국가기관 경호원 지원 시 우대

4. 태권도 및 체육 관련 학과 입학 시 필요조건 및 가산점

태권도 수련을 통한 체력 증진은 각종 공무원 체력시험에 실질적인 도움이 됩니다.

사회 각 분야에서 우대받는 태권도 단증은 소중한 자녀의 미래를 위한 투자입니다.

심사신청서

성명	(한글)		(영문)	사진 (2매) 반명함 또는 증명사진
국적		성별		
주소	주민등록상 주소			
주민등록번호	-			
연락처	(자택)		(휴대전화)	
전자우편 (E-mail)	@			
응시 품·단		품·단 번호		
보유 품·단		신장	cm	체중	kg

상기자는 「태권도심사규칙」 제29조 제4항, 제5항에 따라 태권도 승품·단 심사에 응시할 자격이 인정되기에 추천합니다.

추천인		품·단 번호	
태권도장명		연락처	

20 년   월   일

추천인   (서명 또는 인)

국기원장 귀하

개인정보 수집·이용 및 고유식별정보 처리 동의서

[개인정보 수집·이용에 대한 동의]

개인정보 항목	성명(국/영문), 주민등록번호, 연락처, 품·단 번호, 사진, 주소, e-mail, 체중
개인정보의 수집 및 이용목적	태권도 승품·단 심사 신청, 조회, 재발급, 정정, 관리, 운영 등 태권도 승품·단 심사 관련 업무
개인정보의 보유 및 이용기간	개인정보는 수집·이용에 관한 동의 일로부터 위 이용목적을 위하여 보유·이용됩니다. 단, 문서로 본인의 개인정보 파기요청 시에는 「개인정보 보호법」 제21조에 따라 파기합니다.

※ 귀하는 이에 대한 동의를 거부할 수 있으며, 단, 동의가 없을 경우 이와 관련된 업무 진행이 불가능할 수 있음을 알려드립니다.

개인정보 수집 및 이용에 동의함 ☐   개인정보 수집 및 이용에 동의하지 아니함 ☐

[고유식별정보 처리에 대한 동의]

수집하는 고유식별정보 항목	주민등록번호
고유식별정보의 수집 및 이용목적	태권도 승품·단 심사 신청, 조회, 재발급, 정정, 관리, 운영 등 태권도 승품·단 심사 관련 업무
고유식별정보의 보유 및 이용기간	개인정보는 수집·이용에 관한 동의 일로부터 위 이용목적을 위하여 보유·이용됩니다. 단, 문서로 본인의 개인정보 파기요청 시에는 「개인정보 보호법」 제21조에 따라 파기합니다.

※ 귀하는 이에 대한 동의를 거부할 수 있으며, 단, 동의가 없을 경우 이와 관련된 업무 진행이 불가능할 수 있음을 알려드립니다.

고유식별정보 수집 및 이용에 동의함 ☐   고유식별정보 수집 및 이용에 동의하지 아니함 ☐

[수임자 및 제3자 개인정보 제공에 대한 동의]

수임자 및 제3자	수임자 : 심사수임단체(대한태권도협회, 기관)
	재수임자 : 심사재수임단체(시도태권도협회)
	제3자 : 태권도 사범
제공하는 개인정보 및 고유식별정보	성명(국/영문), 주민등록번호, 연락처, 품·단 번호, 사진, 주소, e-mail, 주민등록번호, 체중
수집 및 이용목적	태권도 승품·단 심사 신청, 조회, 재발급, 정정, 관리, 운영 등 태권도 승품·단 심사 관련 업무
보유 및 이용기간	개인정보는 수집·이용에 관한 동의 일로부터 위 이용목적을 위하여 보유·이용됩니다. 단, 문서로 본인의 개인정보 파기요청 시에는 「개인정보 보호법」 제21조에 따라 파기합니다.

※ 귀하는 이에 대한 동의를 거부할 수 있으며, 단, 동의가 없을 경우 이와 관련된 업무 진행이 불가능할 수 있음을 알려드립니다.

수임자 및 제3자 개인정보 제공에 동의함 ☐   수임자 및 제3자 개인정보 제공에 동의하지 아니함 ☐

※ 개인정보 제공자가 동의한 내용 외의 다른 목적으로 활용하지 아니하며, 제공된 개인정보의 이용을 거부하고자 할 때에는 개인정보 관리책임자를 통해 열람, 정정, 삭제를 요구할 수 있음.
※ 「개인정보 보호법」 등 관련 법규에 의거하여 상기 본인은 위와 같이 개인정보 수집 및 활용에 동의함.

20   년   월   일
본인 성명   (서명 또는 인)

※ 만 14세 미만 아동인 경우 반드시 법정대리인의 동의가 필요함.

20   년   월   일

본인 성명   (서명 또는 인)
법정대리인 성명   (서명 또는 인)

국기원장 귀하

태권도 지도자를 위한
태권도 국기원 승품·단 심사 총론

II. 심사 준비과정

1. 응심자를 위한 심리적 접근
   1) 자발적 수련을 만드는 동기
      (Motivation)
   2) 긍정적인 변화를 유도하는 처벌
   3) 심사에 대한 자신감
   4) 심사에 앞두고 생기는 불안
   5) 심사를 마치고 맛보는 성취감
2. 몸에 대한 이해와 부상관리
   1) 태권도 승품·단 심사 준비가
      인체에 미치는 순기능
   2) 부상의 종류
   3) 통증의 종류와 관리
   4) 부상자의 응급처치
   5) 심사 후 관리

3. 태권도 예절과 의식
   1) 태권도 예절에 대한 이해
   2) 태권도인의 인사
4. 도복과 띠
   1) 도복
   2) 띠
5. 태권도장 예절
   1) 경례
   2) 지도자에게 인사
   3) 상호 간의 인사(선·후배, 동료)
   4) 도장에서 지켜야 할 수칙
   5) 수련 시 지켜야 할 수칙
   6) 기술 수련 시 지켜야 할 수칙
   7) 수련 후 예절
   8) 태권도장 통학 차량 등·하원 시
      주의사항

II. 심사 준비과정

1. 응심자를 위한 심리적 접근

1) 자발적 수련을 만드는 동기(Motivation)

흥미를 느끼고, 스스로 하려는 수련생이 그렇지 않은 수련생보다 더 많이 배우고 성장한다. 어떻게 수련생으로 하여금 학습하려는 마음을 갖게 할 수 있는가는 도장의 성패와 직결된다.

(1) 내재적 동기와 외재적 동기

외재적 동기란 행동에 대한 외부적 보상에 따라 행동한다. 상, 칭찬, 상점이 행동의 주요 원인이 되며 보상의 강도가 행동의 빈도를 강화시킨다.

내재적 동기란 외부에서 주어지는 보상에 따라 자신의 행동을 선택하고 행하는 것이 아니라 행동 그 자체에 대한 즐거움을 찾기 위해 행동하는 것을 말한다. 즉, 내재적으로 동기화된 사람들은 일이나 행동에 대한 호기심, 흥미, 자기표현, 도전 욕구 등을 충족하기 위하여 행동한다.

행동주의 심리학자들은 외적 강화의 중요성을 강조한다. 수련생들이 상점(칭찬 포인트)를 받는 걸 기대해서, 또는 단지 더 높은 단계의 띠를 얻기 위해 수련을 열심히 한다면 이 수련생은 외재적으로 동기화되어 진 것이다. 즉, 태권도 정신이나 기술에는 관심 없이, 관련되지 않은 외부의 것을 얻기 위해 노력하는 것을 의미한다.

내재적 동기를 강조하는 인지심리학자들은 인간을 원래 자신의 능력을 발달시키고 자신의 성취를 즐기도록 동기 유발되는 존재로 보았다. 외부의 아무런 보상이 주어지지 않는 상황에서도 수련에 적극적으로 참여한다면 내재적으로 동기화되어 진 것이다.

내재적 동기화는 외재적 동기화보다 더 바람직한 것으로 여겨진다. 내재적 동기화된 수련생들은 외적 결과에 연연해 하지 않고 학습이나 행동을 강하게 지속하며, 내재적 동기는 기계적 반복연습이 아닌 이해를 통한 동작의 숙련을 주도한다.

(2) 자기 결정이론

데시와 라이언(Deci & Ryan, 2000)이 제안한 자기 결정이론(Self determination theory)에 포함된 하위 이론이 기본적 욕구 이론에 의하면 인간은 유능성, 자율성, 관계성이라는 3가지 기본적 욕구를 갖고 있다. 태권도에서 유능성은 태권도 실기에서 잘한다는 생각이고, 자율성은 자발성과 자기 주도성을 말하며, 관계성은 타인과의 관계를 의미한다.

자율성, 유능성, 관계성의 욕구가 충족될수록 행동이 내적으로 규제되어 자기 결정 동기가 강해지고, 이는 결국 참여 증진으로 이어진다고 예측된다. 이런 이론적 토대를 바탕으로 태권도 지도자는 자율성, 유능성, 관계성을 풍부하게 촉진하도록 지도환경을 만든다면 수련생의 재미와 참가 수준을 높일 수 있다. 자신이 통제감을 갖고, 유능감을 느끼며, 다른 사람과 연결되어 있다고 느낄 때 자기 결정 동기가 높아진다.

(3) 내재적 동기 향상 전략

지도방식과 보상은 수련생의 해석에 따라 내재적 동기를 높일 수도 있고 낮출 수도 있다. 지도방식과 보상은 지도진이나 수련생이 잘했다는 느낌을 받을 수 있도록 해야 내재적 동기가 높아진다. Weinberg & Gould(2015)가 제시한 내적적 동기 향상 전략을 통해 어떤 과정을 거쳐 유능감에 관한 긍정적 정보를 제공해 주고 결국에 내재적 동기를 높일 수 있는지 알아보자.

① 성공 경험을 갖게 한다.

성공 경험은 자신의 능력에 대한 자신감을 높여준다. 실제 능력은 그대로 있더라도 성공 경험으로 유능감을 높일 수 있다.

② 구체적인 수행에 대한 보상을 준다.

구체적으로 잘한 수행을 지지해서 보상을 주면 정보적으로 가치가 높아진다. 유능감에 대한 긍정적 정보를 전해주기 위해서는 잘한 동작, 좋은 작전, 향상된 기술을 찾아서 보상해야 한다.

③ 언어적, 비언어적으로 칭찬한다.

칭찬은 긍정적인 피드백을 주고, 노력을 계속하는 동기 유발 효과가 매우 크다. 특히 향상이 필요한 수련생에게 칭찬은 유능감에 대한 정보를 준다. 월드컵 4강을 이끈 히딩크 감독은 칭찬으로 내재적 동기를 끌어올린 것으로 유명하다. "정말 잘했다. 크로스가 좀 더 높으면 내년 연봉은 백만 불이다!"라고 격려를 했다.

④ 수련내용과 순서를 바꾼다.

지루한 수련은 억지로 해야 한다는 통제의 느낌이 든다. 수련의 단조로움을 극복하고 동기를 끌어내려면 수련내용과 절차에 변화를 주는 게 좋다.

⑤ 의사결정에 참여시킨다.

의사결정에 수련생을 참여시키면 스스로 결정을 했다는 통제감을 높일 수 있다. 내적 동기를 높이는데도 효과적이다.

⑥ 실현 가능한 수행목표를 설정한다.

개인 수준을 고려해 실현 가능한 목표를 설정한다. 반복횟수, 기술향상, 감정조절, 집중력 등 자신이 달성할 수 있는 수행목표를 세우는 것이 좋다. 과정 지향적인 목표를 세우면 자신이 수행을 통제한다는 느낌이 높아진다. 또 자신이 세운 목표를 달성하면 유능감도 좋아져 결국 내재적 동기가 향상된다.

2) 긍정적인 변화를 유도하는 처벌

일상 대화에서 처벌이라는 단어는 대개 체벌을 가리킨다. 심리학에서는 체벌뿐만 아니라 더 포괄적인 의미로 처벌은 행동의 결과로 인한 행동 강도의 감소를 의미한다.

(1) 처벌의 유형

처벌은 두 가지 유형이 있다.

정적 처벌(positive punishment)에서는 행동의 결과가 어떤 자극의 출현 혹은 그 자극의 강도 증가이다. 정적 처벌에 속하는 전형적인 처벌물에는 질책, 벌칙, 얼차려 등의 신체적 체벌이 있다. 태권도장에서는 수련의 효율을 얻기 위하여 흔히 사용되는 방법이기도 하다.

부적 처벌 (negative punishment)에서는 어떤 자극의 제거 혹은 그 강도의 감소에 의해 행동이 약화된다. 이 자극은 보통 수련생이 좋아하는 무언가이다. 부적 처벌에 속하는 전형적인 처벌물에는 상점, 게임 등이 있다. 수련생이 품새 과제를 완수하지 못했을 경우 게임 참여를 배제하거나 상점을 주지 않는 것이 부적 처벌에 해당한다.

(2) 처벌의 문제점

처벌은 사실상 모든 사람이 어느 땐가는 일상적으로 사용한다. 처벌이 그렇게 널리 사용되는 이유 중 하나는, 적어도 단기적으로는 효과가 있기 때문이다. 어떤 행동 뒤에 처벌물이 규칙적으로 그리고 처음부터 충분한 강도로 즉각적으로 일어나면 일반적으로 그 행동은 매우 빨리 그리고 크게 감소한다. 또한, 처벌은 신속하다. 처벌이 제대로 작용하는지를 알기 위해 며칠 후 혹은 몇 주 동안 계속 시행할 필요 없다. 어떤 결과가 한 행동의 빈도를 감소시킬 요량이면 그런 일이 즉각적으로 일어나기 시작한다.

유감스럽게도 체벌에는 모든 사람이 알고 있어야 할 잠재적 문제점이 있다. 특히 태권도장의 체벌이 가해질 경우에 심각해질 가능성이 높다. 그런 문제들로는 휴관 및 퇴관, 공격성, 무관심, 학대, 그리고 체벌자에 대한 모방이 포함된다.

(3) 처벌의 대안적 방법

수련생이 지도진의 기대에 미치지 못한다고 처벌을 할 경우 긍정적인 효과보다는 부정적인 효과가 많기 때문에 처벌을 최소화할 수 있는 지도 기술이 필요하다.

① 무시하기

무시하기는 부적절한 행동에는 전혀 관심을 보이지 않고, 대신 적절한 행동을 했을 때만 지도자가 관심을 보여주는 것이다.

② 경고주기

경고주기는 억제 효과가 기대만큼 크지 않은 처벌을 고집하기보다는 가능하다면 처벌 대신 경고를 사용해 보는 것도 한 방법이다. 경고가 적절한 역할을 못 할 때만 벌을 사용하는 방법을 쓴다면 전체적으로 벌을 줘야 하는 상황이 줄어들 것이다.

③ 반응방지

반응방지(response prevention)는 환경을 수정함으로써 그 행동이 일어나지 않도록 하는 것이다. 품새 수업 중 샌드백을 지도자의 허락 없이 차는 수련생이 있다면 샌드백을 보이지 않는 곳으로 치우는 것. 수련 중 친구와 장난이 심할 경우 서로 멀리 떨어뜨려 놓는 것. 수업 중 창문 밖을 빈번히 쳐다보는 수련생이 있다면 창문 밖이 보이지 않도록 시트지를 붙이는 것이 바로 반응 방지를 이용한 방법이다.

④ 상반행동 차별강화

상반행동 차별강화(differential reinforcement of incompatibble behavior)는 문제 행동과 상반되는 행동을 칭찬함으로써 문제 행동 비율을 감소시키는 것이다. 바르게 앉아있지 않은 아이가 많을 때 바르게 앉아있는 수련생을 칭찬하는 것. 수련생의 기합 소리가 작을 경우 기합 소리가 큰 수련생을 칭찬하는 것이 바로 상반행동 차별강화를 이용한 방법이다.

3) 심사에 대한 자신감

자신감은 문제를 해결할 수 있는 자신의 능력과 기술에 대한 강한 믿음이다. 즉, 자신감은 자신의 기술 수준과 관계없이 동작을 잘 수행할 수 있고, 잘될 것이라고 믿는 진정한 마음이다. 그렇다고 자신감을 가진 수련생이 자신의 기술이나 능력에 대하여 부정적인 생각이나 느낌을 전혀 가지지 않는다는 것은 아니다. 그들도 자신의 기술이 완벽하지 않다는 것을 이미 알고 있다. 단지 그들은 자신의 부정적인 생각이나 느낌에도 불구하고 자기 자신의 능력을 믿는 것뿐이다. 따라서 자신감이 있을 때는 두려움이나 의심에 굴복당하기보다는 자신이 해야 할 것에 초점을 맞추어 실행한다.

(1) 자신감의 효과
① 자신의 의지대로 기술을 수행한다.

심사에서 응심자는 자신감을 가질 때에는 긴박한 상황에서도 더욱 침착해지고 이완되면서 흥분수준이 낮아지고, 그 결과 자신이 계획한 대로 기술과 전술을 수행한다. 반대로 자신감이 없는 상태에는 자신의 기술에 대한 믿음 부족으로 인하여 흥분 수준이 높아지면서 애매한 기술을 구사하고 만다.
② 도전적으로 임한다.

자신감이 있는 응심자는 심사에 도전적으로 임한다. 자신이 있는 응심자는 승리하기 위해 실력발휘를 한다. 즉, 심사를 두려워하지 않고 자신이 의도한 대로 실력발휘를 한다. 그러나 자신이 없는 응심자들은 좋은 점수를 얻으려 하기보다는 주위의 비난과 불합격을 피하기 위한 마음에 사로잡혀 소극적인 행위로 실력발휘를 하지 못하게 된다.

③ 자신의 목표에 도달하지 못하더라도 더욱 노력한다.

실패를 어떻게 해석하는가에 따라 자신감도 차이가 난다. 모든 수련생은 성공과 실패를 했을 때 자신도 모르게 원인을 찾는데, 자신이 없는 수련생은 실패의 원인을 운, 자신의 능력 부족, 상대의 우월함 때문이라고 생각하는 반면에 자신이 있는 수련생은 자신의 노력이 부족하다고 여기기 때문에 비록 실패해도 더욱 노력한다.

(2) 자신감 향상 방법
① 성공 경험을 갖게 하자.

성공은 자신감을 일으키고 자신감은 성공을 일으킨다는 사실은 확실하기 때문에 수련생이 도장에서 수련하면서 성공 경험을 많이 갖도록 하는 게 좋다. 우리가 자전거를 배울 때를 생각해 보자. 처음부터 자전거에 대한 자신감을 가진 사람은 없을 것이다. 대부분 넘어질 것에 대한 부담이 적은 세발자전거부터 시작하면서 성공 경험과 재미가 쌓여 자전거에 대한 자신감이 생기게 되고, 두발자전거도 어렵지 않게 도전할 수 있게 되는 것과 비슷하다. 도장에서 수련할 때 많은 성공 경험을 제공하기 위해선 달성하기 쉬운 구체적 목표를 정하고 테스트를 통해 성공 경험을 많이 갖게 하자. 이런 성공 경험이 쌓이고 쌓여 태권도에 대한 자신감을 키워줄 수 있을 것이다.

② 긍정적인 피드백을 주어라.

자신감은 자신에게 중요한 사람들인 지도자, 친구, 가족, 동료에게 얻을 수 있다. 수련생이 지도자를 신뢰하듯이 지도자가 수련생을 신뢰한다면, 부모님이 자식을 믿고 기다린다면, 동료에게 비록 실수했어도 동료들이 신뢰를 가지고 용기를 북돋워 준다면, 어떤 사람이라도 자신감을 가지지 않을 수 없다. 즉 수련생은 주변 사람들이 자신에게 진정 어린 애정을 가지고 공감대를 형성할 때 자신감을 가질 수 있다.

4) 심사를 앞두고 생기는 불안

불안(anxiety)은 신체의 활성화와 각성이 어느 정도 존재하는 상태에서 체험하는 초조함, 걱정 우려 등의 부정적인 정서 상태를 의미한다. 불안은 불쾌한 정서반응으로 자율신경계의 각성을 유발하게 시키는 정서의 부적응 상태이다.

(1) 불안의 종류
성격적으로 타고난 불안은 특성불안(trait anxiety)이라 하고, 일시적인 상황에서 느껴지는 불안 체험을 상태불안(state anxiety)이라 한다.

특성불안은 선천적으로 타고난 불안이라고 볼 수 있다. 똑같은 상황에서 어떤 사람은 불안을 심하게 느끼고, 어떤 사람은 불안을 심하게 느끼지 않는다는 것이다. 실제로 우리는 불안을 느끼지 않아도 될 상황에서 불안을 심하게 느끼면서 안절부절못하는 사람을 가리켜 '새가슴'이라고 부르기도 하는데, 최근에 유전자 공학이 발달하면서 성격적으로 불안을 유발하는 유전자가 있다는 사실이 드러났다.

상태불안은 심사 상황에 따라서 다르게 나타나는 일시적인 근심, 걱정, 긴장의 감정으로서, 경우에 따라서 상태불안이 높아지기도 하고 반대로 낮아지기도 한다. 어떤 응심자를 막론하고, 심사에 임하는 정도의 차이는 있을지라도 상태불안을 느끼게 마련이다. 상태불안을 응심자가 어떻게 극복할 수 있느냐 하는 점이 실력을 발휘하는 핵심 중 하나이다.

(2) 불안의 행동적 증상
행동적 척도는 행동적으로 나타나는 증상을 측정하여 불안상태를 파악하는 방법이다. 지도자가 현장에서 가장 쉽게 사용할 수 있으며, 응심자 본인도 자신의 행동을 스스로 인식하는 방법으로 불안 수준을 알 수 있다.

행동적 증상	평소	심사 30분 전	심사 5분 전
뒷목이 뻣뻣하다.			
배속이 불편한 기분이다.			
긴장감에 초조하다.			
가슴이 두근두근한다.			
화장실에 가고 싶다는 생각이 든다.			
하품이 빈번히 나온다.			
긴장감으로 몸이 떨린다.			
토할 것 같은 느낌이다.			
평소보다 땀을 많이 흘린다.			
근육이 경직된듯한 느낌이다.			
긴장감으로 안절부절못한다.			
목이 자꾸 마르고 타는듯하다.			
방금 얘기해 준 것을 잊어버린다.			
심사에 집중이 안 된다.			
기억이 잘 안 나고 혼란스러워한다.			

자료: 정청희, 김병준 재구성

(3) 불안이 수행에 미치는 영향

① 주의 영역의 변화

단서활용이론(cue utilization theory)을 제시한 Easterbrook(1959)과 주의 형태를 연구한 Nideffer(1976)는 각성과 불안이 주의집중에 변화를 초래한다고 주장한다. 이들 주장의 핵심 내용은 각성이 증가하면 주의의 영역이 좁아진다는 것이다. 각성이 낮으면 주의 영역이 넓기 때문에 목표 의식이 사라져 불필요한 정보까지 받아들이게 되고, 각성이 지나치게 높으면 시야가 좁아진다. 적절한 각성에는 불필요한 정보는 배제하게 시키고 실제로 필요한 정보에만 주의를 집중할 수 있게 되므로 수행에 도움이 된다.

② 주의유형의 방해

각성과 불안은 주의유형의 신속한 전환에도 영향을 미친다(Nideffer, 1976). 국기원 응심자들은 상황에 따라 적절한 과제에 주의집중을 신속하게 전환시킬 수 있어야 한다.

운동선수들은 자신이 선호하는 주의유형이 있는데 각성과 불안이 높아지면 자신이 선호하는 주의유형으로 돌아가는 경향이 있다. 과도하게 긴장되면 생각이 자신에게로 빠지는 것도 이런 현상이다. 외부로 주의를 돌려야 하는 상황에서 자신의 내부로 주의를 집중하게 된다면 수행에 지장이 된다. 겨루기 심사 상황에서 상대방의 움직임에 집중하지 못하고 불합격할 수 있다는 생각에 빠져 상대의 움직임을 파악하지 못하고 허둥지둥 대거나, 품새 심사에서 평소보다 너무 빠르게 하고 자리로 돌아오지 못하는 경우가 바로 이런 불안의 모습이다.

③ 근 긴장의 변화

불안수준이 높아질 때 몸이 굳어진다. 상태불안 수준이 과도하게 높아지면 몸에 힘이 들어간다. 힘이 들어가면 동작이 유연하게 이루어지지 않아 평소에 하지 않았던 엉뚱한 동작을 하거나 실수가 늘어난다. 특히 근육이 긴장되면 협응이 제대로 이루어지지 않아 부드러운 동작이 나오기 어렵게 된다. 그래서 지도자는 심사 현장에서 불안으로 힘이 들어간 응심자에게 "힘 빼 힘"이라고 주문한다.

(4) 불안감 다루기

- 신체이완 기법

① 호흡조절

호흡조절은 신체적 긴장을 완화하는 데 간편하면서도 효과적이고 실용적인 방법이며, 정신적인 면에서는 마음을 호흡조절에 돌리게 함으로써 불안을 유발시킬 수 있는 생각들을 차단하는 데 도움이 된다.

· 천천히 깊은숨을 쉬되, 5초간 들이마시고, 잠시 멈추고, 5초간 내 뿜어라.
· 다른 생각하지 말고, 숨 쉬는 것에만 집중하라.
· 숨을 내쉬는 동안 이완, 침착, 안정 등의 단어를 떠올리고 이것을 조용하게 반복하라.

② 점진 근육 이완

불안을 느끼면 전형적으로 나타나는 반응은 근육이 긴장되면서 몸이 굳어지고 기술 수행이 부자연스럽게 이뤄지는 것이다. 근육이 필요 이상으로 경직되면, 당연히 수행능력이 저하되기 때문에 우선하여 근육의 긴장을 풀어주는 이완 기법이 동원된다.

· 양손에 힘을 주어 아주 단단하게 쥐고 손과 손가락에 긴장감을 느껴본다(5초) → 이제

힘을 반만 빼고(5초) → 이제 완전히 힘을 빼고, 완전한 이완을 한다. 손에서 빠져나가는 긴장감을 느껴본다(10~15초).

· 각 근육마다 2회의 긴장과 이완 운동을 한 후, 다음 근육 군으로 넘어간다.
· 이런 과정을 통해 긴장된 근육을 자신의 의지로 이완시키는 방법을 터득한다.

● 인지 불안 감소기법

① 자기독백

불안을 제어하는 또 다른 방법은 자신에게 긍정적인 독백을 하는 것이다. 사람들은 통상적으로 자기 진술을 한다. 자기 진술의 내용은 사람마다 각각 다른데, 긍정적인 독백을 하는 사람은 자신감과 자긍심을 향상시키는 반면에, 부정적인 독백을 하는 사람은 자신감을 파괴시키고 부정적인 생각을 하게 되어 긴장과 불안을 상승시킨다.

· 긍정적인 독백의 예
- 나는 훌륭한 사람이다.
- 나는 실패를 통해 더 많은 걸 배운다.
- 나는 열심히 노력한 만큼 성과를 이룬다.

② 인지재구성

합리적 정서행동치료(Rationa Emotive Behavior Therapy : REBT, 이하 REBT)는 비합리적이거나 부적응적인 생각 패턴을 찾아내서 중지시킬 수 있는 간단하지만, 효과가 뛰어난 방법이다. Ellis는 개인의 심리적 문제에 영향을 끼치는 요인들을 생물학적·사회적 요인에 따른 정서적 혼란으로 보았으며, 이를 A-B-C 이론으로 설명하였다.

A는 수련생이 노출되었던 문제 장면 또는 선행사건을 말하며, B는 문제 장면에 대한 수련생의 사고체계 또는 신념체계, C는 선행사건 A 때문에 생겨났다고 수련생이 보고하는 정서적·행동적 결과, D는 비합리적 신념에 대한 지도자의 논박을 뜻한다. 이는 수련생이 자신의 비합리적 생각을 수정하는 데 적용할 수 있는 과학적 방법이다.

· 예시) 승품 심사를 앞두고 포기하려고 하는 수련생

수련생: 저는 끈기가 없나 봐요. 이제 힘들어서 포기하고 싶어요.

지도자: 스스로 끈기가 없다고 생각하는구나. 어떤 점에서 끈기가 없다고 생각하니?

수련생: 심사 준비하는데 힘들어서 포기하고 싶어요.

지도자: 그래 심사 준비하는 데 큰 노력이 필요한 건 사실이지. 그런데 너와 함께 태권

도를 시작했던 친구들을 생각해 보렴. 그 친구들은 다들 중간에 힘들다며 태권도를 그만두었는데 너는 지금까지 하면서 힘들지 않았니?

수련생: 조금 힘들긴 했지만 이겨냈어요.

지도자: 그래. 지금까지 이겨낸 그것만으로도 너는 웬만한 아이보다 충분히 끈기 있는 아이다. 지금껏 잘 이겨낸 만큼 우리 조금 더 힘내보자. 좀 어려운 건 사범님이 남아서 좀 더 자세히 알려줄게

③ 체계적 둔감법

체계적 둔감화(systematic desensitization)는 불안이나 스트레스를 유발하는 자극에 노출될 때 불안반응 대신 이완반응을 보임으로써 불안이나 스트레스에 대한 점차적으로 둔감하게 만드는 훈련 방법이다. 불안을 유발하는 상황을 중요도가 낮은 것부터 극도의 불안을 유발하는 단계까지 불안 자극 목록을 체계적으로 준비하고, 가장 낮은 불안을 유발하는 첫 상황부터 불안이 느껴지지 않을 때까지 반복해서 노출하여 둔감하게 만드는 역조건화 기법이다.

5) 심사를 마치고 맛보는 성취감

성취의 사전적 의미는 목적한 바를 이룸으로 성취란 좀 더 나은 삶을 위해서 인간이 반드시 이루고자 하는 욕구를 말한다. 성취감은 사람들에게 없어서는 안 될 매우 중요한 요소 중의 하나이며 자신이 정해 놓은 목표를 가지고 열심히 노력하여 달성하였을 때 느끼는 기쁨과 즐거움이다.

(1) 즐거움

일련의 학자들은 스포츠를 통해 체험하는 즐거움과 같은 긍정적인 정서를 이해하는 것에 관심을 기울여 왔다. 긍정적 체험은 스포츠 참여나 중도 포기 행동의 핵심 요인이며 스포츠 참가 동기에 관한 연구에서는 재미나 즐거움이 스포츠에 참가하거나 그만두는 가장 중요한 이유 중의 하나라는 결과를 제시하였다(성창훈, 김병준, 1996; Gill, Gross & Huddleston, 1983)

(2) 스포츠 즐거움의 구성

스포츠 경험을 통한 즐거움은 기술 숙달과 같은 신체적인 요소뿐만 아니라 유능감이나 통제감과 관련된 정서적 부분까지 다차원적인 특성임을 규명한 Scanlan(1993)의 스포츠 즐거움 이론을 바탕으로 Weiss & Weiss(2006)는 스포츠 개입에 대한 스포츠 즐거움 모형을 개발하였으며, 스포츠 즐거움의 하위요인으로 성취, 사회, 내적으로 개념화하고 성취감 관련 요인을 기술숙련, 유능성 지각, 신체적 외모의 변화로 제시하고 있다.

(3) 성취감을 제대로 맛보기

① 심사 참여에 뿌듯함을 느끼게 해주자.

그동안 힘든 훈련에도 포기하지 않고 국기원 승품·단 심사에 참여하였다는 것만으로도 응심자의 집념과 노력은 칭찬받아 마땅하다. 대한민국의 국기가 태권도인데 진정한 태권도인이자 대한민국의 자랑이 되었음을 알려주자.

② 심사가 끝나고 긍정적 피드백으로 샤워하자.

심사가 끝나고 받는 긍정적 피드백은 심사에 대한 불안을 해소하고 심사에 대한 만족감을 향상시킨다. 부모님이 해주시는 "최선을 다하는 우리 아들(딸) 오늘 너무 멋있었다." 하는 칭찬이 '혹시나 탈락하면 어쩌지'하는 불안감을 해소시키고 노력에 대한 보상감을 주며, 지도진이 해주는 "그동안 옆차기 연습 열심히 하더니 오늘 발날을 제대로 세워서 정말 멋지게 차더라." 하는 칭찬이 목표달성과 기술향상에 대한 성취감을 높여줄 수 있다.

③ 외적 보상을 고려해 보아도 좋다.

적절한 외적 보상은 성취에 대한 즐거움을 올려준다. 1품에 합격한 응심자에게 품띠와 함께 1품만 입을 수 있는 특별한 도복을 선물로 주는 것이 대표적인 외적 보상이라고 할 수 있다. 또는 시범단이나 심화반의 참여 기회를 제공하는 것뿐만 아니라 평소 하지 않던 게임을 하거나 좋아하는 음식을 함께 나눠 먹는 것도 응심자들에게 더욱 성취감을 느끼게 하는 좋은 방법이니 고려해 볼 만하다.

2. 몸에 대한 이해와 부상관리

심사를 준비하는 과정에서 그동안 익힌 기본동작, 품새, 겨루기 등 태권도의 여러 동작을 반복 연습한다. 국기원 승품·단 심사에 합격하기 위해서는 평소에 꾸준한 수련으로 실력을 키워야 한다. 심사를 앞두고 평가 과목을 무리하게 연습하면 심리적인 스트레스와 더불어 몸에 무리가 오게 되어 다칠 수 있다. 적당한 강도로 매일 꾸준히 연습하는 게 중요하다.

태권도는 수련생의 신체적, 정신적, 사회적 면에서 긍정적인 영향을 준다. 태권도를 통해 얻은 건강과 체력은 자신감으로 이어지고, 건전한 사회인으로 살아가는 데 큰 경쟁력이 된다. 태권도 수련이 인체에 긍정적으로 작용하기 위해서는 점진적으로 수련 강도와 횟수를 늘려야 한다.

1) 태권도 승품·단 심사 준비가 인체에 미치는 순기능

(1) 신체구성 개선

태권도는 전신을 움직이며, 유산소와 무산소 운동을 병행하는 복합운동이다. 심사를 준비하는 과정을 통해 인체의 지방 조직을 감소시키고, 체지방 조직을 생성 및 증가시켜 건강한 몸을 만드는 데 도움을 준다.

(2) 체력 발달

체력에는 여러 가지 구성요소가 있다. 태권도 수련을 통해 다양한 체력을 강화할 수 있다. 특히 유연성, 순발력, 민첩성을 강화한다. 강한 체력은 자신감 향상에도 긍정적인 영향을 준다.

발차기는 주로 하체의 대근육을 사용한다. 발차기를 꾸준히 연습하면 몸의 밸런스가 좋아지고, 유연성과 순발력이 강화되는 순기능이 있다.

스트레칭은 크게 동적(dynamic) 스트레칭과 정적(static) 스트레칭으로 나뉘는데, 발차기는 좋은 동적 스트레칭이다. 발차기처럼 몸을 크게 움직이는 동적 스트레칭은 수련 과정 전에 실시하는 준비운동으로 좋다. 수련을 마친 이후에는 정적 스트레칭이 권장된다. 초보자 시기의 무리한 동작은 부상으로 이어질 수 있으니 점진적으로 강도를 높여 연습해야 한다.

겨루기 딛기는 하체의 근력과 순발력을 높이고, 민첩성을 향상하는 효과가 있다.

(3) 성장과 발달 촉진

태권도의 다양한 동작은 성장판을 자극하여 성장판의 세포분열을 촉진한다. 성장판은 뼈의 성장이 일어나는 부분으로 고관절, 정강이, 대퇴골, 발목, 손목, 발뒤꿈치 등 기다란 모양의 뼈 위아래에 위치한다. 특히 무릎과 고관절, 그리고 발목 부위의 성장판 역할이 크다. 태권도 겨루기의 딛기와 같은 상하 수직 운동으로 성장판이 자극받으면 키 성장에 큰 도움을 준다.

몸을 성장하고 발달시키는 호르몬은 여러 가지가 있다. 그중 성장호르몬은 일과 중 잠을 잘 때 가장 많이 분출되며, 성장기 이후 성인에게도 평생 꾸준히 생성된다. 성장호르몬은 운동 중에 직접적으로 분출되는 호르몬이다. 태권도 수련은 성장에 관련된 호르몬 분출에 영향을 주고, 숙면을 유도하여 성장과 발달에 도움이 된다.

(4) 면역력 향상

태권도 동작은 전신의 근육을 골고루 사용한다. 근육량의 증가는 인체 기초대사량을 높이고, 면역 호르몬 분출을 증가시킨다. 특히 겨루기에 필요한 딛기 연습과 품새의 반복 수행은 심폐지구력을 강화시킨다. 심폐지구력 향상을 통해 쉽게 지치지 않는 강한 체력과 질병에 대한 면역력을 갖추게 된다.

(5) 바른 체형을 만드는 데 도움

근육과 뼈는 자극을 통해 튼튼해진다. 태권도 동작을 통해 근육을 강화하고, 골밀도를 향상시킨다.

기본동작과 품새 동작은 대부분 좌우 대칭으로 이루어지며, 주로 뻗는 근육(신근)

을 사용한다. 한쪽 근육을 주로 사용하는 편측운동과 다르게, 꾸준히 수련하면 바른 체형과 탄력 있는 몸을 만드는 데 도움이 된다. 동작을 익히는 과정을 통해 몸을 바르게 사용하는 방법을 체득할 수 있다.

(6) 뇌 기능 향상

태권도의 신체활동은 뇌로 가는 혈류량을 증가시키고, 감각신경을 자극하여 두뇌 기능에 긍정적인 영향을 준다. 심사를 준비하는 과정을 통해 품새 동작을 반복하면 뇌와 근육의 신경시스템이 발달한다. 다양한 신체동작이 뇌를 자극하여 긍정적인 영향을 주기 때문이다. 복잡한 품새 동작을 기억하고, 움직임이 자연스럽고 능숙해진다. 연습 과정을 반복하면 뇌 기능을 높여 뇌를 최적의 상태로 만든다.

(7) 스트레스 해소

태권도와 같은 신체활동은 도파민, 세로토닌과 같은 행복 호르몬 분비를 촉진해 행복감을 높인다. 이들 호르몬은 우울감을 없애고, 기분을 좋게 하는 효과가 있다.

국기원 승품·단 심사 준비과정이 갑작스럽게 이루어지는 것은 지양하도록 한다. 평소 꾸준한 연습이 아닌 갑작스러운 연습량의 증가는 응심자의 스트레스를 가중할 수 있다.

2) 부상의 종류

승품·단 심사는 오랜 기간 갈고닦은 실력을 평가받는 자리이다. 응심자는 평소보다 긴장하게 되어 무리한 동작으로 부상을 입을 수 있다. 심사를 주최하는 단체는 안전사고에 대해 철저한 준비를 하고, 지도자는 응심자가 다치지 않도록 신경 써야 한다. 심사를 시작하기 전에 심사 진행자를 대상으로 안전 교육을 한다. 부상자가 발생하면 신속한 조치가 중요하다.

부상을 예방하기 위해서는 평소에 체력의 구성요소를 골고루 강화해야 한다. 갑작스럽게 무리한 운동은 부상으로 이어지기 쉽다. 운동 전에 반드시 준비운동을 철저하게 하고, 운동을 마치고 정리운동을 하는 습관을 만드는 것이 중요하다. 심사를 준비하거나 진행하는 중에 주로 발생하는 부상은 아래와 같다.

(1) 염좌

염좌는 태권도 수련생이 연습과 심사 중에 가장 흔하게 입는 부상이다. 쉽게 말해 삐끗하는 것을 '염좌'라고 한다. 근육이나 건, 또는 인대가 외부의 힘으로 지나치게 늘어나서 찢어지거나 끊어진 것을 말한다. 부상의 정도가 심해 인대나 근육 일부가 아닌 전체가 끊어지는 경우는 '파열'이라고 한다. 염좌는 어느 정도 손상이 되었느냐에 따라 1도에서 3도까지 구분한다.

① 1도 염좌
 인대와 근육이 조금 늘어난 상태이다. 특별한 조치가 없어도 2~3일이면 회복된다.
② 2도 염좌
 부분 파열이 진행된 상태로 일반적으로 3주 정도의 회복 시간이 필요하다. 주로 발목 염좌의 발생 비율이 높다. 부상이 회복되면서 인대의 길이가 짧아지고, 탄성이 떨어지는 경향을 보인다.
③ 3도 염좌
 완전히 근육과 인대가 파열된 상태를 말한다. 수술하거나 다른 주변 근육의 강화를 통해 회복할 수 있다.

(2) 힘줄염

힘줄은 건이라고도 표현하며, 근육과 뼈를 이어주는 부분을 의미한다. 힘줄의 반복적인 자극으로 염증 반응 일으키는 것을 의미한다. 잘못된 자세를 교정하고, 통증이 없는 범위 내에서의 운동을 시행하는 게 힘줄염을 예방하는 방법이다.

(3) 타박상

외부로부터 충돌이나 구타, 넘어짐 등에 의해 근육과 조직 등에 손상을 입어 멍들고 붓는 경우를 말한다. 겨루기 연습 중에 빈발하는 부상이다. 주로 발차기 시에 서로 부딪히거나 맞는 경우에 발생한다. 뼈와 근육의 손상이 없다면 대부분 저절로 좋아진다. 빠른 회복을 위해서는 부상 초기에 얼음찜질이 효과적이다. 다친 후 72시간 이후에 온찜질을 통해 회복을 돕는다.

(4) 탈골

관절 부위에 뼈가 서로 어긋나는 것을 의미한다. 무리하게 높은 발차기를 차거나, 겨루기 연습 중에 넘어지는 경우에 발생할 수 있다. 탈골 시 무리하게 움직이면 건과 인대에 2차 부상을 입기 쉽다. 부목을 대거나 안정된 자세에서 의료기관으로 이동해야 한다.

(5) 골절

뼈가 부러지는 경우를 의미한다. 심사 과목 중 격파에서 골절이 자주 발생한다. 격파는 인체의 힘을 한곳에 집중하여 발산하는 능력을 평가하기 위함이다. 평소 타격 부위를 꾸준히 단련하지 않은 상태에서 무리한 격파 동작은 골절 부상으로 이어질 수 있다. 타격 면에 부상을 방지할 수 있는 장치가 필요하다.

3) 통증의 종류와 관리

심사를 준비하는 과정에서 몸에 통증이 나타날 수 있다. 태권도 동작은 인체에 자극을 주기 때문이다. 태권도는 적당한 강도로 제대로 연습하면 인체에 긍정적인 영향을 주지만, 평소에 꾸준한 준비를 하지 않았거나 무리하면 다치게 되어 통증을 일으킬 수 있다. 태권도 동작에 대한 몸의 적응이 있기도 전에 무리하는 것이 원인이다. 통증이 없어지려면 먼저 기초체력을 키워야 한다.

몸에 통증이 발생하면 제대로 심사 준비를 할 수 없게 된다. 통증은 손상으로부터 해당 부위를 보호하기 위한 뇌의 반사적인 작용이다. 통증을 무시하면 증상이 더 악화하여 심사를 보지 못하는 경우가 발생할 수 있다.

특히 관절은 좌우로 비트는 회전운동에 매우 취약하다. 뒤후려차기, 뒤차기와 같은 회전발차기 시에 손상될 확률이 높다. 나이가 들수록 몸의 회복력이 떨어진다. 30대

이상의 응심자는 준비과정에서 관절 통증이 발생하지 않도록 각별히 신경 써야 한다.

관절은 몸을 움직이는 두 뼈를 이어 주는 역할을 한다. 인대와 연골로 구성되어 이어진 두 개의 뼈가 부드럽게 움직이도록 해 준다. 관절의 통증에는 여러 가지 원인이 있다. 겨루기 연습 중에 외부충격을 당하거나, 올바르지 않은 자세로 연습을 지속했을 때 반복적인 스트레스가 누적되어 발생한다. 관절은 인체의 여러 조직과 유기적으로 연결되어 있어서 통증이 발생하면 보상작용으로 인해 다른 부분도 불편해질 수 있다.

태권도 승품·단 심사를 준비하는 과정에서 나타나는 통증은 대부분 과사용에 의해서 발생한다. 통증이 발생하면 운동을 줄이고 휴식을 취하는 것이 우선이다. 통증이 생기는 이유와 회복 원리를 알고 연습하는 것이 중요하다. 심사를 대비하여 연습을 마친 이후에는 정리운동으로 스트레칭과 근력 보강운동을 꾸준히 할 필요가 있다.

(1) 허리 통증
몸의 중심 근육이 약한 상태에서 무리한 연습을 지속하게 되면 허리 통증이 나타난다. 특히 발차기를 높게 차거나 회전을 할 때 발생한다. 운동 전후 스트레칭과 중심 근육을 강화하는 게 통증 예방에 좋다.

(2) 무릎 통증
태권도 동작의 특성상 발차기가 많다. 발차기는 상체 동작에 비해 익숙하지 않은 동작이다. 발차기 동작을 무리하게 반복하면 뼈 사이에 있는 반월상연골판이 다칠 수 있다. 반월상연골판은 반달모양의 연골판으로, 충격을 완화하는 역할을 한다. 연골판에는 혈관의 분포가 매우 적어 잘 관리하지 않으면 큰 불편을 겪게 된다. 무릎의 안정성에 중요한 역할을 하는 십자인대 손상에도 주의해야 한다. 십자인대의 손상은 무릎이 심하게 꺾이면서 발생한다. 자신의 수준에 맞지 않는 무리한 동작은 삼가도록 한다.

(3) 발목 통증
발목은 염좌가 쉽게 발생하는 부위이다. 발차기를 할 경우 지면에 붙인 발이 불안정하거나, 겨루기 딛기 연습 중에 발목을 다치는 경우가 많다. 무릎과 발목의 통증은 과체중과 연관이 많음으로 적정한 체중을 유지하는 게 좋다.

(4) 어깨통증

몸통막기, 손날목치기와 같이 팔을 뒤로 휘두르는 동작을 하다가 어깨의 통증이 발생한다. 어깨통증은 주로 회전근개 손상이 많다. 회전근개는 어깨뼈를 둘러싼 근육과 건의 조합으로, 어깨뼈를 안정화하는 역할을 한다. 준비운동을 신경 쓰고, 관절의 가동범위를 벗어나지 않는 동작 수행이 중요하다.

(5) 허벅지 통증

발차기를 높게 차는 경우에 허벅지 뒷부분(대퇴이두근)이 다칠 수 있다. 흔히 '햄스트링' 부상이라 표현하며, 과도한 신전으로 발생한다. 발차기를 높게 차는 경우에는 충분한 준비운동으로 체온을 높이고, 점진적인 연습으로 부상이 없도록 해야 한다.

4) 부상자의 응급처치

국기원 승품·단 심사를 준비하는 과정에서 부상이 발생할 수 있다. 심하게 다치면 통증, 붓기, 열, 멍들기의 네 가지 증상이 나타난다. 부상으로 증상이 나타나면 최대한 빨리 응급처치를 해야만 회복에 걸리는 시간을 앞당길 수 있다. 심사 관계자와 지도자는 PRICE의 법칙을 알고 머릿속에 꼭 익혀둘 필요가 있다.

(1) P (Protect)

부상 부위를 고정한다. 부상 부위가 움직이면 다른 2차 손상이 올 수 있으므로 가능한 고정하고 움직이지 말아야 한다. 특히 다친 부위를 마사지하거나 당기면 절대 안 된다.

(2) R (Rest)

안전한 곳에서 다친 부위를 휴식시키고 안정시킨다. 움직임을 최소화하지 않는다면 손상 부위가 더욱 악화될 수 있다. 무리하게 잡아당기거나 누르는 동작은 금물이다.

(3) I (Ice)

부상을 당하면 먼저 붓기를 가라앉히고 염증의 확산을 막기 위해 냉찜질을 한다. 일반적으로 냉찜질은 부상 후 72시간까지 권장된다. 이후에도 통증이 심하고, 시퍼렇게 멍이 들어 있으며, 환부에 붓기나 열감 등이 있다면 냉찜질을 더 지속한다. 증상이 사라지면 온찜질을 실시한다. 온찜질은 혈액 순환을 도와 빠른 회복을 돕는다.

(4) C (Compression)

손상부위의 압박은 붓기를 억제한다. 다친 곳을 붕대와 천 등을 이용하여 얼음찜질 전후에 압박한다. 너무 강하게 해서는 안 되고, 불편함이 없는 수준의 압박이 좋다. 이때 다친 곳의 감각과 혈액의 흐름이 원활한지 살펴봐야 한다.

(5) E (Elevation)

환부를 심장보다 높게 한다. 혈액은 심장으로부터 뿜어져 나오기 때문에 가능한 환부를 심장보다 높게 하여 혈액이 몰리는 것을 피해야 한다. 환부가 심장보다 낮으면 부상으로 인한 증상이 심해질 수 있다.

5) 심사 후 관리

국기원 응심자는 심사 당일에 신체적·정신적으로 많은 에너지를 소모한다. 낯선 심사장에서 평가받는다는 긴장감과 의식적인 신체활동이 몸에 부담을 줄 수 있다. 평소에 준비가 미흡한 응심자라면 인체에 부담이 더욱 커진다.

건강은 자율신경과 밀접한 연관이 있다. 자율신경은 우리 몸의 항상성(homeostasis)을 유지하는 데 중요한 역할을 하며, 무의식적으로 작용한다. 자율신경에는 교감신경과 부교감신경이 있는데, 이 두 가지가 조화를 이루어야 건강을 유지할 수 있다. 국기원 승품·단 심사에 응시하는 경우에는 교감신경이 활성화되어 혈압과 혈당이 오르고, 몸이 경직되기 쉽다. 이후 심사 종료와 함께 긴장이 풀리면서 부교감신경이 활성화된다. 계속해서 교감신경이 활성화되면 면역력이 떨어지고 극심한 피로감이 올 수 있다.

지도자는 심사를 마친 이후에 응심자의 컨디션을 살피고, 무리한 신체활동을 하지 않도록 심사 이후의 일정에도 신경 쓰는 게 좋다.

3. 태권도 예절과 의식

1) 태권도 예절에 대한 이해

(1) 태권도 예절의 개념

예절(禮節, courtesy)이란, 예의(禮義)와 범절(凡節)의 줄임말로서 인간관계에 있어서 사회적 지위에 따라 행동을 규제하는 규칙과 관습의 체계를 말한다. 구체적으로 예의란, 사람과 사람의 교류에 있어서, 서로 간의 인격을 존중하고 경애하는 정신을 나타냄으로써, 공동생활의 조화와 질서를 촉진하는 규범이나 관계를 의미한다. 또한, 범절이란, 사람이 수천 년을 살아오면서 서로 간의 관계를 원만히 하고 사회생활을 원활히 하기 위해 만들어 낸 지혜의 산물인 모든 일의 순서와 절차를 의미하므로 식(式)이라고도 할 수 있다.

예절이란, 상대의 욕구를 파악하고 상대를 배려하며 더 나아가 상대가 감동을 느끼게 하는 것이다. 마음을 행동으로 보여 주는 것으로 상대에 대한 긍정적이고 호의적인 마음의 표현이 예절로 나타난다고 해석되므로, 타인과의 긍정적이고 호혜적인 소통을 의미하기도 한다. 다시 말해 예절은 상호 간의 좋은 관심으로 연결되어 호감을 유발하는 역할도 하게 된다. 따라서 결국 남을 먼저 생각하고 편안하게 해주는 것이지만, 결국에는 나를 편안하게 해주는 것이며, 나를 이롭게 해주는 것이 된다.

태권도인의 예의는 자신의 마음을 먼저 올바르게 하고 나서 남을 대하는 것으로 태권도 수련자가 명심해야 할 중요한 요소이다. 태권도에는 태권도인의 정중한 예절이 있으므로 도장과 학교, 사회에서의 질서가 유지되고 모든 생활을 원만하게 할 수 있게 된다. 도장에서의 예절, 수련 중 예절, 경기 중 예절 등은 태권도인의 연대적 정신으로부터 나타나며 그것은 태권도인의 양식인 동시에 태권도 수련을 쾌적하게 하는 역할을 한다. 태권도 예절은 예의나 무도 규율을 포함하며 수련생 상호 간의 법도에 맞는 모든 질서나 절차를 의미한다. 상대방에게 예를 나타내는 말투나 몸가짐 행동을 말하며 태권도의 예절은 무도라는 특수성에 비추어 일반예절보다 공손하며 강한 실천을 요구하기에 정중한 예절이라 할 수 있다.

> **<참고> 매너와 에티켓**
>
> 매너는 일상생활 속에서의 관습이나 몸가짐 등 일반적 예의를 뜻하고, 에티켓은 어원적으로는 이보다 고도의 규칙·예법·의례 등 신사·숙녀가 지켜야 할 범절들로서 요구도(要求度)가 높은 것을 뜻한다.
> 현대 에티켓의 본질은 ① 남에게 폐를 끼치지 않는다. ② 남에게 호감을 주어야 한다. ③ 남을 존경한다 등의 세 가지 뜻으로 요약될 수 있다.
> 즉, 에티켓은 남을 대할 때의 마음가짐이나 태도를 말한다고 할 수 있다. 구체적인 내용으로서는 옥외와 실내에서의 에티켓, 남녀 간의 예의, 복장·소개·결혼·흉사(凶事)·좌석배치·편지·경례·경칭·식사예법 등 생활 전반의 분야에 이른다.
> <Naver>

(2) 태권도 예식

① 예식의 이해

태권도 예식 시행 목적은 태권도인들의 행사에 적절한 의식을 통해 상호존경이 표현됨으로써 태권도 수련의 목적을 잘 성취하여 태권도인들의 상호협력을 북돋우기 위해서이다. 이를 위해서는 예식 시행 규칙을 표준화하여 식이 통일되게 진행되도록 하는 데 필요한 사항을 규정할 필요가 있다.

예식의 실시 방침은 구체적으로 정해져야 하며 수긍될 수 있어야 한다.

a) 예식은 절도 있고 품위 있게 실시하여야 하며, 서로 예의를 표하고 화합과 단결을 도모하여야 한다.
b) 예식은 경건한 격식을 통하여 태권도의 위상을 높이는 동시에 대국민 신뢰를 증진할 수 있어야 한다.
c) 예식은 최소한의 인원과 예산으로 간소하게 실시하되, 그 효과를 최대한으로 높일 수 있도록 하여야 한다.

태권도 예식은 규정을 마련하여 시행되어야 하며 그 규정이 적용되는 범위는 국기원과 산하 지부 및 위임단체가 주최하거나 주관하는 모든 예식을 우선적인 대상으로 하여야 한다. 이러한 태권도 예식은 크게 심사예식, 수료예식, 수여예식, 기타예식으로 구분할 수 있다.

「심사예식」이라 함은 승품·단 심사를 위하여 개최하는 행사 또는 그 방식을 말한다.

「수료예식」이라 함은 태권도 4단 이상의 자격을 취득한 자가 국기원 소정의 지도자 교육을 이수하고 사범자격을 부여받은 자를 위하여 개최하는 행사 또는 그 방식을 말한다.

「수여예식」이라 함은 단증, 표창장, 감사장 등을 수여하거나 수상자의 명예를 찬양하고, 그 취지를 널리 알리기 위하여 개최하는 행사 또는 그 방식을 말한다.

「기타예식」이라 함은 이·취임식, 퇴임식, 대회의 개·폐회식 등의 행사 또는 그 방식을 말한다.

② 깃발, 현수막 및 휘장과 인쇄물의 사용

의식은 단순히 참여자들의 행위로만 구성되지 않는다. 거기에는 참여자들의 복장과 의식장을 꾸미는 깃발, 인쇄물 등이 포함되며 이런 요소들은 의식의 효과를 높이고 목적을 달성하는 데에 중요한 기능을 한다.

(3) 태권도 의식 행사

태권도에는 태권도에 맞는 여러 의식을 필요로 한다. 예절은 사람과 사람 간의 적절한 행위 규범들의 체계이다. 이러한 예절의 개념이 확장되어서 개인과 개인 간의 관계가 아니라 개인과 집단, 집단과 집단 간의 관계, 특히 중요한 행사에서 모든 사람이 상호 간에 적절한 존경을 표하면서 행위 하도록 하는 행동의 틀이 의식이다.

인간은 여러 문화권에서 다양한 의식을 가지고 있지만, 태권도 의식은 다른 의식과 구분되어야 하며 그 구분의 근거는 태권도 자체의 활동에서 구체적인 존중의 표현 방법이어야 한다. 태권도 의식은 태권도의 기예와 정신의 바탕에 흐르는 한국문화에 기반을 두는 것이 올바르고 바람직하다. 태권도 의식에 반영된 한국문화는 전 세계의 모든 사람에게 보급될 것이기에 한국인의 의복, 인사법, 국기, 음악, 장식 등은 매우 중요하다. 따라서 태권도 의식은 한국문화에 근간을 둔 예식으로서 원칙적으로 한국문화의 모든 것을 반영할 수 있도록 구성되어야 하며 태권도 수련 목적에 따라 태권도인들에게 적용할 합리적인 부분으로 제한되어 한국문화의 독특성과 우수성이 배여 있어야 한다.

> **<참고> 국민의례(國民儀禮)**
>
> 국가나 공공단체의 회의나 행사에서 제일 먼저 행하는 국민적 의례로서 국기에 대한 경례, 애국가 제창, 순국선열에 대한 묵념 등의 순서로 진행된다. 국기는 국가의 상징이므로 이에 대하여 배례함으로써 국기에 대한 존경과 애착을 재확인하게 되고, 우리가 현재 복된 삶을 누리고 있는 이 나라를 이룩하고 지키기 위하여 신명(身命)을 바친 순국선열의 영령(英靈)을 위하여 묵념함으로써, 우리도 또한 그들과 같이 나라를 위하여 응분의 희생을 아끼지 말 것을 맹세하게 된다.
>
> <행사와 의전(박재택. 2002)>

(4) 태권도 예의 지침

※ 태권도인의 예절

가) 용모- 깨끗한 품성은 인격을 가늠하는 척도다.

① 용모는 사람의 내재하는 품성이 나타나는 것이다. 즉 그 사람의 총괄적인 인격이 드러난 것이라고 할 수 있으며 태권도인에게 있어서의 용모의 단정은 태권도인의 품성을 가늠하는 척도가 된다.

② 용모 중 지저분한 머리나 수염이 까칠하거나 깨끗하지 못한 얼굴은 보는 이에게 불쾌감을 줄 뿐만 아니라 태권도인으로서 자질을 의심하게 한다.

③ 단정한 용모를 유지하는 것은 태권도 예절의 가장 기본적인 요건이다.

나) 복장

① 단정한 복장은 예법의 기본이므로 도복은 신속하고 조용하게 단정히 갈아입는다.

② 신발은 신발장에 두고 겉옷은 옷걸이나 사물함에 보관한다.

③ 슬리퍼 같은 실내화는 신고 다니지 않는다.

④ 손톱과 발톱을 짧게 잘라 연습하는 동안 자신과 상대의 부상을 예방하도록 한다.

⑤ 안경을 제외한 어떠한 금속 제품도 수련 중 착용하지 않는다.

다) 태도
① 단정이란, 예법을 마음속으로만 알고 있다고 해서 이루어지는 것이 아니고 예법이 몸에 배어야만 이루어지는 것이다.
② 예절의 기본요건 중에서도 한 가지 중요한 것은 자세인데 특히 태권도인의 기본자세는 품성을 나타내는 첫 조건이 된다.
③ 의자에 앉을 때도 상대방에게 불안감을 주지 않도록 언제나 바르게 앉아야 하며 대화를 할 때도 상대방에게 자기 생각을 분명하게 표현해야 한다.
④ 윗사람과 대화 시는 윗사람의 얼굴을 자연스럽게 바라보면서 성의 있는 자세로 임하여야 하며 질문은 되도록 윗사람의 이야기가 끝난 다음에 하는 것이 좋다.
⑤ 어려워서 자기의 의사 표현을 하지 못하고 우물쭈물하는 태도도 안 된다.

라) 언어 – 인격과 예의범절의 구비조건이다.
① 개개인의 인격이나 예의범절은 제일 먼저 언어로 나타난다.
② 가장 중요한 것은 성실과 진실을 가지고 하는 말이다.
③ 상대방에 대한 지나친 경어는 도리어 실례가 될 수 있으며 야유하는 말로 인식되기 쉽다.
④ 친한 사람을 대할 때는 함부로 하기 쉽다. 친할수록 성의와 존경으로 대하여야 하며 말도 조심하여야 한다는 것을 잊어서는 안 된다.
⑤ 대화할 때 감정을 앞세우지 말고 자신이 지금 어떠한 위치에서 무슨 자격으로 무엇을 말하려는 가를 잘 파악하여야 실수가 없다.

(5) 태권도 지도자에 대한 존경
① 관장, 사범 등의 지도자에 대한 존경은 태권도에 있어서 가장 기본이 된다. 그러므로 어떤 기술을 익혀야 하고 다음 심사를 언제 받게 될지에 대한 사범의 결정을 전적으로 신뢰한다. 또한, 기술적인 부분뿐만 아니라 수련 외 일상생활에서도 많은 지도를 해주실 수 있는 분으로서 존중한다.
② 지도자에게는 성실하여야 하며 지도자를 비난하는 언행을 하지 않도록 한다.
③ 지도자나 선배에게 절대 배신하는 행동을 해서는 안 된다.

(6) 동료에 대한 존중

① 태권도 수련을 통해 많은 다른 수련생을 만나게 되는데, 그들은 다양한 배경, 직업과 문화를 가진 사람들이며, 그들의 기술이나 능력 또한 다양하다. 그러나 태권도 수련에서는 모든 사람을 동등하게 대우하고, 동료 간에는 예의와 이해심을 갖고 대해야 한다. 동료를 기꺼이 수용할 수 있을 때, 존중의 핵심에 이를 수 있고, 동료를 그 자체로서 진심으로 받아들이면 더욱 알차고 효과적으로 수련할 수 있다.

② 선배는 후배의 좋은 모범이 되고 후배는 열심히 수련하며 선의의 경쟁심을 갖도록 한다.

(7) 태권도인으로서의 모범

① 수련생이 하는 모든 행동은 나 하나에 관련되는 것이 아니라 나를 포함한 동료, 사범, 도장, 더 나아가서는 태권도 전체를 대변한다는 마음가짐을 가져야 한다. 항상 태권도를 수련한다는 것에 자부심을 가지며 모범을 보일 수 있도록 노력한다.

② 수련생은 예의규범을 잘 지켜 태권도인으로서 가정이나 학교, 사회생활에서 모범이 되도록 한다.

(8) 수련을 통한 자기 절제

더 권위 있는 위치에 있다 하더라도 상대방의 욕구와 감정을 고려해야 한다. 공감하지 않는 일일지라도 그들의 관점을 표현할 수 있도록 기회를 줘야 하고 예의 바르게 대해야 한다. 상대방이 처음부터 자신을 존중하지 않았다 하더라도 인내심과 자기절제를 통해 정중한 태도로 대해야 한다. 꾸준히 누군가를 정중하게 대한다면 시간이 흐를수록 상대방 역시 자신을 존중할 것이다.

2) 태권도인의 인사

(1) 인사법
① 태권도인의 인사는 차렷 자세에서 고개를 들고 어깨는 내리며, 등은 반듯하게 하고 편안한 자세로 한다.
② 양발을 모으거나 뒤꿈치가 서로 닿게 하고 발가락은 45도 벌려 V자 모양이 되게 한다.
③ 양손은 몸의 양옆에 반듯하게 붙인다.
④ 상체를 45도 정도 굽히고 머리를 숙였을 때 상대의 얼굴을 보지 말고 자신의 발등을 바라본다.
⑤ 후배나, 제자, 동생 등 손아랫사람의 인사를 받을 때는 상체와 머리를 15도 정도만 굽혀 인사하는 친절한 답례를 해야 한다.

(2) 인사의 목적
허리를 숙여 인사하는 것은 아시아 국가의 신체언어 표현법이다. 인사는 '안녕하세요', '안녕히 가세요', '감사합니다.' 또는 '반갑습니다'의 의미로 사용한다. 인사는 공손함과 호의의 표현이기도 하며, 두 사람이 만났을 때 상대방에게 서로 존중한다는 뜻이다.

언제 어디서나 서로 만나면 인사를 하는 것이 태권도의 일부이며, 함께 수련하는 태권도인이라는 자연스러운 표현이다. 태권도를 배우는 수련생의 인사는 무술을 하는 사람으로서 서로에 대한 존경심을 표현하는 주된 방법이다. 인사는 서로 마주 보고 함께하며, 인사를 함으로써 존경심을 나타낸다. 수련생은 누군가로부터 존중받고 또 누군가를 존중한다는 것이 동일한 것임을 배운다.

(3) 인사의 시기
① 태권도장에 들어오고 나갈 때
② 국기 앞에서
③ 지도자와 상급자에게 수업 시작과 끝에
④ 수련 상대에게 처음과 끝에
⑤ 지도자와 만났거나 헤어질 때

⑥ 지도자에게 대화하려고 하거나 질문이 있을 때

(4) 윗사람에 대한 예절
① 도장에 도착하고 떠날 때, 지도자를 만났을 때 인사 방법은 보통경례로 한다.
② 직접 지도를 받지 않는 지도자에 대해서도 동일하게 인사한다.
③ 지도자를 복도에서 다시 만나면 횟수와 관계없이 목례(目禮)한다.
④ 인사는 답례(答禮)에 관계없이 목례(目禮)한다.
⑤ 좁은 곳에서 사범과 마주쳤을 때에는 목례한 후 먼저 가시도록 비켜선다.
⑥ 복도에서 인사하는 거리는 통상 2m~5m가 좋다.

(5) 태권도 현장에서의 결례
① 인사를 안 받는 경우 : 맞절 정신에 어긋난다. 인사는 모든 예절의 기본이 된다는 것을 명심한다. 인사는 상대에 대한 예의와 존경의 표현임을 명심한다. 마음에서 우러나오지 않는 형식적인 인사는 태권도인의 예의에 어긋난다. 그러므로 인사에 대해서는 반드시 답례해야 한다.
② 지도자로서 혹은 협회의 높은 지위를 이용해 존경심을 요구하는 것은 그다지 오래가지 않는다.

(6) 존경심을 담은 호칭
① 모든 지도자에게는 그들의 경험과 지위에 대한 존경의 표현으로 '-님' 자를 붙여 불러야 한다. 사범과 대화할 때는 '네. 사범님'이라고 대답하는 것이 바른 표현이다.
② 수련 중에 다른 사람과 서로 인사를 할 때, 항상 경어를 사용한다. 그러나 이런 표현들은 태권도에 내재되어 있는 더 깊고 본질적인 존경심의 겉으로 보이는 일부에 지나지 않는다.
③ 하대 : 윗사람과 대화 시 윗사람에 비해 아랫사람을 지칭할 때, 그 아랫사람이 본인보다 나이가 많거나, 직위가 높더라도 '-님' 자를 뺀 하대 호칭하고 경어를 사용하지 않는다.
④ 태권도 수련생과 지도자는 언행에 있어 항상 분명하고 도장 안과 밖에서 훌륭한 태권도인으로서 모범이 되도록 한다.

<참고> 인사예절

◎ 인사의 중요성
 ① 상대의 인격을 존중하는 경의 표시
 ② 정성의 마음으로 하는 친절과 협조의 표시
 ③ 응답보다는 자기가 하는데 의의
 ④ 즐겁고 명랑한 사회생활, 원만한 대인관계 유지

◎ 인사의 구분
(1) 큰 경례(정중례)
 ① 상체를 60~90° 굽혀서 함.
 ② 국가원수, 국빈, 집안 어른, 졸업식, 시상식, 결혼식 등의 예식에서 실시
(2) 보통 경례(일상례)
 ① 상체를 30~40° 굽혀서 함
 ② 일상생활에서 어른이나 선생님을 만났을 때 또는 서양식 방안에서
(3) 목례(약례)
 ① 목을 15° 정도 굽혀서 실시함
 ② 평교지간, 아랫사람, 복도에서 두 번 이상 만난 분, 낯선 어른에게
(4) 악수(서양례)
 ① 손을 맞잡고 상대방의 얼굴을 주시함
 ② 약간만 흔들어 허리를 굽히지 않음
 ③ 장갑을 벗음(여성의 장식용 장갑이나 예식용 장갑은 제외)
 ④ 여성이나 윗사람이 먼저 청할 때에 함
 ⑤ 손을 너무 약하거나 강하게 잡으면 실례가 됨
 ⑥ 반드시 오른손으로 함
 ⑦ 악수를 하면서 절은 하지 않음

◎ 인사소개
 ① 아랫사람을 먼저 윗사람에게
 ② 남성을 먼저 여성에게
 ③ 동성, 나이, 지위가 같을 때에는 잘 아는 사이부터
 ④ 단체를 소개할 때에는 소개하는 사람이 바라볼 때 왼쪽부터

4. 도복과 띠

1) 도복

도복이 흰색인 것은 무도 정신에 있어서 수련생의 순수성을 상징하는 것이다. 모든 수련생은 본인의 태권도 기술과 본인이 가진 각각의 우수한 특성을 뽐낼 수 있도록 하며 일체감과 소속감을 갖도록 수련 시 도복을 입는다.

상의는 하늘을 상징하고, 하의는 땅을 상징하며, 띠는 사람을 상징합니다.

(1) 도복 착용 시 예절
① 태권도 도복은 '국기태권도'라는 자부심을 품고 입어야 한다.
② 도복을 착용하고 관리할 때에는 지정된 위치에 국기를 달고 깨끗하게 관리해야 한다.
③ 기본예절을 지켜 수련 전후에 정신을 가다듬는 효과가 있도록 하여야 한다.
④ 수련생들은 도복을 수련 및 태권도 관련 활동을 할 때에만 입어야 한다.
⑤ 안전과 정신집중을 위하여 수련 시간에는 장신구를 착용하지 않는다.
⑥ 도복 착용 시 여자의 경우에 한하여 상의에 흰색 티셔츠만 허용된다.

(2) 도복 착용 및 관리
① 태권도 도복은 '국기태권도'라는 자부심을 품고 입어야 한다.
② 도복 착용 및 관리는 태권도의 예절 지침을 따라야 한다.
③ 왼쪽 가슴에 태극기, 오른쪽 가슴에 국기원 또는 경기도협회 마크를 달도록 한다.
④ 기타의 장신구를 착용해서는 안 된다.
⑤ 도복을 깨끗하게 착용하고 관리해야 한다.

2) 띠

(1) 띠의 의미

도복 위에 매는 띠는 색깔에 따라 수련의 목표와 기술의 정도를 동시에 나타낸다. 즉, 유급자와 유단자의 움직임을 비교한다는 것은 곧 몸의 움직임과 마음가짐의 차이를 말한다. 처음에 흰 띠를 매는 것은 사람이 부모로부터 태어나면서 받은 최초의 생명력을 상징하는 순수하고 깨끗함을 의미하는 단계로 몸 안의 생명력을 발현하는 시작부터 자유자재로 몸을 다루게 되는 검은 띠의 과정까지를 태권도 수련의 의미로 받아들이며 이어져 왔다. 다시 말해 띠의 색깔을 바꾼다는 것은 처음 시작의 몸놀림과 마음가짐으로부터 출발하여 점차 심신 단련으로 수행의 의미가 점차적으로 깊어지는 단계를 알게 해주는 척도이다. 오랫동안 띠를 매고 수련하여 명인의 경지가 되면 그 검은 띠가 다시 하얀 띠가 된다고 하였다. 이것은 단지 도복 위에 매고 있던 띠만 닳고 닳아 흰색으로 탈색되는 것을 말하는 것이 아닌 정신적 경지도 초연해짐을 의미한다.

(2) 띠의 역할

① 허리에 묶는 띠는 도복의 상부와 하부를 하나로 연결함과 동시에 단전 주위를 감싸게 된다.

② 입시를 앞둔 수험생이 머리에 끈을 질끈 동여매고 공부하는 모습, 옛날 사람들은 갓 안에 망건을 썼는데, 이는 머리를 조여 주는 역할을 한다. 주먹을 지를 때 다섯 손가락을 하나로 모아주는 것처럼 몸을 상중하로 나누었을 때, 복부 부분에도 앞뒤, 좌우 측면으로 힘을 전달하기 위한 근육들이 움직이게 된다. 즉, 띠를 묶는다는 것은 이러한 힘을 내는 근육들을 조여 주는 역할을 함과 동시에 숨을 짧은 순간에 강하게 내 쉬며 동작을 할 때 발생할 수 있는 척추와 복부의 손상을 방지하기 위함이다.

③ 띠의 매듭은 하단전에 위치하도록 하는데, 사람마다 하단전의 위치와 크기가 다르므로 지도자는 수련생에게 각자의 단전 부위를 찾을 수 있도록 지도한다. 허리 주위에 띠를 묶기 위한 하단전 위치를 파악하는 기준은 복부에 힘을 뺀 상태에서 조용히 아랫배로 기침을 하면 뱃속에서 진동이 일어나는 지점을 알게 되며 바로 그 지점이 하단전이다.

<참고> 태권도의 품계

2005년도 국기원에서 발행한 '국기 태권도 교본'에 의하면 급은 무급에서 1급까지 9단계의 과정으로 나뉘었고 단은 1단부터 10단까지 있으나 9단까지만 승단규정을 적용하고 있어 10단은 심사 없이 특별한 심의나 추천에 의해 수여하며 주로 공로가 지대한 9단자의 사망 시 추서한다. 태권도는 유급자 과정인 무급부터 1급까지의 9단계와 유단자 과정인 1단부터 9단까지로 18품계로 되어 있다. 무술에 숫자로 표기하고 품계를 정하는 것은 한국과 일본의 무술계에서는 당연시되고 있지만, 사실상 다른 나라의 무술에서는 유례가 없는 일이기도 하다.

이처럼 품계를 아홉 단계로 나누어 9라는 숫자를 최상의 경지에 둔 것은 동양사상인 「역경(易經)」에서 9라는 숫자를 완성수(完成數)로 여기는 것과 밀접한 관계가 있다. 즉, 모든 변화는 9단계의 과정을 거쳐 마지막 10단계에 이르러 완성이 된다고 보는 것이며 태권도에서는 이러한 이치를 본받아 9단계로 수련체계를 나누었고 각 단계에서 배우고 익혀야 할 내용을 수련하게 된다.

그뿐만 아니라 각 단계를 다시 세분하면 9개의 소단계가 있어 한 단계를 완성했을 시에 다음 단계의 수련으로 넘어가게 된다. 이는 마치 십진법에서 9다음에 10이 되는 것과 같다. 따라서 무급에서 1급까지 9가지 품계를 마치면 0급에 해당하는 1단으로 승격하게 된다. 이를 보면 비록 검은 띠 초단에서 2단으로 승격하는데도 그 수련과정에는 9단계의 소과정이 포함되어 있음을 알 수 있다.

이러한 과정을 알기 쉽도록 하기 위해 수련인의 기초 교육 과정을 띠의 색깔로서 나타낸 것이다. 하지만 1단부터 모두 검은 띠를 맨다고 해서 이후 과정의 모든 품계가 모두 동일하다는 의미가 아니라, 이제 초단이 되어 검은 띠를 매고 비로소 태권도 수련과정에 정식으로 입문하여 수련이 시작된다는 의미이다.

(3) 띠 매는 방법

① 띠의 중앙을 잡아 아랫배에 갖다 놓는다.

② 띠로 허리를 감싸고 양 끝이 앞으로 오게 한다.

③ 양 끝이 똑같은 길이가 되는지, 허리 쪽의 띠가 꼬이지 않았는지 확인한다.
   왼쪽 끝 위로 오른쪽 끝부분을 겹친다.

④ 위에 나와 있는 끝을 허리를 감싸고 있는 띠 밑으로 넣어 잡아 당긴다.

⑤ 매듭이 바르고 편하게 되었는지 확인 후, 아래 있는 끈을 동그랗게 구부려 준다.

⑥ 위로 온 끝을 아래로 내린다.

⑦ 위에 있는 끈의 끝으로 고리를 통과시킨다.

⑧ 양 끝을 양옆으로 단단하게 당겨 매듭을 완성한다.

※ 유품(단)자의 띠는 수련자 자신을 기준으로 왼쪽에는 소속, 오른쪽에는 이름을 위치하게 한다.
※ 허리 뒷부분에서 꼬이지 않도록 오른쪽 띠만을 두번 감아준 후 ④부터 띠를 매는 방법도 있다.

띠를 맬 때에는 숨을 쉬지 못할 정도로 조여 주는 것이 아니라 복부의 근육이 느슨해지지 않도록 매는 정도가 적당하다. 따라서 띠를 묶었을 때 단전호흡이 될 정도면 된다.

일반적으로 허리에 띠가 지나가는 지점은 배꼽이 있는 정반대의 위치가 된다. 그렇지 않고 장기가 들어 있는 배를 무조건 맨다면 무리가 따르게 되므로 주의해야 한다. 전체적인 모양은 허리와 배 아랫부분을 띠가 지나가게 되므로 약간 기울어진 사선형의 모양이 된다. 이렇게 되면 사선이라 해도 허리의 움푹한 곳과 배의 볼록한 부분의 아래에 띠를 두르게 되므로 생각처럼 쉽게 띠가 자리에서 이탈하지 않는다.

(4) 띠의 올바른 착용
① 띠의 매듭은 배꼽 아래 단전에 위치시키며, 매듭의(구멍) 방향은 왼쪽을 향한다.
② 띠를 헐렁하게 매지 않고, 단전에 밀착시킴으로써 복식호흡 및 동작 시 하단전의 움직임을 띠로 제한시켜 더 큰 힘을 낼 수 있도록 한다.
③ 띠 양쪽 끝의 길이를 똑같이 맞추며, 그 길이는 매듭으로부터 25㎝ 정도 되게 한다. 띠 길이를 똑같이 맞추는 이유는 본인이 수련할 준비가 되어 있다는 의미이고, 25㎝ 이상으로 띠를 길게 하지 않는 이유는 태권도 수련 시 동작에 방해를 받지 않기 위함이다.
④ 유단(품)자가 되었을 때야 비로소 띠의 왼쪽에 소속, 오른쪽에 본인의 이름을 새길 수 있다.

(5) 띠 착용 시 예절
본인이 착용하는 '띠"는 자신이 배운 태권도에 대한 이해 수준의 척도가 되며 띠를 매고 있는 모습에서 유단자의 품격과 위엄이 배여 있어야 한다.
① 항상 띠를 바르게 매야 한다.
② 목에 걸치면 안 된다.
③ 땅에 떨어뜨리지 않도록 유의한다.
④ 더러우면 세탁하고 뜯어진 실밥은 가지런히 다듬는다.

(6) 띠를 잘 매면 수련 시 이로운 점
① 하단전의 위치를 스스로 파악하게 되어 수련 중에 하단전을 중심으로 힘을 발산하기

가 쉬워진다.
② 허리와 아랫배를 연결하는 근육을 스스로 인식하기 쉽고, 장기에 불필요한 힘을 주지 않게 되어 허리의 힘과 하단전의 힘을 연결해서 사용할 수 있다.
③ 올바르게 매어진 띠는 호흡의 중심을 아랫배에 두도록 도와주며, 하단전 호흡을 위한 표식이 되므로 수련에 도움이 된다.
④ 수련의 시작이나 수련 중 혹은 수련을 마친 후에 띠와 도복을 단정하게 하고 평정한 마음을 갖는 계기가 된다.

(7) 띠를 매는 의미

① 도복 상의의 왼 품과 오른 품은 몸의 양기와 음기 혹은 정신력과 근력을 말한다. 따라서 이 두 가지의 중요한 요소를 띠로서 묶어주는 것으로 몸과 마음의 두 힘을 하나로 합하는 실제적인 수련의 목표가 된다.
② 띠의 매듭은 태극의 형상을 의미하고 매듭이 좌로 열려 있는 것은 몸 안의 기운이 흐르는 방향을 말한다. 이것은 무술적 측면에서 좌의 정신을 기본으로 하여 우의 근력을 발한다는 의미를 담고 있다. 다시 말해 정신으로 몸을 다스린다는 것이다.
③ 허리 쪽의 명문(배꼽의 반대 위치)혈과 아랫배의 단전 부위를 연결하는 근육의 힘 전달을 명확히 할 수 있다.

※ 태권도화
- 도장에서 신발을 벗는 걸 기본으로 하나, 태권도화는 예외로 한다.
- 태권도화는 실내에서만 착용하고 실외에서는 착용하지 않는다.
- 태권도화를 착용하고 차량운행이나 화장실을 갔을 경우 신성한 도장을 더럽히는 일이 된다.

5. 태권도장 예절

1) 경례

(1) 국기에 대한 경례

국기는 국가의 상징이므로 이를 배례함으로써 우리나라의 존엄성에 대한 존경과 애착을 재확인하게 된다. 우리가 현재 복된 삶을 누리고 있는 이 나라를 이룩하고 지키기 위하여 신명을 바친 순국선열의 영령을 묵념함으로써 우리도 또한 그들과 같이 나라를 위하여 응분의 희생을 아끼지 말 것을 맹세하게 된다. 우리 국민이 이지적·정서적으로 한마음·한뜻이 되는 효과를 거두게 되며, 국체에 대한 경애와 국민이 지녀야 할 희생정신을 다짐하게 하고 전체 국민의 단결심을 과시하게 하는 국민의례는 회의나 행사를 진지하고 뜻있게 하는데 큰 효과가 있다.

(2) 국기에 대한 경례 방법

국기를 향하여 바르게 선체로 오른손을 펴서 왼쪽 가슴에 대고 국기를 바라본다.

(3) 국기에 대한 경례

국기에 대한 경례 시 '국기에 대한 맹세'를 낭독한다.

「국기에 대한 맹세」 : 나는 자랑스러운 태극기 앞에 자유롭고 정의로운 대한민국의 무궁한 영광을 위하여 충성을 다할 것을 굳게 다짐합니다.

2) 지도자에게 인사

① 올바른 인사는 인성교육의 핵심으로 지도자를 존경하는 마음이 담아져야 한다.

② 상체는 곧게 세우고 양손은 가볍게 말아 쥐어 양옆 허벅지에 붙이고 허리를 45도 정도 숙이며 시선은 자신의 발등을 바라본다.
③ 지도자에게 인사 시 인사말
  - 관장님, 안녕하십니까? / 사범님, 안녕하십니까?
  - 태권! 효자(효녀) 경기도입니다.
  (도장의 상황과 지도자의 교육적 신념에 따라 응용하여 사용한다)

3) 상호 간의 인사(선·후배, 동료)

① 후배는 선배를 존중한다는 마음으로 먼저 인사하며 선배는 후배에게 상호 존중의 의미로 인사한다. (맞절)
② 상호 간에 인사하는 방법을 예를 들어 설명한다. (전통적인 인사 맞절)
③ 상호 간의 인사 시 인사말동료 및 선·후배에게 먼저 호의적인 인사말을 건네고 서로 친숙하게 인사한다.

4) 도장에서 지켜야 할 수칙

 태권도장은 수련생 각자의 심신을 연마하는 곳이므로 질서를 유지해야만 수련의 효과를 기대할 수 있다. 또한, 쾌적한 환경에서 수련해야 집중력을 높이고 안전사고를 사전에 방지할 수 있으며 이런 정리·정돈을 통한 마음의 준비는 사회생활의 기초이며 상대방에 대한 배려이다. 따라서 도장에서는 다음과 같은 규칙을 지켜야 한다.

① 본인의 신발을 신발장에 가지런히 정돈하며 도장에 들어서면 경건한 마음으로 국기에 대한 경례를 한다.
② 관장, 사범, 고단자 순으로 인사를 한다.

③ 도장 안에서는 조용하고 엄숙하게 한다.
④ 본인의 소지품은 정해진 위치에 바르게 정돈한다. 단, 귀중품은 지도자에게 맡긴다.
⑤ 도복은 언제나 소중하게 잘 관리한다.
⑥ 당일 수련 내용을 확인하고 마음의 준비를 하며, 자신의 몸 상태를 확인하고 불편한 사항이 있을 경우 지도자에게 알린다.
⑦ 수련생은 개인의 용무를 마치고 도복을 단정히 갖추어 입은 후 정해진 위치에 바르게 앉아서 수련 전 마음가짐을 올바르게 한다.
⑧ 도장 내에서는 지도자에게 노소(老少)를 막론하고 꼭 경어를 써야 한다.
⑨ 복장을 단정히 할 때 국기나 지도자를 바라보고 해서는 안 된다.
⑩ 도장 내에서는 음주와 흡연을 해서는 절대 안 된다.
⑪ 수련 도중이 아니면 다른 관장이나 사범을 보면 개별적으로 '안녕하십니까'하고 인사한다.
⑫ 태권도장 물품은 어지럽히거나 파손시키지 않으며 수련이 끝난 사람은 도장 정리 정돈에 적극적으로 협조한다.

5) 수련 시 지켜야 할 수칙

태권도의 동작 행위는 오로지 공격과 방어의 기술만을 숙달하는 것이 아니다. 태권도에 대한 지식을 넓히고 꾸준한 반복과정을 통해서 내면의 중심인 정신, 마음, 의식, 깨달음을 통해 성숙한 자신을 발견하겠다는 마음가짐이 중요하다.

① 수련생은 수련 시작 최소 10분 전에 도착해야 한다.
② 다른 수련이 진행되고 있을 때는 조용히 한다.
③ 도장에 들어가고 나올 때, 국기에 경의를 표하고 지도자에게 인사를 한다.
④ 동료 수련생에게 예의 바르고 조심히 행동한다
⑤ 수련공간을 벗어날 경우 지도자에게 반드시 알린다.
⑥ 위험하거나 문제가 될 만한 상황을 만들지 않는다.
⑦ 수련 시간 동안 개인적 업무를 보지 않으며 항상 최선을 다한다.

⑧ 지도자의 지도에 견해 차이가 있더라도 불손한 태도를 보이지 말고 가르치는 지침에 따라 수련하며 궁금한 사항은 별도의 시간에 질문한다.
⑨ 지도자의 교육에 집중하며 교육 분위기를 저해하는 행위를 하지 않는다.
⑩ 수련 중 적절한 존중과 규율이 항상 유지되어야 하고, 차려나 준비 자세에서는 움직이지 않고 땀을 닦거나, 머리를 만지거나 고개를 돌려서는 안 된다. 똑바로 응시하고 불편을 감수하는 노력을 해야 한다. 쉬어 자세에서는 도복 매무시를 단정히 하고, 이마의 땀을 닦거나 근육을 문지르는 등의 행동을 할 수 있다.
⑪ 허락 없이 돌아다니거나 이야기하거나 개별적으로 기술을 연마하는 행위를 해서는 안 된다.
⑫ 수련장을 신성한 장소라 여겨야 하며 불필요한 소음을 내거나 껌을 씹는 등의 불경스러운 행동을 해서는 안 된다.
⑬ 수련 중 조퇴해야 할 때는 지도자의 허락을 받아야 한다.
⑭ 수련장에 있는 동안, 수련생은 건강에 도움이 되는 바른 자세로 앉는다.

6) 기술 수련 시 지켜야 할 수칙

① 열심히 노력하면 어려운 기술도 배울 수 있다고 확신한다.
② 태권도 기술을 자랑하거나 다른 사람을 괴롭히는 데 쓰지 않는다.
③ 익숙해질 때까지 꾸준히 수련해야 하며 교만하거나 함부로 사용하지 않는다.
④ 겨루기 수련 중에는 지도자의 허락과 입회 없이는 경기를 하지 않는다. 서로 겨루는 경험을 할 뿐이므로 접촉은 허용하지 않고, 하급 수련생들을 배려한다.
⑤ 지도자에게 허락을 받은 기술은 하급자에게 가르칠 수 있으나 위험한 기술이나 다른 무술의 기술은 가르칠 수 없다.
⑥ 도장 내에서는 지도자가 보여 주지 않은 기술들을 연습해서는 안 된다.
⑦ 외부 경기나 시범에 개인적 지도 시 관장의 허락을 받아야 한다.
⑧ 본인이 안전하게 수련할 수 있는 상황이 안 될 정도의 부상이나 상태라면 즉시 지도자에게 알려야 한다.

7) 수련 후 예절

① 수련 도중 발생한 크고 작은 부상에 대해 지도자에게 반드시 알릴 수 있도록 한다.
② 도장 내에 비치된 수련기구나 용품은 소중히 여기며 사용 후 제자리에 정돈한다.
③ 본인의 귀중품과 소지품은 꼭 챙겨서 귀가할 수 있도록 한다.
④ 귀가 시 안전에 유의하며 정해진 목적지(집, 학원 등)로 곧바로 간다.
⑤ 귀가 시 남에게 불쾌함을 줄 수 있는 행위는 하지 않는다. (쓰레기 X, 큰소리 X)

8) 태권도장 통학 차량 등·하원 시 주의사항

① 승차할 때
- 어린이가 무단횡단하지 않도록 주의를 시킨다.
- 통학버스 승차 시에는 한 줄로 서서 안전하게 타도록 유도한다.
- 어린이 승차 후에는 안전을 확인 후 출발한다.

② 운행할 때
- 안전띠를 맸는지 확인하고 안전거리를 유지한다.
- 통학버스 안에서는 정숙한 분위기를 유지하게 시킨다.
- 통학버스 안에 어린이를 혼자 두지 않도록 한다.

③ 하차할 때
- 통학버스에서 하차 시에는 안전을 확인한 후 차 문을 연다.
- 하차 시에는 반드시 보조교사의 도움을 받으며 내리게 한다.
- 하차 후 출발 전에는 버스 주위를 확인 후 출발한다.

태권도 지도자를 위한
태권도 국기원 승품·단 심사 총론

III. 심사 과목 및 수련내용

1. 유급자 기본동작
2. 유급자 품새
3. 유단자 기본동작
4. 유단자 품새
5. 겨루기
6. 격파

1. 유급자 기본동작

1) 유급자 기본 준비자세 및 서기
 ① 기본준비자세 (기본바로자세)
 ② 모아서기
 ③ 나란히서기
 ④ 앞서기
 ⑤ 앞굽이
 ⑥ 뒷굽이
 ⑦ 꼬아서기(앞 꼬아서기, 뒤 꼬아서기)
 ⑧ 옆서기 (왼서기, 오른서기)
 ⑨ 범서기
 ⑩ 주춤서기

1. 유급자 기본동작

1) 유급자 기본 준비자세 및 서기

공격이나 방어 기술을 수행하려고 지면을 발로 지탱하는 여러 자세를 말하는데 몸의 중심 이동과 방향 전환을 효율적으로 수행하는 데 중요한 역할을 하고 있다.

① 기본준비자세 (기본바로자세)

설 명

동작의 설명	- 준비자세는 흐트러진 마음을 가다듬고 새로움을 시작하기 위한 준비의 의미이며 모든 것을 끝마치고 난 후 정리의 뜻도 내포하는 '바로자세'와 같다.
동작의 과정과 활용	- 모아서기에서 왼발을 한발 간격으로 벌리고 손을 편 상태로 단전 앞에서 위를 향하게 하여 숨을 들이마시며 두 손을 몸 앞을 지나서 명치 앞까지 끌어 올린다. - 두 손은 명치 앞에서 손가락을 말아 쥐면서 주먹을 틀어 서서히 아래로 향한다. - 두 발에 중심이 실리는 순간 아랫배(단전) 앞에 두 주먹을 멈추고, 호흡은 코로 하며 약 ⅔ 정도 내 쉬면서 단전에 힘을 주어 선다. - 주먹과 주먹 사이 그리고 몸통과 주먹 사이는 한주먹 정도 간격으로 띄운다.

주의사항

- 숨을 들이마실 때 뒤꿈치나 어깨를 들지 않는다.
- 어깨와 손에 힘을 빼고 자연스럽게 수행한다.

② 모아서기

설 명

동작의 설명	- 기본동작과 품새 등을 시작하고 마칠 때 정신을 집중하고 몸의 바른 자세를 유지하며 긴장을 풀어 취하는 자세이다.
동작의 과정과 활용	- 두 발날등을 모아 맞대고 두 무릎을 곧게 펴고 허리를 바르게 펴고 선다. - 어깨에 힘을 빼고 두 팔을 편하게 늘어뜨리고 주먹을 가볍게 쥐어서 대퇴의 옆에 주먹등이 바깥을 향한 채로 둔다. - 발바닥의 전체 부위가 바닥을 누르게 하며 발가락을 조여 땅을 움켜쥐듯 선다.

주의사항

- 두 발이 좌우로 벌어지지 않도록 한다.

③ 나란히서기

설 명

동작의 설명	- 모아서기에서 왼발을 한 발 길이로 넓혀 옆으로 벌려 선다.
동작의 과정과 활용	- 발의 안쪽(발날등)은 서로 나란히(마주 보도록) 되게 한다. - 두 다리의 무릎을 펴고 체중을 두 다리에 똑같이 나눠 실어 중심을 한가운데 놓는다. - 주로 '준비자세'에서 사용되는 서기이다.

주의사항

- 보폭이 너무 넓거나 좁게 서지 않도록 하며 좌·우 균형이 무너지지 않아야 한다.

④ 앞서기

설 명

동작의 설명	- 앞으로 한 걸음 내디뎌 선 자세를 말한다. (앞뒤 거리 한 발)
동작의 과정과 활용	- 한발을 앞으로 한 걸음 내디뎌 선다. - 두 무릎을 펴며 체중은 두 다리에 균일하게 실어야 한다. - 몸통을 반듯하게 세우고 가슴을 자연스럽게 정면을 향하여 선다. - 뒷발의 내각은 30° 이내 각으로 중심을 잡을 수 있도록 자연스럽게 벌린다. - 왼발이 앞으로 나와 있을 때는 왼 앞서기라 한다.

주의사항

- 이동 시 갈지(之)자 형태의 보법은 잘못된 것이다.
- 품새의 첫 동작이 앞서기일 경우 앞뒤 거리가 한발이 되도록 노력해야 한다.

⑤ 앞굽이

설 명

동작의 설명	- 한발을 앞으로 한걸음 반 내디뎌 선다. (앞뒤 거리 두 발 반) - 앞발의 발끝이 앞을 향하게 선다. - 두 발날등 사이는 반 발 간격 정도이다.
동작의 과정과 활용	- 몸을 반듯하게 하고 서서 바닥을 내려다봤을 때 앞에 있는 무릎과 발끝이 일치하도록 무릎을 굽혀 몸을 낮춘다. 앞무릎 오금의 각이 약 120° 정도를 이루게 하여 체중의 2/3를 앞에 둔다. - 뒷발의 발바닥 전체가 바닥에 닿게 하고 30° 이내 각으로 벌리어 중심을 잡아 준다. 또한, 뒷무릎을 자연스럽게 펴서 몸의 축을 바로 세워 선다. - 뒷발의 발바닥 전체가 바닥에 닿게 하고 30° 이내 각으로 벌려 중심을 잡아 준다. 또한, 뒷무릎을 곧게 펴서 몸의 축을 바로 세워 선다. - 골반이 틀어진 만큼 자연스럽게 몸통도 앞쪽으로 30° 정도 튼다. - 왼발이 앞으로 나와 있을 때는 왼 앞굽이라 한다.

주의사항

- 뒤에 있는 발의 뒤축이 들려지거나 무릎(오금)이 굽혀지지 않도록 한다.

⑥ 뒷굽이

설 명

동작의 설명	- 체중을 뒷다리에 많이 실은 자세를 말한다.
동작의 과정과 활용	- 모아서기에서 오른 뒤축을 축으로 앞축을 90° 되게 발을 벌려 선다. - 오른발 90° 벌려 선 상태에서 왼발 한걸음 길이로 (두 발 정도의 사이) 앞으로 내디디며 몸을 반듯하게 세우고 두 무릎을 굽혀 몸을 낮추어 선다. - 몸을 낮출 때 오른 다리 무릎은 오른발 끝 방향으로 지면과 60~70° 되게 충분히 굽히고 왼다리 무릎은 정면(왼발 끝 방향)으로 지면에서 100~110°가량 되게 약간 구부린다. - 체중은 뒷발에 2/3가 있어야 한다. - 오른발이 뒤에 있을 때는 오른 뒷굽이라 한다.

주의사항

- 엉덩이가 뒤로 빠지면 안 되고 몸의 균형이 무너지지 않도록 하며 몸통은 45° 정도 틀어준다.
- 뒷발의 무릎이 몸의 안쪽이나 바깥쪽으로 틀어지지 않게 한다.

⑦ 꼬아서기(앞꼬아서기, 뒤꼬아서기)

오른 앞꼬아서기

왼 앞꼬아서기

왼 뒤꼬아서기

설 명

동작의 설명	• 앞꼬아서기 - 좌우로 이동 시 사용되는 서기 동작 • 뒤꼬아서기 - 앞뒤로 이동 시 사용되는 서기 동작
동작의 과정과 활용	• 오른 앞꼬아서기 - 왼발을 축으로 오른발이 왼발등을 넘어 왼발 새끼발가락 옆에 오른발을 딛으며 왼발은 뒤축을 들어 앞축만 닿는다. - 양 무릎은 주춤서기의 높이만큼 구부리고 양 무릎 사이에 주먹 하나가 들어갈 정도로 벌리고 정강이와 장딴지를 붙여 중심을 잡아 준다. - 몸을 옆으로 이동할 때 사용된다. • 왼 뒤꼬아서기 - 오른발이 앞으로 나가는 순간 왼발이 뒤따라서 오른발 발날 쪽에 왼발 발가락이 가까이 하며 왼발 앞으로 제동을 걸면서 멈추어 서기를 한다. - 꼬아선 형태는 앞꼬아서기와 거의 같으나 상대의 발등을 짓찧기를 하거나 가깝게 접근하면서 2차 공격에 사용한다.

주의사항

- 지지가 되는 발의 뒤꿈치와 딛는 발 앞축 사이의 간격이 주먹 하나 정도의 간격보다 크거나 작지 않도록 한다.
- 두 발이 서로 교차할 때 정강이와 종아리를 붙여야 한다.

⑧ 옆서기 (왼서기, 오른서기)

설 명	
동작의 설명	- 나란히 서기에서 오른발이나 왼발을 직각으로 튼 자세를 말한다.
동작의 과정과 활용	- 나란히 서기와 모두 같으나 다만 왼발이나 오른발을 틀어 앞축을 90°로 돌려 딛는다. - 왼발을 돌려 딛는 경우는 왼서기, 오른발을 돌려 딛는 경우는 오른서기가 된다. - 두 발의 각은 90°가 되게 한다. - 두 발의 간격은 한 발 정도 벌어지게 선다.

주의사항

- 두 발의 간격이 너무 넓거나 좁지 않도록 하며 두 발의 각도가 90° 이내이거나 이상이 되지 않도록 한다.

⑨ 범서기

설 명	
동작의 설명	- 모아서기 자세에서 한 발을 앞으로 내디뎌 앞축을 바닥에 대고 낮추어 선 자세이다.
동작의 과정과 활용	- 모아서기에서 오른발을 30도 정도의 각으로 넓혀 서며 왼발을 오른발 끝에서 한발 깊이로 내딛는다. - 체중을 뒷발에 싣고 뒷발을 내려다봤을 때 무릎과 발끝이 일직선이 되게 한다. - 앞에 있는 왼발의 발목을 펴고 앞축만 가볍게 딛고 무릎을 약간 안으로 튼다. - 아랫배에 힘을 주며 체중은 뒷발에 90%~100% 싣는다. - 왼발이 앞에 나온 경우는 왼 범서기, 오른발이 앞에 나온 경우는 오른 범서기가 된다.

주의사항

- 상체를 뒤로 젖히거나 엉덩이가 뒤로 빠지지 않도록 하며 앞발의 발목이 굽혀지지 않도록 한다.

⑩ 주춤서기

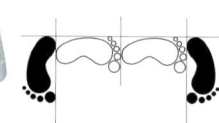

설 명

동작의 설명	- 두 발의 간격은 두 발 간격 정도로 선 자세를 말한다.
동작의 과정과 활용	- 두 무릎을 굽혀서 서서 바닥을 내려다봤을 때 무릎과 발끝이 일치되도록 하고 정강이를 반듯하게 세운다. - 이때 두 발날등을 서로 나란히 하여 두 무릎을 서로 조이듯 서야 한다. - 발바닥의 중심 부위로 바닥을 누르며 발가락을 조여 바닥을 움켜쥐듯 선다. - 몸통의 경우는 가슴에 힘을 주거나 앞으로 내밀지 않으며 아랫부분에 힘을 모으고 허리를 펴서 몸통을 바로 세운다. - 무릎을 구부리는 모든 서기의 높이는 주춤서기의 높이와 동일하다.

주의사항

- 상체가 앞으로 쏠리거나 배를 내밀지 않도록 한다.
- 두 발의 간격이 지나치게 넓게 벌어지지 않도록 한다.

신체 기준 명칭

※ 막기의 끝나는 지점을 다음과 같이 정한다.
- 아래막기(팔목 사용, 손날 사용)는 하단전 앞을 지나 허벅다리 중앙 안쪽에서 멈춘다.
- 바깥에서 안으로 막는 안막기는 인체 중심선 앞에서 끊어 막는다.
- 안에서 바깥으로 막는 바깥막기는 몸 바깥선을 끝나는 지점으로 하여 막는다.

※ 막기의 위치와 높이는 다음과 같이 정한다.
- 주먹을 쥐고 몸통을 막는 경우는 팔목이 명치 높이로 막는다.
  (주먹의 최대 허용 높이는 어깨선이다.)
- 손날로 몸통을 막는 경우는 손날이 명치 높이로 막는다.
  (손끝의 최대 허용 높이는 어깨선이다.)
- 팔목이나 손날로 얼굴을 올려 막는 경우는 인중을 막는 것이다.
  (팔목과 손날의 최대 허용 높이는 얼굴 끝선이다.)

※ 막기의 시작점을 다음과 같이 정하며 가동범위를 크게 하여 막아야 한다.
- 아래 부위를 막을 때는 메주먹이나 손날이 어깨선 앞에서 내려오기 시작한다.
- 몸통 부위를 막을 때는 막기에 사용되는 부위가 허리선과 어깨선 내에서 동작을 크게 하여 막는다.
- 얼굴 부위를 막을 때는 막기에 사용되는 부위가 허리선에서 올라가기 시작한다.
  단, 막기에 사용되는 부위는 높낮이에 있어서 약간의 허용범위를 두어 실제에 활용할 수 있다.

1. 유급자 기본동작

2) 유급자 기본 동작 방어(막기)

① 아래막기
② 몸통막기
③ 얼굴막기
④ 손날 바깥막기
⑤ 손날 거들어 바깥막기
⑥ 바깥막기
⑦ 아래 헤쳐막기
⑧ 얼굴 손날 비틀어 바깥막기
⑨ 얼굴 바깥막기
⑩ 바탕손 안막기
⑪ 아래 손날 거들어막기
⑫ 바탕손 거들어 안막기
⑬ 가위막기
⑭ 헤쳐막기
⑮ 아래 엇걸어막기
⑯ 손날 옆막기
⑰ 거들어 바깥막기
⑱ 외산틀막기(외산막기)
⑲ 아래 거들어막기

2) 유급자 기본 동작 방어(막기)

① 아래막기

설 명

동작 설명	- 상대방의 공격을 위에서 아래로 내려 막는 기술이다. - 주 방어 목표는 하단전이지만 허벅다리도 막을 수 있는 기술이다.
동작의 시작과 과정	- 막는 팔의 메주먹은 어깨를 향하고 주먹 바닥 부분이 얼굴을 향하게 한다. - 반대 팔 주먹 등은 위를 향하여 막는 팔꿈치 아래쪽으로 펴준다. - 막는 팔은 어깨 앞에서 아래로 반대 팔을 따라서 내려온다. - 막는 팔의 팔꿈치가 들리지 않도록 한다. - 막는 팔의 주먹은 팔꿈치를 구부려 단전 앞을 지나 허벅다리 위에서 약간 안쪽에 멈춘다. - 보조 손은 허리 쪽(장골능 위)으로 팔꿈치를 당겨 주먹을 붙인다.
동작의 활용 및 응용	- 상대방의 공격이 단전을 공격하여 올 때 자세를 낮추어 피하며 바깥팔목을 이용하여 방어한다. - 상대의 차기 공격은 무릎이 다 펴지기 전에 무릎 위를 막거나 정강이 보다는 발목이나 발등을 막을 수 있다. - 상대의 차기 공격은 피하며 막거나 발 바깥쪽을 (비골) 막는 것이 효율적이다.

주의사항

- 막는 팔의 팔꿈치가 들리거나 몸 밖으로 나가지 않도록 한다.
- 예비 동작에서 어깨에 많은 힘이 들어가거나 위로 올라오지 말아야 한다.

② 몸통막기

설 명	
동작 설명	- 상대방의 공격을 몸의 바깥쪽에서 안쪽으로 막는 기술이다. - 막는 팔은 어깨높이 정도로 들어 올리며 힘을 빼고 팔꿈치를 구부린 각도에서 손목을 바깥으로 회전시켜 준비자세를 취한다. 이때 보조 팔은 주먹 등이 위를 향하게 가볍게 앞쪽으로 펴준다.
동작의 시작과 과정	- 어깨를 축으로 뒤에 있는 팔을 당겨와서 팔꿈치를 축으로 안으로 막아준다. 이때 반대 손은 장골능으로 팔꿈치를 당겨와 주먹을 허리선으로 가져온다.
동작의 활용 및 응용	- 막은 팔목이 신체 중앙선에 위치하고 높이는 명치 높이이기에 어깨높이 위로 올라가지 않게 한다. - 보조 팔은 짝힘을 내는 역할을 하기 위해 막는 것과 동시에 장골능 위 허리선으로 당겨주어야 한다.

주의사항

- 막는 팔목의 위치는 명치 앞이며 높이는 명치 높이이다.
- 주먹이 어깨높이까지 올라가는 것은 허용하지만 지나치게 올라가지 않도록 한다.

③ 얼굴막기

설 명

동작 설명	- 상대방의 얼굴 공격을 위로 올려쳐서 막는 기술이다.
동작의 시작과 과정	- 막는 팔의 주먹 바닥은 반대 팔(보조 팔)의 팔꿈치 밑에 위치한다. - 막는 팔은 위로 올라가고 반대 팔은 아래로 내려오며 막기를 한다. - 막는 팔은 어깨 앞을 지나갈 때 손목을 점차적으로 회전하여 인중을 막아 올리며 이마 위 (세운 주먹 하나 간격)에 위치한다. 팔목은 신체 중앙선에 온다.
동작의 활용 및 응용	- 보조 팔은 짝힘을 내기 위한 역할을 하기 위해 막는 것과 동시에 장골능 위 허리선으로 당겨주어야 한다.

주의사항

- 막는 팔목의 중심선이 얼굴의 중심선 바깥으로 벗어나거나 팔목이 이마를 지나서 얼굴 끝선 위로 올라가서는 안 된다.

④ 손날 바깥막기

설 명

동작 설명	- 상대방의 공격을 손날로 몸의 안쪽에서 바깥쪽으로 막는 기술이다. - 막는 손날은 손등이 대각선 형태를 취하며 '몸통 바깥팔목 바깥막기'와 같은 형태에서 주먹을 손날로 바꾼 모양이다.
동작의 시작과 과정	- 막는 손날의 바닥이 위로 향하게 하여 반대쪽의 허리선이나 팔꿈치 밑에서 시작을 하여 두 팔이 충분히 교차하면서, 막는 손이 반대쪽의 어깨높이 정도로 올려 안쪽에서 바깥쪽으로 틀어주면서 쳐낸다.
동작의 활용 및 응용	- 막는 손날의 높이는 명치 높이이며 손끝 높이는 어깨선 정도까지 허용하며 위치는 몸의 바깥선까지 가고, 들어오는 손은 장골능 위 허리선에서 주먹의 등이 바닥을 향하게 한다.

주의사항

- 손목이 심하게 뒤로 구부러지지 않도록 하며 손날의 각도는 대각선 방향이다.

⑤ 손날 거들어 바깥막기

설 명

동작 설명	- 한 손날로 막기를 할 때 다른 손날로 거드는 기술이다.
동작의 시작과 과정	- 막는 손날은 거드는 팔 어깨 앞에 다다르며 거드는 팔은 어깨 뒤로 뻗어 가동범위를 크게 하며 팔꿈치를 자연스럽게 구부린 상태에서 한 방향으로 회전하여 막는다. - 막는 팔의 손날은 45° 정도 틀어져 막아야 하며 높이는 명치 높이이나 손끝이 어깨높이까지 허용하며, 거드는 팔의 팔목은 명치 앞에 위치한다.
동작의 활용 및 응용	- 골반을 먼저 틀고 어깨를 당겨주며 팔꿈치를 축으로 손목을 회전하여 막는다. 이때 거드는 손은 막는 방향 쪽으로 움직이며 힘을 보태준다.

주의사항

- 거드는 손의 팔목이 명치 앞에 위치하고 손날과 몸통 사이는 약간 띄워 준다.

⑥ 바깥막기

설 명

동작 설명	- 상대방의 공격을 바깥팔목으로 몸의 안쪽에서 바깥쪽으로 막는 기술이다.
동작의 시작과 과정	- 막는 팔이 반대 팔의 팔꿈치 밑에 위치한다. - 막는 팔목이 허리를 틀어 감으며 반대팔 어깨 쪽으로 올라왔다가 어깨를 축으로 바깥으로 펼쳐지고 팔꿈치를 축으로 막아준다. 이때 반대 손도 장골능 위 허리선으로 당겨준다.
동작의 활용 및 응용	- 막은 팔의 팔목은 명치 높이이며 주먹은 어깨높이까지 허용하기에 너무 올라가지 않게 하며 몸 바깥선에 위치한다.

주의사항

- 바깥 막는 팔의 팔꿈치가 들리지 않도록 하며 손목이 꺾이지 않도록 한다.

⑦ 아래 헤쳐막기

설 명

동작 설명	- 두 팔목을 가슴 앞에서 엇걸어 교차 후 내리며 헤쳐 막는 기술이다. - 느리게 내려 막는 동작을 통해 숨 고르기와 느린 동작이 추구하는 표현을 담은 기술이다.
동작의 시작과 과정	- 내려 막는 손은 어깨높이에서 시작하여 가슴 앞에서 교차하여 헤쳐 내리며 허벅다리 바깥쪽에 한 뼘 (두 주먹) 정도 벌려 위치한다. - 메주먹과 허벅다리 앞쪽은 같은 선상이다.
동작의 활용 및 응용	- 주먹이 허벅다리 측면 앞에 두 주먹이 들어갈 정도의 간격으로 막는다.

주의사항

- 동작을 지나치게 늦게 하거나 빠르게 하지 않도록 한다. (5초 정도)
- 헤쳐 막는 손은 단전 앞에서 가위표(×) 형태로 교차하며 한주먹 이상 벗어나지 않도록 한다.

8. 얼굴 손날 비틀어 바깥막기

설 명

동작 설명	- 앞에 있는 발의 반대 손날로 몸을 비틀어 막는 기술이다. - 몸을 안쪽에서 바깥쪽으로 상체를 45° 정도 비틀어 막는다.
동작의 시작과 과정	- 비틀어 막는 것은 왼발이 앞쪽에 있을 때 오른손으로 곡선 동작을 크게 하여 막고, 오른발이 앞쪽에 있을 때는 왼손으로 곡선 동작을 크게 하여 막는 것이며 허리를 충분히 비틀어 준다.
동작의 활용 및 응용	- 막는 손의 손날은 인중 앞을 지나가며 막아야 하며 인중 높이로 한다.

주의사항

- 비틀어 막기를 할 때 몸통을 안쪽으로 충분히 비틀어서 막는다.

⑨ 얼굴 바깥막기

설 명

동작 설명	- 상대방의 얼굴 공격을 바깥팔목으로 몸의 안쪽에서 바깥쪽으로 쳐내어 막는 기술이다.
동작의 시작과 과정	- 막는 팔은 젖힌 주먹이 위를 향하게 하여 반대팔 팔꿈치 근처를 지나가며 허리를 틀어 감으며 어깨선까지 올라오며 바깥팔목으로 몸끝선까지 쳐내어 막는다. - 교차하여 땅기는 팔은 막기가 끝나는 팔과 동시에 장골능 위 허리선으로 힘차게 당긴다. - 막는 팔의 팔목은 인중 높이이다.
동작의 활용 및 응용	- 상대방의 얼굴 공격을 인중 앞에서 바깥팔목으로 쳐내어 막는다.

주의사항

- 얼굴 바깥막기가 몸 바깥선을 벗어나지 않도록 한다.

⑩ 바탕손 안막기

설 명

동작 설명	- 몸통막기와 같은 방법으로 하되 몸통으로 들어오는 공격을 바탕손으로 쳐 내는 막기 기술이다.
동작의 시작과 과정	- 허리를 틀어 감으며 바탕손을 어깨높이로 올려 뒤로 젖혔다가 명치 앞으로 오며 끊어서 쳐 막는다. - 손의 높이는 명치 높이이며 인체 중심선까지 온다.
동작의 활용 및 응용	- 상대방의 손이나 발이 명치를 공격하여 올 때 바탕손을 이용하여 끊어쳐 막는다.

주의사항

- 바탕손 안막기는 허리 회전을 사용하여 쳐내어 막아야 한다.

⑪ 아래 손날 거들어막기

설 명

동작 설명	- 상대방이 아래를 공격하여 올 때 손날로 거들며 내려쳐 막는 기술이다.
동작의 시작과 과정	- 막는 손은 손날 바깥막기와 같은 방법의 동작이기는 하나 어깨선에서 시작하여 아래를 향해 내려막는다. - 막는 손은 앞에 둔 다리의 허벅다리 안쪽 위에 한 뼘 정도 간격을 둔다. - 거드는 손은 손등이 바닥을 향하게 하여 팔목이 명치 앞에 있으며 아래막기 하는 동작의 힘을 거들어주며, 손날이 몸통에 닿을 듯 말듯이 둔다.
동작의 활용 및 응용	- 상대방의 단전 공격을 한 손날로 힘차게 내려쳐 막으며 다른 한 손날은 힘을 보태어 거들어주고 다음 상황을 대비한다. - 상대방의 차기 공격일 경우는 정강이 방어보다는 바깥쪽의 비골을 방어하는 것이 효율적이다.

주의사항

- 막는 손이 단전 앞을 힘차게 지나치며 막아야 하며 앞에 둔 다리의 허벅다리를 지나서 몸 바깥으로 나가지 않도록 한다.

⑫ 바탕손 거들어 안막기

설 명

동작 설명	- 반대 팔 거드는 기능을 활용하여 힘을 보태서 막는 기술이다.
동작의 시작과 과정	- 바탕 손을 어깨높이로 올려 뒤로 젖혔다가 명치 앞으로 쳐 막는다. - 반대쪽의 손은 상대를 잡아끌듯이 당기며 안막기 하는 팔꿈치 아래에 위치하여 받침대 역할을 하며 거들어 준다.
동작의 활용 및 응용	- 상대방의 명치 공격을 보조 손의 주먹 등으로 받쳐 거들며 바탕손으로 정확하고 강하게 막는다. - 막기 후 등주먹 앞치기 같은 다음 동작으로 연결할 때 거드는 팔을 받침대 역할로 이용하여 효율적인 공격으로 전환한다.

주의사항

- 바탕손 거들어 안막기는 가슴 높이가 아닌 명치 높이이다.
- 바탕손 거들어 안막기 시 허리를 사용하지 않고 팔만 사용해서는 안 된다.

⑬ 가위막기

설 명

동작 설명	- 가위의 움직임을 본떠와서 붙인 용어이다. - 내려막기와 안팔목 바깥막기를 동시에 하는 기술이다.
동작의 시작과 과정	- 내려 막는 팔은 반대팔 어깨 앞에 위치시키고 몸통 올려 막는 팔은 팔꿈치를 구부려 내려 막는 팔의 팔꿈치 밑에 주먹을 위치시킨 뒤 두 팔을 동시에 교차시켜서 막는다.
동작의 활용 및 응용	- 상대방의 두 가지 공격을 내려막기와 안팔목 바깥막기로 동시에 막거나 내려막기와 올려 막기를 동시에 사용 공격하여 꺾거나 부러뜨릴 수 있다.

주의사항

- 가위막기를 등주먹 앞치기처럼 하면 안 된다.

⑭ 헤쳐막기

설 명	
동작 설명	- 상대방의 두 가지 공격에 대해 두 팔목을 가슴 앞에서 가위표(×) 형태로 엇걸었다가 바깥 팔목으로 바깥쪽으로 헤치며 막기를 동시에 한다.
동작의 시작과 과정	- 두 주먹의 밑 팔목 부분을 가슴을 향하게 교차한 다음 바깥막기와 같은 형태로 막는다.
동작의 활용 및 응용	- 두 팔의 팔꿈치가 가까이 붙을 정도로 교차하여 부챗살을 펴듯이 힘차게 밖으로 헤쳐 내어 막으며 주먹의 높이는 어깨선 정도로 하여 몸통의 바깥선까지 막는다.

주의사항

- 왼 앞굽이 시 왼팔이 바깥쪽에서 가위표(×) 형태로 교차하여 헤쳐 막고 오른 앞굽이 시 오른팔이 바깥쪽에서 가위표(×) 형태로 교차하여 헤쳐 막으며 두 팔의 바깥팔목이 몸통의 몸 바깥선을 지나서 몸 밖으로 벗어나지 않도록 한다.

⑮ 아래 엇걸어막기

설 명

동작 설명	- 한쪽의 바깥팔목과 등팔목로 내려막기를 하며 다른 팔의 등팔목을 마주 보게 하여 힘을 보태어 막는 기술이다.
동작의 시작과 과정	- 내려막기이지만 어깨높이에서 시작하는 것이 아니라 반대쪽 옆구리에서 내려막기를 하면서, 다른 팔로 내려 막는 팔에 힘을 더해서 엇걸어 눌러 내려 막는다.
동작의 활용 및 응용	- 손등이 마주 보게 하며 팔목을 교차시킨다. - 상대방의 공격을 미리 차단하는 기능이 있다. - 몸통이 정면을 보고 있을 때는 두 주먹이 양쪽에서 나올 수 있다.

주의사항

- 왼 앞굽이 시 왼팔이 바깥쪽에서 가위표(×) 형태로 교차하여 엇걸어 막고 오른 앞굽이 시 오른팔이 바깥쪽에서 가위표(×) 형태로 교차하여 엇걸어 막으며 엇걸어 막는 부위가 떨어지지 않도록 한다.

⑯ 손날 옆막기

설 명

동작 설명	- 상대방이 옆에서 공격해 올 때 주춤서기 자세에서 손날로 막는 기술이다.
동작의 시작과 과정	- 막는 손의 바닥이 위로 향하게 하여 반대쪽 팔꿈치 근처를 지나가며 큰 동작을 만들면서 어깨높이 정도로 올려 안쪽에서 옆쪽으로 쳐낸다. 이때 교차한 다른 한 손은 장골능 위 허리선으로 힘차게 당긴다.
동작의 활용 및 응용	- 막는 손날의 높이는 명치 높이이나 손끝 높이는 어깨선까지 허용한다.

주의사항

- 두 팔이 가슴 앞에서 교차하여 막도록 한다.
- 주춤서기한 두 다리가 많이 움직여서는 안 된다.

17 거들어 바깥막기

설 명

동작 설명	- 한 손으로 막기를 할 때 다른 손으로 거들어 막는 기술이다. - 막는 팔목이 명치를 막는데 높이는 주먹이 어깨선을 넘어서지 않으며 몸 바깥선에 위치한다.
동작의 시작과 과정	- 주먹을 쥐고 손날 거들어 바깥막기처럼 하며 거드는 손의 위치는 팔목이 명치 앞이며 팔목은 인체의 중심선에 둔다.
동작의 활용 및 응용	- 거드는 팔의 어깨에 힘을 주지 않으며 겨드랑이와 몸통과의 간격은 닿을 듯 말 듯 편하게 늘어뜨린다.

주의사항

- 거드는 팔은 몸통에 붙이지 않도록 하며 막는 팔의 팔꿈치 높이를 따라가지 않는다.

⑱ 외산틀막기(외산막기)

설 명

동작 설명	- 얼굴과 몸통 측면 또는 아래로 동시에 들어오는 공격에 대하여 한쪽 손은 얼굴 측면, 다른 손은 아래로 내려 막는 기술이다.
동작의 시작과 과정	- 한 팔은 바깥팔목 내려막기를 하고 한 팔은 얼굴 측면을 방어 목표로 하여 안팔목 바깥막기를 한다.
동작의 활용 및 응용	- 내려막는 팔은 주먹이 대퇴부 측면으로부터 주먹 두 개 높이로 막는다. - 얼굴을 막는 팔은 팔목이 인중 높이에 위치한다.

주의사항

- 두 발은 일직선상에 서며 두 발의 모양은 모앞굽이 자세이다.

⑲ 아래 거들어막기

설 명

동작 설명	- 아래를 목표로 공격하여 오는 상대방의 기술을 바깥팔목으로 거들며 바깥팔목으로 내려 막는 기술이다.
동작의 시작과 과정	- 막는 손은 내려막기와 같은 방법으로 어깨선에서 시작하여 내려막기를 하며, 거드는 손은 동작을 크게 하여 팔목이 명치 앞으로 오며 힘을 거들어 준다.
동작의 활용 및 응용	- 막는 팔목은 단전을 지나쳐 앞에 있는 허벅다리 안쪽에서 한 뼘 정도 떨어진 위치까지 막는다.

주의사항

- 막는 두 손을 어깨선보다 지나치게 높거나 낮은 위치에서 내리지 않도록 한다.

1. 유급자 기본동작

3) 유급자 기본동작 공격(지르기, 치기, 찌르기)

① 지르기 (몸통 바로지르기, 몸통 반대지르기)
② 얼굴 지르기
③ 목 손날 안치기
④ 거들어 세워찌르기
⑤ 목 제비품 안치기
⑥ 얼굴 등주먹 앞치기
⑦ 메주먹 내려치기
⑧ 얼굴 팔꿈치 거들어 돌려치기
⑨ 팔꿈치 표적 앞치기
⑩ 무릎 올려치기
⑪ 두 주먹 젖혀 지르기
⑫ 얼굴 등주먹 바깥치기
⑬ 옆지르기
⑭ 턱 당겨지르기
⑮ 얼굴 팔꿈치 돌려치기

◆ 지르기

팔을 이용하여 공격을 가할 때 힘은 몸통의 회전력, 즉 원심력을 이용하는데, 이때 팔꿈치를 뻗으며 주먹이 일직선 형태로 움직여 목표 지점을 가격하는 것을 지르기라 한다.

① ② ③ ④ ⑤

① 장골능 위 허리선에 팔목을 붙인다.
② 허리 회전과 함께 젖힌주먹으로 출발한다.
③ 세운주먹으로 전환된다.
④ 팔꿈치 관절을 구부려 바른주먹으로 가격한다.
⑤ 팔꿈치 관절을 뻗어 깊숙이 지른다.

3) 유급자 기본동작 공격(지르기, 치기, 찌르기)

① 지르기 (몸통 바로지르기, 몸통 반대지르기)

설 명

동작 설명	- 주먹으로 질러 상대의 명치를 가격하는 기술이다.
동작의 시작과 과정	- 지르는 주먹은 팔꿈치를 앞으로 밀어내며 나선형의 비틀리는 힘을 직선으로 발휘하며 앞으로 지르기를 한다. - 앞에 위치해 있던 보조 손은 팔꿈치를 당기듯 주먹을 허리로 가져온다. - 지른 주먹은 몸통지르기이므로 명치를 향해야 한다.
동작의 활용 및 응용	- 바로지르기는 손과 발이 반대 선상에 위치하고 반대지르기는 손과 발이 같은 선상에 위치한다.

주의사항

- 지르는 팔꿈치가 옆으로 벌어지거나 들어 올려서 지르면 안 된다.

② 얼굴 지르기

설 명

동작 설명	- 얼굴의 인중을 향해 주먹으로 질러 가격하는 기술이다
동작의 시작과 과정	- 주먹은 장골능 위 허리선에서 시작하여 목표를 가격할 때 회전이 완성된 상태에서 가격하여야 한다. - 가격 시 팔꿈치가 조금 굽혀져 있어야 하며 손목이 구부러지지 않도록 한다. - 가격 후 깊숙한 공격을 위하여 팔꿈치를 쭉 뻗는다.
동작의 활용 및 응용	- 상대방의 인중을 기본 목표로 하지만 상황에 따라 턱을 가격할 수 있다.

주의사항

- 지르는 팔꿈치가 몸의 바깥 부분을 스치며 나가고 들어와야 한다.

③ 목 손날 안치기

설 명

동작 설명	- 공격의 목표를 목으로 하며, 손날로 바깥에서 안쪽(인체 중앙선)으로 치는 공격 기술이다.
동작의 시작과 과정	- 젖힌 손날로 큰 포물선을 만들어 동작을 크게 하여 목을 친다. - 보조 손은 앞으로 자연스럽게 뻗었다가 목을 칠 때 장골능 위 허리선으로 빠르게 당긴다.
동작의 활용 및 응용	- 목을 가격할 때 손날은 수평이 아닌 손끝이 조금 올라가야 하며 팔꿈치가 힘을 낼 수 있도록 조금 구부러져야 한다.

주의사항

- 목을 치는 손이 밀거나 찌르는 모양이 되면 안 되며 손목이 구부러지지 않도록 주의한다.

1. 유급자 기본동작

④ 거들어 세워찌르기

설 명

동작 설명	- 편 손끝을 세워서 주로 몸통(명치)을 목표로 찌르는 공격 기술이다.
동작의 시작과 과정	- 찌르는 동작은 지르기를 하는 것처럼 허리선에 들어왔다가 앞으로 찌른다.
동작의 활용 및 응용	- 거드는 손은 상대의 지르기 공격을 눌러 막는 형태를 취하며 찌르는 손의 팔꿈치 아래에 손등을 대고 받쳐주듯이 거든다.

주의사항

- 눌러 막는 동시에 거들어 세워찌르기를 해야 한다.

⑤ 목 제비품 안치기

설 명

동작 설명	- 제비품이라 함은 두 손을 벌려 날개와 같은 형태를 만들었을 때를 말하며 제비처럼 빠른 방향 전환이 요구된다. - 목 안치기의 동작을 하면서 다른 쪽의 손날로 얼굴 올려 막기를 동시에 하는 복합 기술 동작이다.
동작의 시작과 과정	- 얼굴 막는 손날의 손바닥이 위를 향하게 하여 반대편 장골능 위 허리선에 위치시키고, 안으로 치기 할 손은 손등이 얼굴 높이에서 어깨 쪽을 향하게 한 후, 한 손날 얼굴막기와 한 손날 목치기를 동시에 한다. - 허리를 틀며 어깨와 팔꿈치가 들어가고 손날이 따라 들어가며 마지막에 손목을 틀어친다.
동작의 활용 및 응용	- 두 개의 손날을 동시에 사용하여 방어와 공격을 한 번에 하는 기술이다. 앞발 쪽의 손은 손날로 얼굴을 막고 뒷발 쪽의 손은 손날로 목치기를 한 상태고 목을 치는 팔의 팔꿈치는 약간 구부린다.

주의사항

- 손날 얼굴막기와 목 손날 안치기가 동시에 이루어져야 한다.

⑥ 얼굴 등주먹 앞치기

설 명

동작 설명	- 등주먹으로 앞에 있는 목표물을 가격하는 기술이다. - 치는 팔의 팔꿈치를 굽힌 채로 반대편 겨드랑이 안쪽을 지나가며 치기를 한다. 보조하는 팔은 자연스럽게 앞으로 향한 후 장골능 위 허리선으로 당긴다.
동작의 시작과 과정	- 치는 등주먹을 주먹 등이 위로 향하게 하여 반대편 겨드랑이를 스치며 올려 앞으로 회전하며 인중 높이로 친다.
동작의 활용 및 응용	- 등주먹이 앞으로 나오며 상대방의 코나 인중, 턱 등을 가격한다. 이때 보조하는 반대 손은 허리선으로 당긴다.

주의사항

- 등주먹으로 칠 때 팔이 대각선이 아닌 수직 형태로 쳐야 하며 손목이 구부러지지 않도록 한다.

⑦ 메주먹 내려치기

설 명

동작 설명	- 메주먹으로 위에서 아래로 원을 그리며 내려치는 공격기술이다.
동작의 시작과 과정	- 어깨를 축으로 하여 팔을 겨드랑이 안쪽을 지나 크게 회전하여 메주먹을 어깨 부위나 쇄골, 머리 위 등으로 향해 힘이 위에서 아래로 작용할 수 있게 수직으로 내려친다.
동작의 활용 및 응용	- 앞치기와 마찬가지로 반대쪽의 팔은 바깥에서 몸통 가까이 안쪽으로 잡아당기듯이 하여 장골능 위 허리선으로 들어온다.

주의사항

- 메주먹이 어깨선보다 지나치게 높거나 낮지 않도록 한다.

⑧ 얼굴 팔꿈치 거들어 돌려치기

설 명

동작 설명	- 몸의 중심을 축으로 회전력을 충분히 이용하여 팔꿈치를 접어 거드는 손과 같이 수평으로 턱을 목표로 밖에서 안쪽으로 돌려치는 공격 기술이다.
동작의 시작과 과정	- 거드는 손바닥이 가슴 앞으로 와서 팔꿈치로 돌려치는 순간에 주먹에 대어 정확성과 큰 힘을 내도록 도와준다.
동작의 활용 및 응용	- 팔꿈치로 상대방의 턱을 가격하거나 상황에 따라 옆구리를 가격할 수 있다.

주의사항

- 팔꿈치 거들어 돌려치기 시 팔꿈치가 아래에서 위로 올라가며 치지 않도록 한다.
- 거드는 손에 힘이 과도하게 들어가지 않도록 한다.

⑨ 팔꿈치 표적 앞치기

설 명

동작 설명	- 자신의 손바닥을 표적으로 만들어 팔꿈치를 앞으로 틀어치기를 하는 기술이다.
동작의 시작과 과정	- 표적이 되는 팔을 앞으로 뻗는다. - 표적이 되는 손을 가슴 앞으로 당기며 앞으로 치는 팔꿈치의 손등이 위를 향하게 하여 가슴 앞에서 표적을 친다. - 표적을 만드는 손의 엄지손가락은 붙이며 표적을 칠 때 허리를 틀어준다. - 팔꿈치로 손바닥을 치며 표적의 손가락은 구부리지 않는다. - 몸통의 회전력을 이용하여 팔꿈치로 손바닥 표적을 친다.
동작의 활용 및 응용	- 표적을 만드는 손을 팔꿈치로 칠 때에는 손가락을 제외한 손바닥을 친다. - 표적을 만드는 손으로 상대방을 감싸서 팔꿈치로 가격을 한다.

주의사항

- 팔목이 허리에서 위로 들어올려 돌려치기가 시작되어서는 안 되며 팔꿈치를 손가락으로 감싸 쥐지 않도록 한다.

⑩ 무릎 올려치기

설 명

동작 설명	- 헤쳐진 양팔로 상대의 머리나 어깨를 잡아 무릎으로 올려치는 공격 기술이다.
동작의 시작과 과정	- 한 다리로 지지하며 무릎을 굽혀 들어 올려친다. - 양손은 주먹을 쥔 상태에서 아래로 끌어내리며 무릎치기를 하는 다리의 정강이뼈 아래 부위까지 내린다.
동작의 활용 및 응용	- 올려치는 무릎을 최대한 올려 상대방의 얼굴을 강하게 치거나 상황에 따라 명치를 가격할 수도 있다.

주의사항

- 무릎치기는 몸통 헤쳐막기를 한쪽 팔을 뻗어 상대방을 잡고 아래로 끌어내리는 동시에 주먹을 쥔다.
- 상대방을 잡아 내릴 때 팔꿈치가 벌어지거나 완전히 펴지지 않도록 한다.

⑪ 두 주먹 젖혀 지르기

설 명

동작 설명	- 두 주먹을 장골능에서 엎은 상태에서 앞으로 향해 젖혀 지르는 공격 기술이다.
동작의 시작과 과정	- 장골능 위 허리선에서 엎어진 주먹으로 시작하여 앞쪽으로 조금 올라가며 갈비뼈 앞쪽을 젖혀 지른다.
동작의 활용 및 응용	- 비교적 가까이 있는 상대의 늑골 아랫부분을 올려 지르듯이 짧은 시간에 힘차게 가격한다.

주의사항

- 젖혀 지르기한 팔의 팔꿈치가 펴지지 않도록 하며 구부린 각도가 120° 이내로 유지해야 한다.

1. 유급자 기본동작 **143**

⑫ 얼굴 등주먹 바깥치기

설 명

동작 설명	- 어깨와 팔꿈치를 축으로 바깥쪽을 향해 세운 등주먹으로 인중을 목표로 친다.
동작의 시작과 과정	- 치기 하는 등주먹의 팔이 앞치기와 달리 반대편 어깨 위에서 팔꿈치를 접어 몸 앞에서 옆 방향으로 원을 그려 나가며 친다. - 반대 팔의 주먹은 치는 팔 쪽 어깨선에서 허리로 당긴다.
동작의 활용 및 응용	- 반대쪽 어깨 위에서 어깨의 외회전의 힘과 팔꿈치 신전의 힘을 이용하여 힘차게 바깥쪽으로 던지며 반대쪽의 팔도 교차하여 당겨 장골능으로 들어온다.

주의사항

- 두 팔은 교차하여 몸통의 회전력을 이용하여야 하며 치는 주먹은 얼굴의 인중 높이에 위치하고 보조 팔은 장골능 위 허리선으로 당긴다.

⑬ 옆지르기

설 명

동작 설명	- 지르기 기술을 주춤서기(옆으로 나란히 선) 자세에서 옆의 방향으로 지른다.
동작의 시작과 과정	- 몸통의 회전력을 이용하여 몸을 옆으로 틀며 주먹을 일직선으로 던지듯이 지른다.
동작의 활용 및 응용	- 몸통의 회전력과 이동하는 발을 딛는 순간에 지면의 반동력까지 최대한 주먹에 실어 지른다.

주의사항

- 몸통의 회전력을 이용하여 틀어 지르며 지르는 높이는 명치 높이로 한다.

⑭ 턱 당겨지르기

설 명

동작 설명	- 한쪽 손으로는 상대를 잡아당기며 다른 한 손으로 턱을 향해 서서히 젖혀 지른다.
동작의 시작과 과정	- 주먹 등을 위로하여 가슴 옆에서 젖히며 지른다. - 힘을 주어 천천히 당기며 지른다.
동작의 활용 및 응용	- 잡아끄는 손은 어깨높이에서 당기듯이 하고, 지르는 손은 편하게 가슴 옆에서 시작하여 턱 높이로 앞쪽을 향해 젖혀 지른다. - 상대방의 제지로 인하여 빨리지를 수 없는 상황의 기술이다.

주의사항

- 턱 당겨지르기는 천천히 5초 정도 하며 수련 정도에 따라 늘리거나 줄일 수 있다.

⑮ 얼굴 팔꿈치 돌려치기

설 명

동작 설명	- 팔꿈치를 접어 몸통을 수평으로 돌리며 턱을 목표로 밖에서 안쪽으로 돌려치는 공격 기술이다.
동작의 시작과 과정	- 돌려치는 팔꿈치의 손등이 위로 향하게 하고 팔꿈치를 최대한 돌려서 어깨 앞쪽으로 오도록 한다.
동작의 활용 및 응용	- 몸통의 회전과 동시에 팔꿈치를 돌려 상대의 턱을 치며 상황에 따라서 얼굴의 다른 급소를 칠 수도 있다.

주의사항

- 허리를 틀어주지 않고 어깨만 돌려서 치면 안 된다.

1. 유급자 기본동작

4) 차기
① 올려차기 (앞 뻗어 올려차기)
② 앞차기
③ 돌려차기
④ 옆차기
⑤ 얼굴 표적 안차기
⑥ 두발당성앞차기
⑦ 뛰어 앞차기

4) 차기

① 올려차기 (앞 뻗어 올려차기)

설 명	
동작 설명	- 무릎을 편 상태로 전면의 상대를 아래에서 얼굴까지 가격할 할 수 있도록 앞축으로 힘차게 차올리며 숙련자는 등 뒤의 상대를 가격할 수 있을 정도로 허벅지가 차는 발과 같은 쪽 측면 가슴에 닿도록 힘차게 차 올린다.
동작의 시작과 과정	- 상체는 힘을 빼고 두 주먹은 가볍게 쥐고 가슴 앞에 위치한다. - 무릎관절은 뻗으며 앞축으로 상대의 무릎부터 샅을 거쳐 턱을 올려 차듯이 높이 올린다.
동작의 활용 및 응용	- 상대의 무릎이나 샅을 아래에서 위로 올려 찰 수 있고 턱을 가격할 수도 있다.

주의사항

- 차는 발은 무릎을 곧게 펴서 올려 차도록 하며 지지하는 발의 무릎을 지나치게 굽히지 않도록 한다.

② 앞차기

설 명

동작 설명	- 발로 앞에 있는 목표물을 가격하는 기술로써 발등이나 앞축 또는 뒤축으로 상대방의 턱이나 명치, 복부 등을 가격하는 기술이다.
동작의 시작과 과정	- 겨루기(겨룸새)자세에서 발을 올릴 때는 무릎을 접었다가 차는 순간 목표물을 향해 곧게 뻗어 차는 기술입니다. 때에 따라서는 상대방의 낭심을 차거나 뒤축으로 배를 찰 수도 있으며 상대방과의 거리를 조절하기 위해 밀어 찰 수도 있습니다.
동작의 활용 및 응용	- 앞차는 순간 딛고 있는 뒤축이 안쪽으로 틀어지며 차는 발을 따라가거나 발바닥이 회전할 수 있게 한다.

주의사항

- 지지발의 뒤꿈치가 안쪽으로 45°이상 틀어지지 않도록 한다.

③ 돌려차기

설 명

동작 설명	- 무릎을 접어 지지발을 안쪽으로 돌리며 목표물을 가격하는 기술이다. 겨루기(겨룸새) 자세에서 몸을 지지하는 발의 앞축을 축으로 삼고 반대쪽 무릎을 접어 올려 몸의 회전력과 무릎을 펴는 힘을 함께 이용하여 앞축이나 발등으로 목표물을 찬다.
동작의 시작과 과정	- 지지하는 발을 틀며 엉덩이를 완전히 넣어주고 앞축 또는 발등으로 목표물을 가격한다. - 차는 발의 무릎을 접어 올려 차야 한다.
동작의 활용 및 응용	- 앞축은 주로 상대방의 관자놀이나 늑골 등의 급소를 찰 때 사용하며 발등은 주로 차기 수련할 때나 겨루기 시 사용부위의 면적을 넓혀 부상을 방지하기 위해 사용한다.

주의사항

- 돌려차기 시 직선으로 찔러 차는 형태가 되지 않도록 한다.

④ 옆차기

설 명

동작 설명	- 몸을 옆으로 틀며 목표물을 가격하는 기술로 발날, 뒤축 등으로 상대방의 얼굴이나 몸통 등을 가격하는 기술이다.
동작의 시작과 과정	- 겨루기(겨룸새) 자세에서 발을 올릴 때는 무릎을 앞으로 접어들어 몸을 옆으로 틀면서 곧 게 뻗어 찬다. - 차는 순간 어깨와 골반, 발 날을 일자 형태로 만들며 시선은 목표를 향한다.
동작의 활용 및 응용	- 몸의 중심이 뒤쪽에서 앞쪽으로 이동하며 허리를 틀어 어깨 너머로 상대방을 응시하며 지지하는 발의 뒤꿈치는 차는 쪽으로 향하도록 완전히 튼다.

주의사항

- 지지발의 뒤축이 차는 방향으로 돌지 않거나 차기 시 엉덩이가 빠지지 않도록 한다.

⑤ 얼굴 표적 안차기

설 명

동작 설명	- 몸의 바깥쪽에서 안쪽을 향해 발날등으로 목표물을 가격하는 기술로써 손바닥으로 표적을 만들어 가상의 목표를 설정하고 그곳을 반대쪽 발로 무릎을 접어 올려 돌리며 안차기 한다.
동작의 시작과 과정	- 발을 바깥쪽에서 안쪽으로 무릎은 위를 향한 채 돌리며 발날등으로 목표를 가격한다.
동작의 활용 및 응용	- 가상의 표적을 만든 이유는 다양한 위치의 목표를 설정하여 차기를 연습함으로써 기술의 정확성을 높이기 위해서이다. 또한 실전에서는 표적이 된 손으로 상대방의 머리나 옷깃 등을 잡아당기면서 반대쪽 발로 차서 상대방에게 큰 충격을 줄 수도 있다.

주의사항

- 표적 안차기 시 표적이 아래로 움직이지 않도록 하고 시선은 목표를 향한다.

⑥ 두발당성앞차기

설 명

동작 설명	- 앞으로 뛰어 나가며 두 발을 공중에서 연이어 앞을 차는 기술로써 몸통과 얼굴을 찬다.
동작의 시작과 과정	- 첫 번째 발로 앞차기를 차며 그 탄력을 잃지 않고 연결하여 다음 발도 체공 상태에서 앞차기를 힘차게 찬다.
동작의 활용 및 응용	- 첫 번째 발을 몸통높이 이상 차고 이어서 다음 발은 얼굴 높이로 찬다. - 두 개의 목표를 찰 수 있다.

주의사항

- 강한 힘을 내기 위해서는 다리를 교차하는 힘을 이용하여 찬다.
- 첫 번째 발을 몸통 아래로 차지 않도록 한다.

⑦ 뛰어 앞차기

설 명

동작 설명	- 제자리에서 높이 있는 목표물을 향해 뛰어서 보조하는 발의 도움을 받아 뛰어올라 차는 기술이다.
동작의 시작과 과정	- 한쪽 다리 무릎이 올려진 상태에서 뛰어서 다른 발로 앞차기를 찬다.
동작의 활용 및 응용	- 앞차고 발이 바닥에 닿기 전에 이어서 다른 발로 뛰어 앞차기 한다. - 디딤발을 이용하여 제자리에서 높이 뛰어 찬다. - 첫발은 몸통 정도 높이로 차고 이어서 다른 발은 얼굴정도 높이로 찬다.

주의사항

- 차기 시 앞축으로 얼굴 높이 이상으로 차야 한다.

2. 유급자 품새

1) 품새란
2) 유급자 품새

2. 유급자 품새

1) 품새란

(1) 품새의 정의

　인류가 생기면서 생존의 수단으로 무예가 발달함에 따라 평상시 실전을 대비한 훈련과 전략, 전술이 필요하여 수련한 것이 품새의 시초라 할 것이다. 가상의 현실을 설정하고 혼자 산과 들, 공터 등에서 차고, 막고, 지르고, 뛰며 공방의 기술을 수련하면서 교육과 계승의 목적으로 체계적으로 정리한 것을 지금의 품새라 할 수 있다. 그러므로 품새는 품 하나하나가 생존을 위한 실전적 기술을 바탕으로 만들어졌으며, 동작을 통해 정신 수양과 신체의 건강 그리고 호신을 목적으로 하는 과학적이고 정밀한 기술의 결정체이다.

　기본동작은 품새의 근본이 되며, 겨루기는 품새의 실전적 활용 동작이라 할 수 있다. 품새는 공격과 방어의 기술을 규정된 형식에 맞추어 혼자 수련할 수 있도록 이어놓은 동작이므로 기초적 겨루기 기술과 동작 응용 능력을 배양하고, 기본동작에서보다 품새에서는 더 발전된 기술들을 연마할 수 있다.

　품새는 품새선 (품새길)에 따라 수련하는데 품새선이란, 품새를 할 때 발의 위치와 그 이동 방향을 표시한 것을 말하며 이러한 움직임을 따라 동작의 습득 및 강유剛柔, 중심이동中心移動, 시선視線과 완급緩急 그리고 호흡呼吸 등을 수련한다. 그리고 품새에 담긴 동작의 의미를 항상 염두에 두고 수련하여야 하며 모든 동작은 전체적으로 조화를 이뤄야 한다. 따라서 품새란 태권도 정신과 기술의 정수精髓를 모아 심신수양과 공방의 원리를 직접 또는 간접으로 나타낸 행동양식이라 할 수 있다.

(2) 품새의 유형과 종류

태권도 품새 동작은 외형적으로 단순한 형태를 유지하지만, 동작의 연결에 따라 변화는 무궁무진하다. 예를 들어 품새 속의 단순 동작인 손날바깥막기는 막기에서 끝나는 것이 아니라 상대 팔목을 감아 잡아 꺾어 상대를 제압하거나 다양하게 다음 동작으로 기술을 연결하여 수많은 변화를 만들어낸다.

① 실전 기법의(격투기적) 품새

실전 체험기술만으로 이루어지며 공격 위주의 품새, 방어 위주의 품새, 그리고 공격과 방어의 기법이 균등한 품새로 구분된다. 기술이 직접적으로 표현되어 바로 실전 사용이 가능하다.

실전 기법의 품새는 실용의 단계이며 움직임이나 힘의 소모를 최소화하면서 효과를 얻어 내는 것이다. 이를 가능케 하기 위해선 태권도 품새의 원리를 이해하고 체득하여야 한다.

② 단순 기법(기능성)의 품새

단순 기법 품새의 초급과정에서의 품새는 다양하지는 않으나, 품새 기법 구성에 있어 성장발육, 호신, 건강, 다이어트 등의 목적을 기본적으로 담고 있는 품새라고 할 수 있다.

고급과정에서는 숨쉬기를 통해 인체 내부의 힘을 기르는 내공의 수련방법이 포함되어 있고, 기술이 간접적으로 표현된 수많은 품새의 변화는 수련을 통해 체득해야 한다.

③ 손기술 위주의 품새

여기서 손이란 주먹과 손, 팔목을 통틀어 이르는 말이다. 태권도에서 손기술은 막기와 공격의 두 가지 형태로 구분할 수 있으며 팔목, 손날, 바탕손, 손날등 등이 주로 사용되며 손끝은 공격에만 사용된다. 손기술 위주의 품새는 방어와 공격의 기법이 다양하고 민첩함을 요구하는 품새와 호흡을 수련하는 품새에 적당하다.

④ 발기술 위주의 품새

　발기술은 딛기와 차기의 다양한 기법으로 구성된 품새로서 손기술 위주의 품새보다 위력적이고 체력 소모가 많은 품새이다.

⑤ 손기술과 발기술이 균등한 품새

　손기술과 발기술이 균등한 품새는 어느 한쪽으로 편중되지 않아 손과 발을 고루 수련할 수 있는 품새이며, 손과 발을 연결한 다양한 공방의 동작을 수련할 수 있다. 팔과 다리를 골고루 사용하므로 바람직한 구성의 품새이다.

⑥ 부드럽고 느리거나 빠른 품새

　부드럽고 느리거나 빠른 품새는 정확성과 속도를 향상하게 시키는 데 좋으며, 부드럽다는 것은 근육을 이완한 상태에서의 동작을 의미하기 때문에 호흡과 동작이 조화를 이뤄야 한다는 뜻이다.

　부드럽게 느리게 하는 것은 호흡과 동작의 조화가 중요하며 정확한 동작을 익히거나 정신의 집중력을 배양할 수 있다. 숙련된 단계에 이르렀을 때 부드럽고 빠른 동작을 할 수 있으며, 동작의 흐름은 지면에서부터 추진력을 얻어 각 분절의 연쇄 작용으로 힘이 표출되어야 한다. 부드럽고 빠른 품새는 여러 동작을 빠르게 연결 수행하기 위해 한 호흡에 짧게 여러 번 호흡을 내쉬며 단전으로 호흡을 끊어 주는 수련이 필요하다. 이 수련은 근육의 이완과 정신 집중 및 호흡, 동작의 속도를 향상시키는 데 용이하다.

⑦ 힘주며 느리거나 빠른 품새

　힘주어 느리게 또는 빠르게 하는 품새는 등장성과 근지구력을 배양하는 데 적합한 품새 수련 방법이다. 호흡을 단전에 집중하여 몸통의 회전과 팔목의 회전을 이용한 등장성 근력 강화 수련에 집중하며 무리하게 힘을 주어 빠르게 하는 것은 근육과 관절의 상해를 입을 수 있으므로 주의하여야 하며 적절한 이완과 수축을 해야 한다. 이 수련은 밀기와 버티기 수련에 용이하다.

⑧ **강유와 완급이 균등한 품새**

일반적인 수련 방법이며 동작의 시작에서 호흡을 들이마시고 동작의 끝에서 호흡을 내쉬며 단전에 집중한다(국기원, 2012). 모든 동작은 한 동작으로 연결되어야 하며 동작의 시작은 부드럽고 느리게 시작하며 동작의 움직임은 흐름에 순응하고 동작의 끝은 속도에 의해 인체의 모든 것이 찰나에 집중하여야 한다.

⑨ **호흡을 길게 하며 느리거나 빠른 품새**

호흡을 길게 하며 느리거나 빠른 품새는 폐활량을 배양하는 데 적합한 품새 수련 방법이며 수련의 단계가 높은 고단자에게 적합한 수련 방법이다. 올바른 호흡법을 해야 한다.

⑩ **특수한 목적을 위한 품새**

특수한 목적을 위한 품새는 기능적인 것을 의미하며 개인의 수련목적과 능력에 따른 품새를 말한다. 이는 건강, 실전, 호신, 격파 등의 특수한 기능성에 초점을 맞추어 구성되며 남녀노소에 따라 구분될 수 있다. 장애인을 위해 고안된 품새도 여기에 속한다.

(3) 품새 수련 과정

품새 수련 과정은 품새를 체계적으로 연습하여 완성하는 단계를 말한다. 수련 과정은 모양, 뜻, 실용, 자기류, 완성이라는 다섯 단계를 거친다. 모양이란 정확한 동작을 익히는 것, 뜻이란 전체 품새와 개별 동작의 뜻을 이해하여 그 연결법을 터득하는 것, 실용이란 실전에 사용할 수 있도록 맞추는 것, 자기류란 기술을 자신의 인체 능력과 체형에 맞도록 능숙하게 변환시키는 것이며, 완성이란 자기류에서 발전하여 태권도의 참 정신을 알고 태권도 기법 자체를 완전히 소화하여 종합적으로 완성하는 태권도의 최고 경지이다.

(4) 수련의 목적

　전인적인 인격 완성을 위해서는 신체적·정신적으로 건강해야 한다. 태권도는 지식이 아니라 무예이며 신체의 움직임으로 표현하는 철학이다. 그리고 신체의 움직임을 통해 태권도의 모든 것을 습득하는 방법이 품새이며, 품새를 습득하기 위해서는 부단한 반복 수련이 필요하다.
　따라서 품새의 수련은 정신 수양, 신체 기능 향상, 격투기 기능 배양 등 태권도의 모든 것을 습득하려는 데 목적이 있으며, 궁극적으로 품새의 수련을 통해 얻어지는 덕德이야말로 곧 인격 완성이라 할 수 있다.

① 정신수양
　태권도는 수련을 통해 인간 완성의 길을 가는 것이다. 태권도는 수련으로 자기 완성을 추구하며 배양된 힘을 바탕으로 마음과 행동을 바르게 하여 사회에 필요한 인물이 되기 위한 것이다. 자신이 추구하는 이상理想을 위해 부단히 정진精進하기 위해서는 항상 정신을 가다듬고, 건전한 생각을 가지고 수련함으로써 올바른 가치관이 함양되고 인격이 향상된다.

② 신체(건강, 양생)기능 향상
　태권도 수련은 체육 활동의 일환이다. 그러므로 신체의 모든 기능이 활성화되면서 건강해지고 삶의 질이 향상될 수 있다. 또한, 건강한 신체는 건전한 정신의 발로이므로, 태권도를 통해 삶에 대한 의지가 충만하고 어떠한 어려움도 극복하는 인내와 자신감, 절제를 요구하는 극기심 등을 배양하여 건강하게 행복을 추구할 수 있다.

③ 호신술 기능 배양
　품새 수련을 하면 근력, 지구력, 민첩성, 순발력, 평형성, 유연성과 함께 공격과 방어 동작의 운용방법, 그리고 거리조절 능력과 판단력 등이 생기고 호흡조절 능력이 향상되어 안전하게 겨루기를 할 수 있다.

(5) 품새의 종류

품새의 종류				
유급자 품새			유단자 품새	
태극1장 건乾	☰	18 동작	고려 선비士	士	30 동작
태극2장 태兌	☱	18 동작	금강 뫼山	山	27 동작
태극3장 리離	☲	20 동작	태백 지을工	工	26 동작
태극4장 진震	☳	20 동작	평원 한一	一	21 동작
태극5장 손巽	☴	20 동작	십진 열十	十	28 동작
태극6장 감坎	☵	19 동작	지태 모음ㅗ	ㅗ	28 동작
태극7장 간艮	☶	25 동작	천권 모음ㅜ	ㅜ	26 동작
태극8장 곤坤	☷	27 동작	한수 물水	水	27 동작
			일여 만자卍	卍	23 동작

표에 유급자 품새 부분에는 8가지 태극 품새와 각 괘(☰☱☲☳☴☵☶☷)가 표시되어 있습니다.

2) 유급자 품새

(1) 태극 1장

준비 1 2 3 4 5 6 7 8 9 10 11

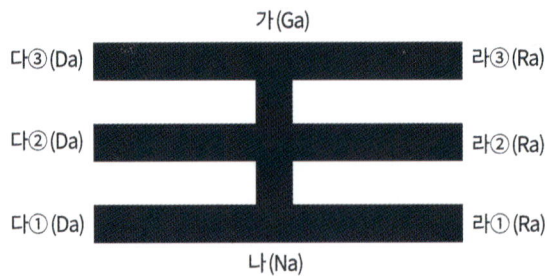

(7) 유급자 품새 방향선

품새를 시작점을 행하는 본인이 서 있는 곳이므로 "나"로 표시하고 "나"의 위치에 대해 전방을 "가"로 표시한다. 또 왼쪽 방향을 "다", 오른쪽을 "라"로 표시했다.

※ 유급자 태극(1~8장) 품새의 방향 기호

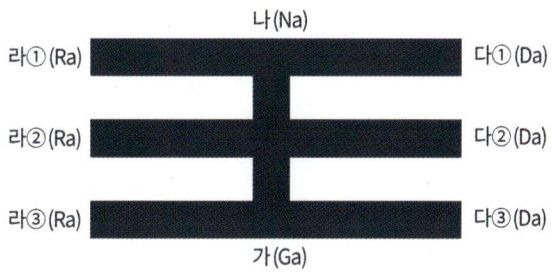

태극1장

태극2장

태극3장

태극4장

태극5장

태극6장

태극7장

태극8장

(6) 유급자 품새 개요

품새명	품새진행선	의미
태극 1장 (18 동작)		팔괘의 건乾은 하늘과 양陽을 뜻함. 건이 만물의 근원이 되는 시초를 나타낸 것과 같이 태권도에서도 맨 처음의 품새임.
태극 2장 (18 동작)		팔괘의 태兌는 속으로 단단하고 겉으로 부드럽다는 뜻임. 태극 2장을 수련하면 품새에 대한 알찬 마음이 생겨 기초적인 막기와 차기를 할 수 있음.
태극 3장 (20 동작)		팔괘의 리離는 불을 나타내고 뜨겁고 밝음을 지님. 태권도 품새 수련을 통한 불같은 정의심과 수련 의욕이 생겨남.
태극 4장 (20 동작)		팔괘의 진震은 우레를 나타내고 큰 힘과 위엄 있는 뜻을 지니고 있음. 약간 차원 높은 기술과 동작이 많음.
태극 5장 (20 동작)		팔괘의 손巽은 바람을 나타내고 바람의 강약에 따라 위세와 고요의 뜻을 지님. 힘의 강약을 조절할 수 있는 수련단계라 할 수 있음.
태극 6장 (19 동작)		팔괘의 감坎은 물을 나타내고 끊임없는 흐름과 유연함을 뜻함. 만물의 생명원인 물의 특성처럼 기술의 연결이 물 흐르듯 해야 함.
태극 7장 (25 동작)		팔괘의 간艮은 산을 나타내고 육중함과 굳건하다는 뜻을 지님. 7장의 수련으로 흔들리지 않는 수련의식과 기술 습득으로 인한 힘의 무게를 지닐 수 있음.
태극 8장 (27 동작)		팔괘의 곤坤은 음蔭과 땅을 나타내고 뿌리와 안정 그리고 시작과 끝의 뜻을 지님. 유급자의 마지막 품새임.

⑫ 　⑬ 　⑭-1 　⑭-2 　⑮

⑯-1 　⑯-2 　⑰　⑱　기합　준비

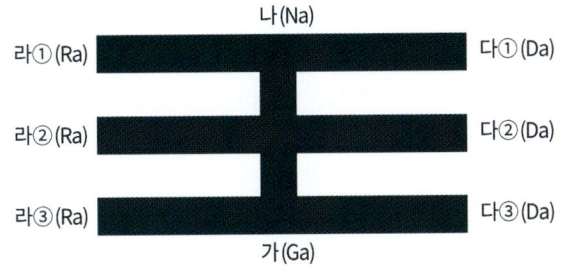

나(Na)
라①(Ra)　　　　　다①(Da)
라②(Ra)　　　　　다②(Da)
라③(Ra)　　　　　다③(Da)
가(Ga)

태극1장

2. 유급자 품새 **167**

(1-1) 태극 1장(건(乾:☰하늘) 품새 요약 설명 - 8급

순서	위치	시선	동 작	서 기	품 명
준비	나	가		나란히서기	기본준비서기
1	다1	다1	왼발 내디뎌	왼 앞서기	아래막기
2	다1	다1	오른발 내디뎌	오른 앞서기	몸통 반대지르기
3	라1	라1	오른쪽 뒤로 돌아	오른 앞서기	아래막기
4	라1	라1	왼발 내디뎌	왼 앞서기	몸통 반대지르기
5	가	가	왼쪽 돌아	왼 앞굽이	아래막기
6	가	가	서기, 그대로	왼 앞굽이	몸통 바로지르기
7	라2	라2	오른쪽 옮겨 디뎌	오른 앞서기	몸통막기
8	라2	라2	왼발 내디뎌	왼 앞서기	몸통 바로지르기
9	다2	다2	왼쪽 뒤로 돌아	왼 앞서기	몸통막기
10	다2	다2	오른발 내디뎌	오른 앞서기	몸통 바로지르기
11	가	가	오른쪽 돌아	오른 앞굽이	아래막기
12	가	가	서기, 그대로	오른 앞굽이	몸통 바로지르기
13	다3	다3	왼쪽 옮겨 디뎌	왼 앞서기	얼굴막기
14	다3	다3	오른발 앞차고 내디뎌	오른 앞서기	몸통 반대지르기
15	라3	라3	오른쪽 뒤로 돌아	오른 앞서기	얼굴막기
16	라3	라3	왼발 앞차고 내디뎌	왼 앞서기	몸통 반대지르기
17	나	나	오른쪽 왼발 옮겨 디뎌	왼 앞굽이	아래막기
18	나	나	오른발 내디뎌	오른 앞굽이	몸통 반대지르기 "기합"
바로	나	가	왼발 끌어 왼쪽으로 돌아	나란히서기	기본준비서기

새동작 ① 앞서기

설 명

- 한발을 앞으로 한걸음 내디뎌 서며, 두 발의 간격은 반 발 이내로 벌린다.
- 두 무릎은 펴며 체중은 두 다리에 균일하게 실어야 한다.
- 몸통은 반듯하게 세우고 가슴은 자연스럽게 정면을 향하여 선다.
- 뒷발의 내각은 30° 이내 각으로 중심을 잡을 수 있도록 자연스럽게 벌린다.
- 왼발이 앞으로 나와 있을 때는 왼 앞서기라 한다.

새동작 ② 앞굽이

설 명

- 왼발을 앞으로 한걸음 반 내디뎌 서며 두 발의 간격은 반 발 정도 벌린다.
- 앞발의 발끝이 앞을 향하게 선다.
- 몸을 반듯하게 하고, 서서 바닥을 내려다봤을 때 앞에 있는 무릎과 발끝이 일치되도록 무릎을 굽혀 몸을 낮춘다.
- 앞무릎 굴절의 각이 약 120° 정도를 이루게 하여 무게중심은 2/3를 앞쪽에 둔다.
- 뒷발의 발바닥 전체가 바닥에 닿게 하고 약 30° 이내 각으로 벌리어 중심을 잡아 준다. 또한, 뒷무릎을 곧게 펴서 몸의 축을 바로 세워 선다.
- 골반이 틀어진 만큼 자연스럽게 몸통도 앞쪽으로 30° 정도로 튼다.
- 왼발이 앞으로 나와 있을 때는 왼앞굽이라 한다.

새동작 ③ 아래막기

설 명

- 막는 팔의 메주먹이 어깨를 향하게 하고 어깨 앞에 위치하고 반대팔은 주먹등이 위를 향하게 막는 아래쪽으로 가볍게 펴준다.
- 막는 팔이 아래로 내려오는 것과 동시에 반대 팔도 허리 쪽으로 팔꿈치를 당겨 주먹을 가져온다.
- 막는 팔목이 앞발의 허벅다리 위 안쪽에 위치하며 막는다.
- 막는 팔의 움직임은 어깨, 팔꿈치, 손 순으로 내려가 막는다.
- 어깨와 팔꿈치는 들리지 않도록 주의해야 하며 손목의 회전은 거의 끝부분에서 점차적으로 이루어져야 한다.
- 반대 팔은 짝힘을 내는 역할을 하기 위해 막는 것과 동시에 허리로 당겨주어야 한다.

새동작 ④ 몸통 막기

설 명

- 막는 팔은 위로 들어 올렸다 힘을 빼고 구부린 각도에서 손목을 바깥으로 회전시켜 준비자세를 취한다. 이때 반대 팔은 주먹등이 위를 향하게 가볍게 앞쪽으로 펴준다.
- 어깨를 축으로 뒤에 있는 팔을 당겨와서 팔꿈치를 축으로 안으로 막아준다. 이때 반대 손은 허리로 팔꿈치를 당겨와 주먹을 허리로 가져온다.
- 막은 팔목이 신체 중앙선에 위치하고 높이는 어깨높이 위로 올라가지 않게 한다.
- 반대 팔은 짝힘을 내는 역할을 하기 위해 막는 것과 동시에 허리로 당겨주어야 한다.

새동작 ⑤ 지르기

설 명

- 팔을 이용하여 공격을 가할 때 힘은 몸통의 회전력 즉, 원심력을 이용하는데, 이때 팔꿈치를 뻗으며 주먹이 일직선으로 움직여 목표 지점을 가격할 때를 지르기라 한다.

◉ 지르기 방법
- 상체를 바로 세우며 어깨를 자연스럽게 편 상태에서 지르는 주먹은 손등을 아래로 하고 허리(장골능 윗부분)에 갖다 대며, 반대편 보조 주먹은 대각선 형태로 손등을 위로하고 목표 앞에 팔꿈치를 조금 구부려 위치시킨다.
- 겨드랑이가 벌어지지 않은 상태에서 허리의 반동을 최대한 이용해 직선으로 양어깨의 정 가운데 목표 높이로 지르는 동시에 반대편 주먹을 빠르게 당긴다. 당기는 주먹은 목표와 일직선 상에서 빠르게 당겨 허리(장골능 윗부분)에 갖다 붙인다.
- 지르는 동시에 주먹을 안쪽으로 틀어 손등이 아래에서 위를 향하게 하며 구부렸던 팔꿈치를 펴면서 뻗는 힘으로 지른다.
- 상대의 목표 (얼굴, 몸통, 아래) 부위를 정확하게 주먹으로 직각이 되도록 가격한다.
- 겨드랑이가 벌어지면 팔꿈치가 몸에서 떨어져 지르는 힘이 분산되어 가격력이 약해진다.
- 보조 손의 당기는 동작이 골반과 허리의 회전에 도움을 주어 반대쪽 장골능 위(허리)에 있던 지르는 주먹을 빠르게 나가게 한다.
- 측면에서 봤을 때 어깨는 서기의 형태에 따라 약간 앞으로 나가는 것을 허용한다.

새동작 ❻ 얼굴막기

설 명

- 막는 팔의 주먹 바닥은 반대 팔(보조 팔)의 팔꿈치 밑에 위치한다.
- 막는 팔은 위로 올라가고 반대 팔은 아래로 내려오며 막기를 한다.
- 막는 팔은 얼굴 앞을 지나갈 때 점차적으로 손목을 회전하며 이마 위(세운주먹 하나 간격)에 위치한다. 팔목은 신체 중앙선에 온다.
- 반대 팔은 짝힘을 내기 위한 역할을 하기 위해 막는 것과 동시에 허리로 당겨주어야 한다.

새동작 ❼ 앞차기

설 명

- 다리를 앞으로 접어들어 올렸다 펴며 목표물을 향해 곧게 뻗어 찬다.
- 발등이나 앞축 또는 뒤축 등으로 상대방의 턱이나 명치, 복부 등을 목표로 한다.

주요 동작 ① 모아서기

설 명

<지시어> "차렷"
1장부터 8장까지 공통

주요 동작 ② 준비서기

설 명

가. 기본준비서기
- 기본준비서기는 자기 어깨너비 정도로 나란히 서서 (11자 서기) 말아 쥔 양 주먹 사이는 세운 주먹 하나 간격이며 배와 주먹 사이는 주먹 한 개 정도로 간격을 두고 단전(배꼽 아래)으로부터 기를 서서히 끌어 올린다는 마음으로 천천히 들이마시며(들숨) 양 주먹을 가슴까지 올렸다가 천천히 내쉬는 호흡(날숨)으로 5초 정도까지 세면서 내려와 단전 앞에 멈춘다.
- 이때 어깨에 힘을 주거나 다리나 발을 움직여서는 안 된다.

| 주요 동작 ③ | ⑤ 왼 앞굽이 아래막기 → ⑥ 서기 그대로 바로지르기 |

| 설 명 |

- 빠르게 몸통지르기로 연결하지 말고 아래막기 한 왼손을 허리높이까지 올리며 정확하고 강하게 지른다.

| 주요 동작 ④ | ⑬ → ⑭ 오른 앞차고 내디뎌 오른 앞서기 반대지르기 |

| 설 명 |

- 앞차기 시 양손은 주먹을 가볍게 말아 쥐어 가슴 앞에 모아주며 차고 무릎을 접을 때 왼손을 자연스럽게 가슴 앞으로 뻗어서 교차한 후 당기며 몸통을 지른다. 이때 지르기와 서기는 동시에 끝나야 한다.

주요 동작 ⑤ 준비서기

설 명

<지시어> "바로"
품새를 모두 시연하고 마지막 동작에 정지해 있을 때 처음의 기본준비서기로 돌아오게 한다.
1장부터 8장까지 공통

(2) 태극 2장

⑫ ⑬ ⑭ ⑮ ⑯-1

⑯-2 ⑰-1 ⑰-2 ⑱-1 기합 ⑱-2 바로

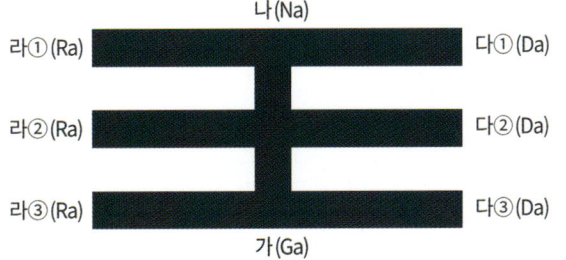

나(Na)
라①(Ra) 다①(Da)
라②(Ra) 다②(Da)
라③(Ra) 다③(Da)
가(Ga)

태극2장

2. 유급자 품새

(2-1) 태극 2장(태(兌:☱연못) 품새 요약 설명 - 7급

순서	위치	시선	동 작	서 기	품 명
준비	나	가		나란히서기	기본준비서기
1	다1	다1	왼쪽으로 왼발 내디뎌	왼 앞서기	아래막기
2	다1	다1	오른발 내디뎌	오른 앞굽이	몸통 반대지르기
3	라1	라1	오른발 오른쪽으로 뒤로 돌아 내디뎌	오른 앞서기	아래막기
4	라1	라1	왼발 내디뎌	왼 앞굽이	몸통 반대지르기
5	가	가	왼발 왼쪽으로 돌아 내디뎌	왼 앞서기	몸통막기
6	가	가	오른발 내디뎌	오른 앞서기	몸통막기
7	다2	다2	왼발 왼쪽으로 옮겨 디뎌	왼 앞서기	아래막기
8	다2	다2	오른발 앞차고 내디뎌	오른 앞굽이	얼굴 반대지르기
9	라2	라2	오른발 오른쪽으로 뒤로 돌아 내디뎌	오른 앞서기	아래막기
10	라2	라2	왼발 앞차고 내디뎌	왼 앞굽이	얼굴 반대지르기
11	가	가	왼발 왼쪽으로 돌아	왼 앞서기	얼굴막기
12	가	가	오른발 내디뎌	오른 앞서기	얼굴막기
13	라3	라3	오른발 축으로 왼발 왼쪽으로 돌아 내디뎌	왼 앞서기	몸통막기
14	다3	다3	두 발 제자리 오른쪽으로 돌아 디뎌	오른 앞서기	몸통막기
15	나	나	왼발 왼쪽으로 옮겨 디뎌	왼 앞서기	아래막기
16	나	나	오른발 앞차고 내디뎌	오른 앞서기	몸통 반대지르기
17	나	나	왼발 앞차고 내디뎌	왼 앞서기	몸통 반대지르기
18	나	나	오른발 앞차고 내디뎌	오른 앞서기	몸통 반대지르기 "기합"
바로	나	가	왼발 끌어 왼쪽으로 돌아	나란히서기	기본준비서기

새동작 ① 얼굴 지르기

설 명

- 공격 목표를 얼굴로 향해 주먹지르기로 가격하는 기술이다.

주요 동작 ① 반대지르기

설 명

- 오른발 내디뎌 오른 앞굽이 (몸통) 반대지르기
- 왼 앞서기 아래막기에서 앞굽이로 내디딜 때 균형을 잘 잡아야 하며 앞굽이와 지르기가 동시에 끝나야 한다.

주요 동작 ② ⑧ 앞차기 차고 내디뎌 얼굴 반대지르기

설 명

- 오른발 앞차기 차고 내디뎌 오른 앞굽이 (얼굴)반대지르기
- 앞차기 후 왼손을 가슴 앞에서 교차할 때 균형을 잘 잡아야 하며 완급과 유강을 잘 표현해야 한다.

(3) 태극 3장

(3-1) 태극 3장(리(離:☲불) 품새 요약 설명 - 6급

순서	위치	시선	동 작	서 기	품 명
준비	나	가		나란히서기	기본준비서기
1	다1	다1	왼쪽으로 왼발 내디뎌	왼 앞서기	아래막기
2	다1	다1	오른발 앞차고 내디뎌	오른 앞굽이	몸통 두번지르기
3	라1	라1	오른발 오른쪽으로 뒤로 돌아 내디뎌	오른 앞서기	아래막기
4	라1	라1	왼발 앞차고 내디뎌	왼 앞굽이	몸통 두번지르기
5	가	가	왼발 왼쪽으로 돌아 내디뎌	왼 앞서기	목 손날 안치기
6	가	가	오른발 내디뎌	오른 앞서기	목 손날 안치기
7	다2	다2	왼발 왼쪽으로 옮겨 디뎌	오른 뒷굽이	몸통 손날 바깥막기
8	다2	다2	왼발 약간 앞으로 밀고 나가 내디뎌	왼 앞굽이	몸통 바로지르기
9	라2	라2	오른발 오른쪽으로 뒤로 돌아 약간 끌어들여	왼 뒷굽이	몸통 손날 바깥막기
10	라2	라2	오른발 약간 앞으로 밀고 나가 내디뎌	오른 앞굽이	몸통 바로지르기
11	가	가	왼발 왼쪽으로 옮겨 디뎌	왼 앞서기	몸통막기
12	가	가	오른발 내디뎌	오른 앞서기	몸통막기
13	라3	라3	왼발 왼쪽으로 돌아 내디뎌	왼 앞서기	아래막기
14	라3	라3	오른발 앞차고 내디뎌	오른 앞굽이	몸통 두번지르기
15	다3	다3	오른발 오른쪽으로 뒤로 돌아 내디뎌	오른 앞서기	아래막기
16	다3	다3	왼발 앞차고 내디뎌	왼 앞굽이	몸통 두번지르기
17	나	나	왼발 왼쪽으로 옮겨 디뎌 아래막고	왼 앞서기	몸통 바로지르기
18	나	나	오른발 내디뎌 아래막고	오른 앞서기	몸통 바로지르기
19	나	나	왼발 앞차고 내디뎌 아래막고	왼 앞서기	몸통 바로지르기
20	나	나	오른발 앞차고 내디뎌 아래막고	오른 앞서기	몸통 바로지르기 "기합"
바로	나	가	왼발 끌어 왼쪽으로 돌아	나란히서기	기본준비서기

새동작 ① 목 손날안치기

- 공격의 목표를 목으로 하며, 손날로 바깥에서 안쪽(신체 중앙선)으로 치는 공격 기술이다.
- 손날목치기 시 손목이 구부러지지 않도록 주의한다.

새동작 ② 손날 거들어 바깥막기

설 명

- 막는 손의 바닥이 위로 향하게 하여 반대쪽의 팔꿈치 아래를 지나게 하여 두 팔이 충분히 교차를 하면서, 막는 손이 반대쪽의 어깨높이 정도로 올려 안쪽에서 바깥쪽으로 쳐 낸다.
- 막는 손날의 등이 대각선 형태로 바깥을 향하고 있어야 하며 '몸통 바깥팔목 바깥막기'와 같은 형태에서 주먹을 손날로 바꾼 모양이다.
- 막는 손날의 손끝 높이는 어깨선 정도이며 위치는 몸의 바깥선까지 가고, 허리선으로 들어오는 손은 장골능 위에 주먹의 등이 바닥을 향하게 한다.

새동작 ③ 오른 뒷굽이

설 명

- 모아서기에서 오른발 뒤꿈치를 기준으로 발끝을 90° 되게 발을 벌려 선다.
- 오른발 90° 벌려 선 상태에서 왼발 한걸음 길이로 앞으로 내디디며 몸을 반듯하게 세우고 두 무릎을 굽혀 몸을 낮추어 선다.
- 몸을 낮출 때 오른 무릎은 오른발 끝 방향으로 지면과 60~70° 되게 굽히고 왼 다리 무릎은 정면(왼발 끝 방향)으로 하며 지면에서 100~110° 정도 구부린다.
- 무게 중심은 뒷발쪽으로 2/3 정도가 있어야 한다.
- 오른발이 뒤에 있을 때는 오른 뒷굽이라 한다.

주요 동작 ① ①왼 앞서기 아래막기 → ②오른발 앞차고 내디뎌 두 번 지르기

설 명

- 두 번 지르기 시 첫 번째 지르기를 정확히 지르고 조금 빠르게 두 번째 지르기를 연결한다.

> **주요 동작 ②**   ⑤왼 앞서기 목 손날 안치기→ ⑥오른앞서기 목 손날 안치기

> **설 명**

- 공격의 목표를 목으로 하며 손날이 구부러지지 않도록해서 가격한다. 예비 동작을 취할 때 주먹을 강하게 쥐어서는 안되며 오른 손날안치기 후 왼 손날안치기 시 오른손날은 미리 주먹을 강하게 쥐어서는 안되며 장골능 위 허리선으로 왔을 때 단단한 주먹이 되어야 한다.

> **주요 동작 ③**   ⑦오른 뒷굽이 손날 바깥막기→ ⑧왼 앞굽이 지르기

> **설 명**

- 오른 뒷굽이 (몸통)손날 바깥막기에서 왼발이 앞굽이로 반걸음 밀고 나갈 때 주먹을 쥐지 말고 그 상태로 조금 밀어주며 지르기 한다.

(4) 태극 4장

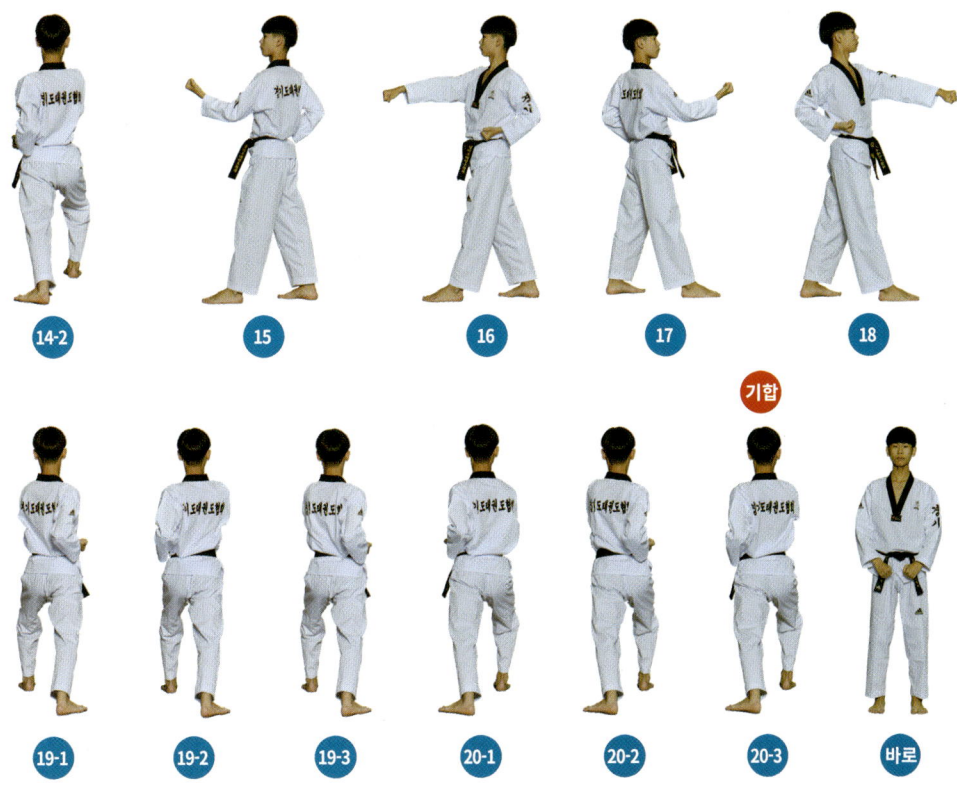

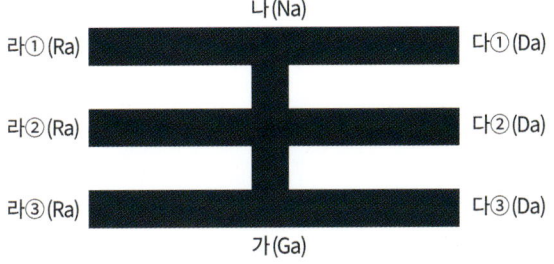

태극4장

(4-1) 태극 4장(진(震:☳우레) 품새 요약 설명 - 5급

순서	위치	시선	동 작	서 기	품 명
준비	나	가		나란히서기	기본준비서기
1	다1	다1	왼쪽으로 왼발 내디뎌	오른 뒷굽이	손날 거들어 바깥막기
2	다1	다1	오른발 내디뎌	오른 앞굽이	편손끝 거들어 세워찌르기
3	라1	라1	오른발 오른쪽으로 뒤로 돌아 내디뎌	왼 뒷굽이	손날 거들어 바깥막기
4	라1	라	왼발 내디뎌	왼 앞굽이	편손끝 거들어 세워찌르기
5	가	가	왼발 왼쪽으로 돌아 내디뎌	왼 앞굽이	목 제비품 안치기
6	가	가	오른발 앞차고 내디뎌	오른 앞굽이	몸통 바로지르기
7	가	가	왼발 옆차기 하고		자연스런 겨룸새
8	가	가	오른발 옆차고 내디뎌	왼 뒷굽이	손날 거들어 바깥막기
9	라3	라3	왼발 왼쪽으로 돌아	오른 뒷굽이	몸통 바깥막기
10	라3	라3	오른발 앞차고 제자리 물러 디뎌	오른 뒷굽이	몸통막기
11	다3	다3	두 발 제자리 오른쪽으로 돌아 내디뎌	왼 뒷굽이	몸통바깥막기
12	다3	다3	왼발 앞차고 제자리 물러 디뎌	왼 뒷굽이	몸통막기
13	나	나	왼발 옮겨 디뎌	왼 앞굽이	제비품 안치기
14	나	나	오른발 앞차고 내디뎌	오른 앞굽이	등주먹 앞치기
15	라2	라2	왼발 왼쪽으로 옮겨 디뎌	왼 앞서기	몸통막기
16	라2	라2	두 발 제자리, 서기 그대로	왼 앞서기	몸통 바로지르기
17	다2	다2	두 발 제자리, 오른쪽으로 돌아 내디뎌	오른 앞서기	몸통막기
18	다2	다2	두 발 제자리, 서기 그대로	오른 앞서기	몸통 바로지르기
19	나	나	왼발 옮겨 디뎌	왼 앞굽이	몸통 두번지르기
20	나	나	오른발 내디뎌	오른 앞굽이	몸통 두번지르기 "기합"
바로	나	가	왼발 끌어 왼쪽으로 돌아	나란히서기	기본준비서기

새동작 ① 손날 거들어 바깥막기

설 명

- 막는 팔의 손날이 반대팔 어깨 위에 위치하고 반대 팔은 몸 뒤에 위치한다.
- 막는 팔은 어깨를 축으로 당겨주고 팔꿈치를 축으로 손목을 회전하며 막는다. 이때 거드는 손의 팔목은 명치 앞으로 오며 힘을 보태준다.
- 막는 팔의 손날 끝이 어깨높이 이상으로 올라가지 않아야 하며 손바닥이 막는 방향 정면에서 대각선 형 태로 보일 정도로 틀어져야 한다.

새동작 ② 거들어 세워찌르기

설 명

- 편손끝을 세워서 주로 몸통(명치)을 목표로 찌르는 공격 기술이다.
- 찌르는 동작은 지르기를 하는 것처럼 옆구리에 들어왔다가 앞으로 찌른다.
- 거드는 손은 상대의 지르기의 공격을 받아서 눌러 막는 형태를 취하면서 찌르는 동시에 찌르는 팔꿈치 아래에 손등을 대어 받쳐주듯이 둔다.

새동작 ③ 목 제비품 안치기

설 명

- 손날로 목 안치기의 동작을 하면서 다른 쪽의 손날로 얼굴막기를 동시에 하는 복합 기술 동작이다.
- 제비처럼 날렵하게 사용하는 기술이다.

새동작 ④ 옆차기

설 명

- 다리를 앞으로 접어들어 올리며 몸을 옆으로 틀어서 곧게 뻗어 찬다.
- 발날이나 뒤축 등으로 가격한다.

새동작 ⑤ 바깥막기

설명

- 막는 팔이 반대 팔의 팔꿈치 밑으로 지나간다.
- 막는 주먹이 반대팔 어깨 쪽으로 올라왔다가 어깨를 축으로 바깥으로 펴지고 팔꿈치를 축으로 막아준다. 이때 반대 손도 허리로 당겨준다.
- 막은 팔의 주먹은 어깨높이 이상으로 올라가지 않게 하며 몸 바깥선에 위치한다. 또한, 손목이 꺾이지 않도록 한다.

새동작 ⑥ 얼굴 등주먹 앞치기

설명

- 앞치는 팔의 팔꿈치를 굽힌 채로 겨드랑이 안쪽으로 지나간다. 반대 팔은 가볍게 앞으로 향한다.
- 앞으로 뻗은 보조 손은 장골능 위 허리선으로 당기며 등주먹이 앞으로 나오며 상대방의 인중을 가격한다.

주요 동작 ① ④왼 앞굽이 거들어 세워찌르기→ ⑤왼 앞굽이 목 제비품안치기

설 명

- 목 제비품안치기는 물을 차고 위로 날아오르는 물찬 제비처럼 빠르게 방향 전환하며 왼 손날로 얼굴을 방어하며 오른 손날은 상대의 목을 가격하는 기술이다.

주요 동작 ② ⑦왼발 옆차기→ ⑧오른발 옆차기

설 명

- 왼발 옆차기와 오른발 옆차기는 구분 동작이지만 왼발 옆차기하고 멈추지 않고 자연스러운 겨룸새 동작을 취하고 이어서 오른발 옆차기를 한다.

주요 동작 ③ ⑮왼 앞서기 몸통막기→ ⑯서기 그대로 몸통 바로지르기

설 명

- 구분동작이므로 왼 몸통막고 허리와 팔을 자연스럽게 틀어주며 강하게 지른다.

(5) 태극 5장

15  16-1  16-2  17

18-1  18-2  19-1  19-2  20-1

기합

20-2 바로

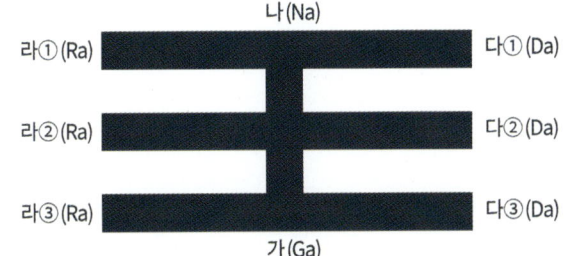

태극5장

2. 유급자 품새 **197**

(5-1) 태극 5장(손(巽):☴바람) 품새 요약 설명 - 4급

순서	위치	시선	동 작	서 기	품 명
준비	나	가		나란히서기	기본준비서기
1	다1	다1	왼쪽으로 왼발 내디뎌	왼 앞굽이	아래막기
2	다1	다1	왼발 끌어 들여	왼서기	메주먹 내려치기
3	라1	라1	오른쪽으로 방향 바꾸어 오른발 내디뎌	오른 앞굽이	아래막기
4	라1	라1	오른발 끌어 들여	오른서기	메주먹 내려치기
5	가	가	왼발 왼쪽으로 내디뎌	왼 앞굽이	몸통막기
6	가	가	오른발 앞차고 내디뎌 등주먹 앞치고	오른 앞굽이	몸통막기
7	가	가	왼발 앞차고 내디뎌 등주먹 앞치고	왼 앞굽이	몸통막기
8	가	가	오른발 내디뎌	오른 앞굽이	등주먹 앞치기
9	라3	라3	왼발 왼쪽으로 돌아 내디뎌	오른 뒷굽이	손날 바깥막기
10	라3	라3	오른발 내디뎌	오른 앞굽이	팔굽 거들어 돌려치기
11	다3	다3	오른발 오른쪽으로 뒤로 돌아 내디뎌	왼 뒷굽이	손날 바깥막기
12	다3	다3	왼발 내디뎌	왼 앞굽이	팔굽 거들어 돌려치기
13	나	나	왼발 왼쪽으로 돌아 내디뎌 아래막고	왼 앞굽이	몸통막기
14	나	나	오른발 앞차고 내디뎌 아래막고	오른 앞굽이	몸통막기
15	라2	라2	왼발 왼족으로 옮겨 디뎌	왼 앞굽이	얼굴막기
16	라2	라2	오른발 옆차고 내디뎌	오른 앞굽이	팔굽 표적치기
17	다2	다2	오른발 오른쪽으로 뒤로 돌아 내디뎌	오른 앞굽이	얼굴막기
18	다2	다2	왼발 옆차고 내디뎌	왼 앞굽이	팔굽 표적치기
19	나	나	왼발 왼쪽으로 돌아 내디뎌 아래막고	왼 앞굽이	몸통막기
20	나	나	오른발 앞차고 뛰어 내디뎌	오른 뒤꼬아서기	등주먹 앞치기 "기합"
바로	나	가	왼쪽으로 돌아	나란히서기	기본준비서기

새동작 ① 메주먹 내려치기

설 명

- 메주먹으로 위에서 아래로 내려치는 공격 기술이다.
- 어깨를 축으로 하여 팔을 크게 회전하여 메주먹을 바닥 쪽(어깨, 빗장뼈, 정수리 등)을 향해 힘이 위에서 아래로 작용할 수 있게 수직으로 내려친다.
- 앞치기와 마찬가지로 보조하는 팔은 바깥에서 몸통 가까이 안쪽으로 잡아당기듯이 들어온다.

새동작 ② 팔꿈치 거들어 돌려치기

설 명

- 몸의 중심을 축으로 회전력을 충분히 이용하여 팔꿈치를 접어 수평으로 턱을 목표로 밖에서 안쪽으로 돌려치는 공격 기술이다.
- 거드는 손바닥은 팔꿈치가 목표물에 가격되는 순간 공격한 팔 쪽의 주먹을 받쳐 힘을 보태준다.

새동작 ③ 메주먹 형태로 팔을 뻗으며 옆차기

설 명

- 옆차기하면서 메주먹으로 바깥을 치듯이 하는 동작을 동시에 한다.
- 품새에 있어서 메주먹으로 바깥을 치는 듯한 동작은 공격의 의미를 뜻하기보다는 다음 동작에서 표적을 만들어 준비 동작으로 이해하며, 메주먹으로 치듯이 힘차게 바깥 방향으로 펴야 옆차기도 힘차게 찰 수 있다.
- 옆차기하는 다리와 바깥을 치는 팔이 수평이 되도록 한다.

새동작 ④ 팔꿈치 표적 앞치기

설 명

- 반대쪽 손으로 표적을 만들어 팔꿈치 돌려치기를 한다.
- 표적을 만드는 손에 팔꿈치 치기를 할 때에는 손가락을 제외한 손바닥에 친다.

새동작 ⑤ 뒤 꼬아서기

설 명

- 몸을 이동하며 멈출때에 두 발이 서로 교차하여 한 다리의 중심을 보조하여 만드는 자세이다.
- 지지하는 다리의 종아리에 보조하는 다리의 정강이를 붙이며 주춤서기의 높이로 낮추어 선다.
- 앞차고 힘차게 짓찧기를 하면서 내려 딛는 순간에 딛는 발의 뒤꿈치에서 한주먹 정도 뒤로하여 보조하는 발의 앞축으로 디디며 중심 잡기를 보조한다.
- 두 무릎의 사이가 붙지 않도록 하여 마름모꼴 모양이 되도록 벌려준다.

새동작 ⑥ 왼서기

설 명

- 나란히서기에서 왼발을 바깥쪽으로 90° 틀어서 두 발의 모양이 'ㄴ'자가 되도록 서며 두 무릎은 곧게 펴고 선다.
- 몸의 중심은 두 발의 가운데에 둔다.

새동작 ⑦ 오른서기

설 명

- 나란히서기에서 오른발을 바깥쪽으로 90° 틀어서 두 발의 모양이 ㄴ자가 되도록 서며 두 무릎은 곧게 펴고 선다.
- 몸의 중심을 두 발의 가운데에 둔다.

주요 동작 ① ⑮왼 앞굽이 얼굴막기 → ⑯-1 오른발 옆차기 차고
⑯-2 오른 앞굽이 팔꿈치 표적앞치기

설 명

- 옆차기를 차면서 메주먹으로 바깥을 치듯이 힘차게 뻗는다. 실제로 메주먹으로 상대를 치는 동작은 아니며 다음 동작의 표적을 만들기 위한 동작으로 이해해야 한다. 옆차기하는 다리와 바깥을 치는 팔이 수평으로 되도록 한다.

주요 동작 ② ⑲-2 왼 앞굽이 몸통막기→ ⑳-1 오른발 앞차기 차고
⑳-2 한걸음 뛰어 나가 내려 짓찧으며 뒤꼬아서기 얼굴 등주먹 앞치기

설 명

- 오른발 앞차기를 차고 무릎을 떨어뜨리지 않고 접은 상태에서 한 걸음 앞으로 뛰어 나가면서 상대 발등의 약한 부위를 짓찧으며 동시에 등주먹앞치기를 한다.

(6) 태극 6장

(6-1) 태극 6장(감(甘):☵물) 품새 요약 설명 - 3급

순서	위치	시선	동 작	서 기	품 명
준비	나	가		나란히서기	기본준비서기
1	다1	다1	왼쪽으로 왼발 내디뎌	왼 앞굽이	아래막기
2	다1	다1	오른발 앞차고 물러 디뎌	오른 뒷굽이	몸통 바깥막기
3	라1	라1	오른쪽으로 돌아 오른발 약간 내디뎌	오른 앞굽이	아래막기
4	라1	라1	왼발 앞차고 물러 디뎌	왼 뒷굽이	몸통 바깥막기
5	가	가	왼발 왼쪽으로 내디뎌	왼 앞굽이	얼굴손날 비틀어 바깥막기
6	다2	다2	오른발 돌려차고 내딛고 이어 왼발 왼쪽으로 내디뎌 (얼굴) 바깥막고	왼 앞굽이	몸통 바로지르기
7	다2	다2	오른발 앞차고 내디뎌	오른 앞굽이	몸통 바로지르기
8	라2	라2	오른발 오른쪽으로 뒤로 돌아 내디뎌 (얼굴) 바깥막고	오른 앞굽이	몸통 바로지르기
9	라2	라2	왼발 앞차고 내디뎌	왼 앞굽이	몸통 바로지르기
10	가	가	왼쪽으로 왼발 옮겨 디뎌	나란히서기	아래 헤쳐막기
11	가	가	오른발 내디뎌	오른 앞굽이	얼굴손날 비틀어 바깥막기
12	다3	다3	왼발 돌려차기 "기합" 내디뎌 이어 오른발 오른쪽으로 돌아 옮겨 디뎌	오른 앞굽이	아래막기
13	다3	다3	왼발 앞차고 물러 디뎌	왼 뒷굽이	몸통 바깥막기
14	라3	라3	왼쪽으로 돌아 왼발 약간 내디뎌	왼 앞굽이	아래막기
15	라3	라3	오른발 앞차고 물러 디뎌	오른 뒷굽이	몸통 바깥막기
16	가	가	오른발 오른쪽으로 옮겨 디뎌	오른 뒷굽이	손날 거들어 바깥막기
17	가	가	왼발 뒤로 물러 디뎌	왼 뒷굽이	손날 거들어 바깥막기
18	가	가	오른발 뒤로 물러 디뎌 바탕손 안막고	왼 앞굽이	몸통 바로지르기
19	가	가	왼발 뒤로 물러 디뎌 바탕손 안막고	오른 앞굽이	몸통 바로지르기
바로	나	가	오른발 끌어 들여	나란히서기	기본준비서기

새동작 ① 얼굴 손날 비틀어 바깥막기

설 명

- 몸통 손날 바깥막기에서 방어의 목표를 얼굴로 하여 막는 기술이다.
- 비틀어 막는 것은 왼발이 앞쪽에 있을 때 오른손으로 막고, 오른발이 앞쪽에 있을 때에는 왼손으로 막는 것이며 허리를 충분히 비틀어준다.

새동작 ② 얼굴 돌려차기

설 명

- 발등이나 앞축을 이용하여 얼굴의 측면을 공격하는 기술이다.
- 다리를 앞으로 접어들어 올렸다가 지지발을 틀어 엉덩이를 완전히 넣어 주며 무릎을 펴서 찬다.

새동작 ③ 얼굴 바깥막기

설 명

- 몸통 바깥막기의 목표를 얼굴로 하여 막기를 한다.

새동작 ④ 아래 헤쳐막기

설 명

- 아래헤쳐막기 동작에 양손을 동시에 가슴 앞에서 교차하며 수행하는 기술로써, 막기의 의미와 숨을 고르고 정적인 표현을 하는 동작이다.
- 내려 막은 손은 어깨높이에서 교차하면서 시작하여 대퇴의 바깥쪽에 한 뼘 정도 벌려 위치한다.

| 주요 동작 ① | ④-2 왼 뒷굽이 바깥막기 → ⑤ 왼 앞굽이 오른 손날 얼굴 비틀어 바깥막기 |

설 명

- 손날로 얼굴 전면으로 들어오는 상대의 공격을 안에서 밖으로 쳐내어 막는 동작이다. 허리를 충분히 비틀어 손날이 인중 앞을 지나가야 한다.

| 주요 동작 ② | ⑤왼 앞굽이 오른 손날 얼굴 비틀어 바깥막기 → ⑥-1 얼굴의 측면을 앞축이나 발등으로 돌려차고 앞으로 한걸음 반 내딛고 ⑥-2 왼발을 왼쪽으로 앞굽이로 옮겨 딛고 얼굴 바깥막고 ⑥-3 이어서 몸통바로지르기 |

설 명

- 정확한 돌려차기로 상대의 얼굴 측면을 차야 하며 이때 양손은 가슴 앞에 자연스럽게 모은다. 돌려차기 후 앞으로 앞굽이 폭만큼 내딛고 얼굴 바깥막기 시 팔목이 인중 높이로 막고 바로 지르기를 한다.

(7) 태극7장

(7-1) 태극 7장(간(艮):☶산) 품새 요약 설명 - 2급

순서	위치	시선	동 작	서 기	품 명
준비	나	가		나란히서기	기본준비서기
1	다1	다1	왼쪽으로 왼발 내디뎌	왼범서기	바탕손 안막기
2	〃	〃	오른발 앞차고 제자리 물러 디뎌	〃	몸통막기
3	라1	라1	두 발 제자리 오른쪽 뒤로 돌아 내디뎌	오른범서기	바탕손 안막기
4	〃	〃	왼발 앞차고 제자리 물러 디뎌	〃	몸통막기
5	가	가	왼발 왼쪽으로 옮겨 디뎌	오른뒷굽이	손날 거들어 아래막기
6	〃	〃	오른발 내디뎌	왼뒷굽이	손날 거들어 아래막기
7	다2	다2	왼발 왼쪽으로 옮겨 디뎌	왼범서기	몸통 바탕손 거들어 안막기
8	〃	〃	두 발 제자리 서기 그대로	〃	턱 등주먹 앞치기
9	라2	라2	오른쪽 뒤로 돌아	오른범서기	몸통 바탕손 거들어 안막기
10	〃	〃	두 발 제자리 서기 그대로	〃	턱 등주먹 거들어 앞치기
11	가	가	왼발 끌어 모둠발로	모아서기	보주먹
12	〃	〃	왼발 내디뎌 반대가위막기하고	왼앞굽이	가위막기
13	〃	〃	오른발 내디뎌 반대가위막기	오른앞굽이	가위막기
14	라3	라3	왼발 왼쪽으로 돌아 내디뎌	왼앞굽이	몸통 헤쳐막기
15	〃	〃	무릎치기 하고 오른발 뛰어나가	왼뒤꼬아서기	두 주먹 젖혀지르기
16	〃	〃	왼발 물러 디뎌	오른앞굽이	엇걸어 아래막기
17	다3	다3	오른발 오른쪽으로 뒤로 돌아 내디뎌	〃	몸통 헤쳐막기
18	〃	〃	무릎치기 하고 왼발 뛰어나가	오른뒤꼬아서기	두 주먹 젖혀지르기
19	〃	〃	오른발 물러 디뎌	왼앞굽이	엇걸어 아래막기
20	나	나	왼발 왼쪽으로 돌아 내디뎌	왼앞서기	얼굴 등주먹 바깥치기
21	〃	〃	오른발 표적 안차고 내디뎌	주춤서기	팔꿈치 표적앞치기
22	〃	〃	몸 일으키며 오른발 제자리 옮겨 딛고 왼발 약간 끌어	오른앞서기	얼굴 등주먹 바깥치기
23	〃	〃	왼발 표적 안차고 내디뎌	주춤서기	팔꿈치 표적앞치기
24	〃	〃	두 발 제자리	〃	손날 옆막기
25	〃	〃	오른발 내디뎌	〃	몸통 옆지르기"기합"
바로	〃	가	왼발 끌어 왼쪽으로 돌아	나란히서기	기본준비서기

새동작 ① 아래 손날 거들어막기

설 명

- 아래를 목표로 공격하여 오는 것을 손날로 내려쳐 내 방어하는 자세이다.
- 막는 손은 손날 바깥막기와 같은 방법의 동작이기는 하나 어깨선에서 시작하여 아래를 향해 내려 막는다.
- 막는 손은 앞에 둔 다리의 허벅다리 위의 안쪽에 한 뼘 정도 떨어진 위치까지 막는다.
- 거드는 손은 손등이 바닥을 향하게 하여 팔목이 명치 앞에 있으며 마치 안막기를 하는 느낌으로 바깥막기 하는 동작에 힘을 보태 주며, 손날이 몸통에 닿을 듯 말 듯이 둔다.
- 거드는 팔의 어깨에 힘이 들어가지 않도록 하며 팔꿈치가 편하게 늘어뜨려지고 몸통에 바짝 붙지 않도록 한다.

새동작 ② 바탕손 거들어 안막기

설 명

- 바탕손 안막기의 기술을 수행한다.
- 보조하는 손이 상대를 잡아끌 듯이 당기며 안막기 하는 손의 팔꿈치 아래에 둔다.

| 새동작 ③ | **얼굴 등주먹 거들어 앞치기** |

설 명

- 등주먹 앞치기를 한다.
- 반대쪽의 손은 공격하는 팔의 팔꿈치 아래에 주먹의 등을 댄 채로, 공격하는 팔의 팔꿈치를 축으로 회전하며, 주먹이 반대쪽 어깨 앞을 지나 앞의 방향으로 등주먹 치기를 한다.

| 새동작 ④ | **가위막기** |

설 명

- 한쪽 팔은 바깥팔목 아래막기를 하고 다른 한쪽 팔은 안팔목 몸통 바깥막기를 동시에 한다.
- 아래막는 팔이나 안팔목 바깥막기를 하는 두 팔 모두 바깥막기로써 신체의 몸 바깥선까지 막는다.

새동작 ⑤ 헤쳐막기

설 명

- 두 팔 모두 바깥팔목 바깥막기를 동시에 한다.
- 두 팔의 팔꿈치가 가까이 붙을 정도로 교차해서 부채살을 펴듯이 힘차게 밖으로 헤쳐 내며 몸통의 몸 끝 선까지 헤쳐 막는다

새동작 ⑥ 무릎 올려치기

설 명

- 헤쳐진 팔로 상대의 머리나 어깨를 잡아 내리며 무릎으로 올려치는 공격 기술이다.
- 올리는 무릎을 높이 올리고 내려치는 손의 동작은 주먹을 쥔 채로 정강이뼈 아래 부위까지 내려준다.

새동작 ⑦ 두 주먹 젖혀지르기

| 설 명 |

- 두 주먹을 장골능 위에서 엎은 상태에서 앞으로 향해 젖혀 지르는 공격 기술이다.
- 비교적 가까이 있는 상대의 늑골 아랫부분을 올려 지르듯이 빠르고 힘차게 가격한다.
- 장골능 위에서 엎어진 주먹으로 시작하여 앞쪽으로 약간 좁혀지며 젖혀 지른다.

새동작 ⑧ 아래 엇걸어막기

| 설 명 |

- 한 팔로 아래막기를 하며 다른 팔로 힘을 보태어 막는 기술이다.
- 아래막기이지만 어깨높이에서 시작하는 것이 아니라 반대쪽 옆구리 윗부분에서 아래막기를 하면서, 다른 팔로 아래막는 팔에 힘을 더해서 엇걸어 아래 막는다.

새동작 ⑨ 얼굴 등주먹 바깥치기

설 명

- 어깨와 팔꿈치를 축으로 바깥쪽을 향해 등주먹으로 인중을 목표로 가격한다.
- 반대쪽 어깨 위에서 어깨 회전의 힘과 팔꿈치 신전의 힘을 이용하여 힘차게 바깥쪽으로 던지며 반대쪽의 팔도 교차하며 당겨 장골능 위로 들어온다.

새동작 ⑩ 얼굴 표적 안차기

설 명

- 손으로 표적을 만들어주어서 몸의 바깥쪽에서 안쪽을 향해 발날등으로 얼굴 표적을 차는 공격 기술이다.
- 발을 바깥쪽에서 안쪽으로 차는데 무릎의 방향은 위로 향한 채로 뻗어 올리듯이 하면서 발날등으로 안으로 돌려찬다.

새동작 ⑪ 옆지르기

설 명

- 지르기 기술을 주춤서기 자세에서 옆의 방향으로 지른다.
- 몸통의 회전력과 발을 이동하는 지면의 반동력까지 최대한 이용한 힘을 주먹에 실어 지른다.

새동작 ⑫ 왼 범서기

설 명

- 모아서기에서 오른발을 30° 정도의 각으로 넓혀 서며 왼발을 오른발 끝에서 한발 길이로 내딛는다.
- 체중을 뒷발에 싣고 뒷발을 내려다봤을 때 무릎과 발끝이 일직선이 되게 한다.
- 앞에 있는 왼발의 발목을 펴고 앞축만 가볍게 딛고 무릎을 약간 안으로 튼다.
- 아랫배에 힘을 주며 체중은 뒷발에 90~100% 싣는다.
- 왼발이 앞에 나온 경우는 왼 범서기, 오른발이 앞에 나온 경우는 오른 범서기가 된다.

새동작 ⑬ 주춤서기

설 명

- 두 발의 간격을 두 발 길이 정도로 선다.
- 두 무릎을 굽히며 서서 발을 내려다봤을 때 무릎과 발끝이 일치되도록 하고 정강이를 반듯하게 세운다.
- 이때 두 발날등이 서로 나란하여 두 무릎을 서로 조이듯 서야 한다.
- 발바닥의 중심 부위로 바닥을 누르며 발가락을 조여 바닥을 움켜쥐듯 선다.
- 몸통의 경우는 가슴에 힘을 주거나 앞으로 내밀지 않으며 아랫부분에 힘을 모으고 허리를 세운다.
- 무릎을 구부리는 모든 서기의 높이는 주춤서기의 높이와 동일하다.

2. 유급자 품새

주요 동작 ① ④-2 오른 범서기 몸통막기→ ⑤ 오른 뒷굽이 손날 거들어 아래막기

설 명

- 아래를 목표로 공격되어 오는 것을 손날로 내리쳐내어 방어하는 동작이다.
- 막는 손날은 어깨선에서 시작하여 아래를 향해 막는다.
- 거드는 손은 손등이 바닥을 향하게 하여 팔목이 명치 앞에 오게 하여 손날이 몸통에 닿을 듯 말 듯이 둔다.
- 거드는 팔의 어깨에 힘이 들어가지 않도록 하여 팔꿈치가 편하게 내려오고 몸통에 바짝 붙지 않도록 한다.

주요 동작 ② ⑪ 모아서기 보주먹→⑫ 왼 앞굽이 가위막기(반복)

설 명

- 한쪽 팔은 아래막기를 하고 한쪽 팔은 (몸통) 안팔목 바깥막기를 동시에 해준다.
- 아래 막는 팔은 허벅다리 위 안쪽까지 막으며 안팔목 바깥막기를 하는 팔은 바깥막기로서 신체의 몸 바깥선까지 막는다.

주요 동작 ❸ ⑲ 왼 앞굽이 엇걸어 아래막기 → ⑳ 얼굴 등주먹 바깥치기

설 명

- 어깨와 팔꿈치를 축으로 바깥쪽을 향해 등주먹으로 인중을 목표로 친다.
- 반대쪽 어깨 위에서 어깨의 회전 힘과 팔꿈치 신전의 힘을 이용하여 힘차게 바깥쪽으로 던지며 보조하는 팔도 교차하여 당겨 장골능 위의 허리선으로 들어온다.

(8) 태극 8장

(8-1) 태극 8장(곤(坤):☷땅) 품새 요약 설명 - 1급

순서	위치	시선	동작	서기	품명
준비	나	가		나란히서기	기본준비서기
1	가	가	왼발 내디뎌	오른뒷굽이	거들어 바깥막기
2	〃	〃	왼발 약간 내디뎌	왼앞굽이	몸통 바로지르기
3	〃	〃	왼발 두발당성차고 "기합" 왼발 내딛고 몸통막고	〃	몸통 두번지르기
4	〃	〃	오른발 내디뎌	오른앞굽이	몸통 반대지르기
5	라3	라3	왼쪽으로 돌아 왼발 옮겨 딛고	오른 모앞굽이	외산틀막기
6	〃	〃	왼발 왼쪽으로 옮겨 딛고	왼앞굽이	턱 당겨지르기
7	다3	다3	왼발 앞꼬아서기로 옮겨 딛고 다시 오른발 내디뎌	왼모앞굽이	외산틀막기
8	〃	〃	오른발 오른쪽으로 옮겨 딛고	오른앞굽이	턱 당겨지르기
9	나	가	오른발 옮겨 디뎌	오른뒷굽이	손날 거들어 바깥막기
10	〃	〃	왼발 약간 내밀어 디뎌	왼앞굽이	몸통 바로지르기
11	〃	〃	오른발 앞차고 제자리 물러 딛고 왼발 한걸음 물러 디디며 오른발 끌어 당겨	오른범서기	바탕손 안막기
12	다2	다2	왼발 왼쪽으로 옮겨 디뎌	왼범서기	손날 거들어 바깥막기
13	〃	〃	왼발 앞차고 내디뎌	왼앞굽이	몸통 바로지르기
14	〃	〃	왼발 끌어	왼범서기	바탕손 안막기
15	라2	라2	오른발 오른쪽으로 뒤로 돌아 내디뎌	오른범서기	손날 거들어 바깥막기
16	〃	〃	오른발 앞차고 내디뎌	오른앞굽이	몸통 바로지르기
17	〃	〃	오른발 끌어	오른범서기	바탕손 안막기
18	나	나	오른쪽으로 오른발 옮겨 디뎌	왼뒷굽이	거들어 아래막기
19	〃	〃	왼발 앞차고 이어 오른발 뛰어 앞차고 "기합" 오른발 내디뎌 몸통막고	오른앞굽이	몸통 두번지르기
20	다1	다1	왼쪽으로 돌아 왼발 내디뎌	오른뒷굽이	손날 바깥막기
21	〃	〃	오른발 제자리 왼발 약간 내디뎌	왼앞굽이	팔굽 돌려치기
22	〃	〃	두 발 제자리, 서기 그대로	왼앞굽이	등주먹 앞치기
23	〃	〃	〃	〃	몸통 반대지르기
24	라1	라1	오른발 오른쪽으로 돌아 내디뎌	왼뒷굽이	손날 바깥막기
25	〃	〃	왼발 제자리 오른발 약간 내디뎌	오른앞굽이	팔굽 돌려치기
26	〃	〃	두 발 제자리, 서기 그대로	〃	등주먹 앞치기
27	〃	〃	〃	〃	몸통 반대지르기
바로	나	가	왼발 끌어	나란히서기	기본준비서기

새동작 ① 거들어 바깥막기

설 명

- 손날 거들어 바깥막기와 유사하며 손날이 아닌 주먹을 쥐고 바깥팔목으로 바깥을 향해 막는다.
- 막는 손의 높이는 주먹이 어깨선을 넘어서지 않으며 신체의 몸 바깥선까지 막는다.
- 거드는 손은 팔목이 명치 앞에 오며 막을 때 좀 더 강한 힘을 내도록 도와주는 역할을 하며 다음 기술을 연이어 하기 위한 예비동작으로도 활용된다.
- 거드는 팔의 어깨에 힘을 주지 않으며 겨드랑이와 몸통과의 간격은 닿을 듯 말 듯 편하게 늘어뜨린다.

새동작 ② 두발당성앞차기

설 명

- 앞으로 뛰어나가며 두 발을 공중에서 연이어 앞을 차는 기술로써 몸통과 얼굴을 찬다.
- 첫발로 앞차기를 차며 그 탄력을 잃지 않고 연결하여 다음 발도 얼굴 앞차기를 힘차게 한다.

새동작 ③ 외산틀막기(외산막기)

설 명

- 한쪽 팔은 아래막기를 하고 한쪽 팔은 얼굴을 목표로 안팔목 바깥막기를 한다.
- 모서기를 한 자세로 막는 팔의 위치가 몸과 나란히 한다.

새동작 ④ 턱 당겨지르기 왼 앞굽이

설 명

- 한쪽 손으로는 상대를 잡아끌면서 다른 한 손으로 턱을 향해 젖혀 지른다.
- 잡아끄는 손은 어깨높이에서 당기듯이 하고, 지르는 손은 편하게 팔을 내려 명치 높이의 가슴 옆에서 주먹 등이 위를 향하여 시작하여 턱 높이로 앞쪽을 향해 젖혀 지른다.

새동작 ⑤ 아래 거들어막기

설 명

- 아래를 목표로 공격하여 오는 것을 바깥팔목으로 내려막는 방어 기술이다.
- 막는 손은 아래막기와 같은 방법으로 어깨선에서 시작하는 아래막기를 하며, 거드는 손은 막는 팔의 팔꿈치 쪽으로 따라가며 힘을 거들어 준다.
- 막는 손은 앞이 있는 허벅다리 위의 안쪽까지 막으며 허벅다리 위에서 한 뼘 정도 간격을 띄어 막는다.
- 거드는 손은 주먹등이 바닥을 향하게 하여 팔목이 명치 앞까지 오며 바깥팔목이 몸통에 닿을 듯 말 듯이 둔다.
- 거드는 팔의 어깨에 힘이 들어가지 않도록 하며 팔꿈치가 편하게 늘어 뜨려지고 몸통에 바짝 붙지 않도록 한다.

새동작 ⑥ 뛰어 앞차기

설 명

- 제자리에서 높이 있는 목표물을 향해 뛰어서 보조하는 발의 도움을 받아 뛰어 올려 차는 기술이다.
- 왼 다리의 무릎이 접어 올려진 상태에서 오른발로 뛰어서 앞차기를 한다.

| 주요 동작 ① | ② 왼 앞굽이 바로지르기 → ③ 두발당성앞차기 |

| 설 명 |

- 두 발을 뛰어서 공중에서 연이어 앞을 차는 기술로써 몸통과 얼굴을 찬다.
- 첫발로 앞차기를 차며 그 탄력을 잃지 않고 연결하여 다음 발도 앞차기를 힘차게 한다.

| 주요 동작 ② | ④ 오른 앞굽이 반대지르기 → ⑤ 오른 모앞굽이 외산틀막기 |

| 설 명 |

- 한쪽 팔은 아래막기를 하고 한쪽 팔은 얼굴을 목표로 안팔목 바깥막기를 한다.
- 앞굽이는 같은 선상에 모서기를 한 자세로 막는 팔의 위치가 몸과 나란히 한다.

주요 동작 ③ ⑤오른 모앞굽이 외산틀막기→ ⑥턱 당겨지르기

설 명

- 한쪽 손으로는 상대를 잡아끌면서 다른 한 손으로는 턱을 향해 젖혀 지른다.
- 잡아끄는 손은 어깨높이에서 당기듯이 하고 지르는 손은 편하게 팔을 내려 가슴 옆에서 시작하여 턱 높이로 앞쪽을 향해 젖혀 지른다.
- 앞굽이로 방향 전환 시 천천히 온몸에 힘을 주어서 안정된 자세로 한다.

3. 유단자 기본동작

1) 유단자 기본 준비자세 및 서기

① 통밀기준비
② 겹손준비
③ 모아서기 두주먹허리준비
④ 학다리서기
⑤ 곁다리서기
⑥ 오금서기

⑦ 바위밀기
⑧ 날개펴기
⑨ 태산밀기
⑩ 돌아딛기
⑪ 돌쩌귀

3. 유단자 기본동작

1) 유단자 기본 준비자세 및 서기

① 통밀기준비

설 명	
동작의 설명	- 준비자세에 사용하며, 기운과 정신을 통에 담아 목숨을 상징하는 목 앞으로 운용하는 자세이다.
동작의 과정과 활용	- 모아서기에서 왼발을 한발 간격 정도 벌리어 나란히서기를 한다. - 두 주먹을 펴서 손날을 만들어 숨을 들이쉬면서 단전에서 가슴 위로 끌어 올린다. - 두 손을 앞으로 밀 때 손의 모양은 둥그런 통을 마주 잡은 것같이 해야 한다. - 두 손날을 앞으로 천천히 밀어 올리며 숨을 내쉰다. - 시선은 정면을 향한다. - 양쪽 손바닥은 자신의 얼굴 너비 정도로 벌리어 마주 보게 한다. - 양쪽 손끝의 높이는 인중선 위치와 수평을 이룬다. - 팔꿈치는 아래를 향하고 굽힌 각은 120° 정도를 유지한다.

주의사항

- 두 손끝의 높이가 인중 높이보다 많이 올라가거나 내려가지 않도록 하며 마주 보는 손바닥이 너무 많이 벌어지거나 열리지 않도록 해야 한다.

② 겹손준비

설 명

동작의 설명	- 겹손의 의미는 왼 손바닥과 오른손등을 겹쳐서 양쪽으로 갈라져 있는 것을 하나로 이으며 흩어진 정신을 모은다는 것이다.
동작의 과정과 활용	- 허벅다리 바깥쪽에서 주먹을 펴서 단전 앞에서 왼손바닥 위에 오른손등을 대각선(×) 형태로 겹쳐놓아 위를 향한다. - 겹친 손을 명치 앞까지 들어 올렸다가 단전 앞에까지 내린다. - 오른손등과 왼손바닥은 겹쳐져 대각선 형태를 이룬다. - 단전과 오른손바닥의 간격은 주먹 하나 정도 사이를 유지한다. - 손가락이 단전 쪽으로 구부리지 않도록 곧게 편다. - 손이 오를 때 숨을 들이마시고 손을 내릴 때 숨을 내뱉는다.

주의사항

- 겹손은 명치선 이상 올라가거나 몸통에서 지나치게 멀어지지 않도록 한다.

③ 모아서기 두주먹허리준비

설 명

동작의 설명	- 두 주먹을 장골능 위 허리선에 붙인 준비자세를 말한다. - 모아서기에서 등주먹이 아래쪽을 향하도록 하여 앞에서 보았을 때 팔꿈치가 보이지 않도록 팔꿈치를 안쪽으로 당긴 다음 메주먹을 양 장골능 위 허리선에 붙인 준비자세이다.
동작의 과정과 활용	- 두 주먹을 가볍게 말아쥐어 앞으로 내밀었다가 허리선으로 당긴다. - 두 눈은 자기 눈높이의 수평을 바라보며 넓은 시야로 수평을 이루도록 한다. - 준비자세 중 유일하게 몸과 마음이 하나 됨을 뜻하기 위하여 두 주먹을 허리선에 붙여 다음 상황을 대비하며 허리를 효과적으로 사용하여 차기와 주먹을 동시에 사용할 수 있는 자세이다.

주의사항

- 두 주먹이 장골능 위 허리선 아래로 내려가지 않도록 한다.

④ 학다리서기

설 명

동작의 설명	- 한 발을 들고 한 발로 서있는 모습이 학이 서 있는 모습과 유사하다 하여 붙여진 서기이다. - 한 발은 주춤서기 높이로 굽히며 다른 한 발의 발날등은 무릎 안쪽에 붙인다. - 서기의 완결판이라 할 수 있을 정도로 집중력, 자신감, 균형감이 요구된다.
동작의 과정과 활용	- 오른 다리 무릎을 주춤서기 때와 같이 굽혀 낮추고 왼발을 끌어 올려 발날등을 오른 다리 무릎 안쪽에 댄다. - 끌어 올린 왼발의 무릎은 앞을 향하도록 조여야 한다. - 전신의 긴장되고 버티는 힘보다는 지지한 발 쪽으로 편안하게 힘을 기울이도록 하면서 양 무릎은 앞을 향한다. - 나의 신체상태, 나의 수련상태를 측정하는 방법이기도 하다.

주의사항

- 중심 발의 높이는 주춤서기 높이로 하며 상체는 곧게 세운다.
- 끌어올린 발을 무릎 안쪽이 아닌 종아리에 대면 안 된다.

⑤ 곁다리서기

설 명

동작의 설명	- 한쪽 다리를 구부려 체중을 싣고 다른 발로는 중심을 잡는 자세로써 앞발의 발날등 중간 부분에 뒷발의 엄지발가락 안쪽 부분이 와서 닿게 하며 뒤축은 들어 앞축만 지면에 닿게 하는 자세이다.
동작의 과정과 활용	- 먼저 딛고 있는 발은 정면을 향하며 이어서 곁들인 발은 발날등 중간에 앞축의 엄지발가락 안쪽 부분이 오게 하며 뒤축은 들고 앞축만 바닥에 닿게 한다. - 몸의 중심은 한발에 모여 있지만, 곁에 있는 다리는 그 중심을 잃지 않도록 도움을 주고 있다. - 두 무릎은 주춤서기 높이와 같이 구부려 낮춘다. - 양쪽 발날등은 사이를 조금 둔다. - 좁은 공간에서 앞으로 민첩하게 이동하는 동작에 편리하다.

주의사항

- 두 무릎은 주춤서기 높이와 같이 구부려 낮춘다.
- 상체가 앞으로 숙여지지 않도록 한다.

⑥ 오금서기

설 명

동작의 설명	- 한쪽 다리를 주춤서기와 같이 구부린 상태에서 균형을 잡고 온몸의 체중을 한쪽 발로 지탱하며 다른 발의 발등을 지탱하고 있는 발의 오금에 갖다 붙인 자세이다.
동작의 과정과 활용	- 오른 무릎을 구부린 상태에서 왼발 등을 오금에 붙여서 제자리에서 균형을 유지하도록 도움을 준다. - 이때 앞발의 무릎이 벌어지지 않도록 주의를 한다. - 재빠르게 앞으로 뛰어나가 한발로 균형을 잡고 뒤따라오는 왼발등이 오금에 닿으면서 바로 앞으로 또는 옆으로 차기를 찰 수 있는 준비가 되어야 한다.

주의사항

- 딛고 선 다리의 오금에 갖다 댈 때 무릎은 앞을 향하도록 한다.
- 균형을 잡기가 힘들다고 두 무릎을 펴서는 안 된다.

⑦ 바위밀기

설 명

동작의 설명	- 상대방이 자신을 힘주어 감싸 안았을 때를 가정하여 힘을 집중하여 밀어내는 듯한 동작을 거대한 바위밀기에 반영한 동작이다. - 정신을 집중하고 호흡을 조절하고자 바위를 미는 듯한 모습을 취하는 동작으로서 한쪽 손을 허리에서 다른 한쪽 손은 옆구리에서 위치시키어 얼굴 앞까지 밀어 올리는 동작이다.
동작의 과정과 활용	- 밀기는 앞으로 미는 것이다. 다만 허리의 방향이 어떻게 비틀어지는가에 따라서 측면으로 이동될 수 있다. - 허리에서부터 힘을 모아 두 손을 펴서 허리와 함께 앞으로 밀어낸다. - 손의 간격은 주먹 하나 사이로 자신의 이마 앞과 일치하도록 한다. - 발과 손은 구분되어서는 안 된다. 발을 내딛는 동시에 두 손은 장골능 위에서부터 밀어내어야 한다.

주의사항

- 양 손끝은 대각선 위 방향으로 밀어 올려 이마 앞쪽에 두 손을 위치하게 한다.
- 허리가 먼저 틀어져 밀기 시작해야 하며 천천히 5초 정도 수행한다.

⑧ 날개펴기

설 명

동작의 설명	- 새가 날개를 펴는 것과 같이 두 손바닥을 양쪽으로 미는 동작이다.
동작의 과정과 활용	- 단전에서 겹손 상태로 가슴까지 끌어올린다. - 팔꿈치와 어깨를 들어 올리지 않고 겹쳐진 손바닥과 손등을 위(바깥)를 향하도록 몸바깥 선까지 벌려 세운다. 이때 숨을 들이마신다. - 하늘을 나는 듯한 자세로 양팔을 어깨높이 옆으로 펼치며 숨을 내쉰다.

주의사항

- 겹손에서 손을 가슴 앞까지 끌어올려서 양옆으로 벌려야 한다.

⑨ 태산밀기

설 명

동작의 설명	- 큰 산을 앞으로 미는 듯한 모습의 동작을 말하며 정신을 집중하고 호흡을 조절한다.
동작의 과정과 활용	- 공방의 기술보다는 수련의 정신을 담은 위풍당당한 기세를 표현한 몸짓이라 할 수 있다. - 두 손등은 양쪽 장골능에서 바탕손으로 위(인중)와 아래(단전)로 밀어낸다. 이때 호흡도 내쉰다. - 앞으로 내딛어 범서기 하는 발과 같은 팔을 아래로 뻗어 바탕손으로 민다. - 모아서기에서 동작을 취할 때 뒷발 축에 균형을 유지하여야 동작의 효과를 얻을 수 있다.

주의사항

- 범서기 자세에서 바탕손을 앞발 쪽 단전 앞으로 밀고 뒷발 쪽 바탕손은 인중 앞으로 동시에 민다.

⑩ 돌아딛기

동작의 설명	- 오른발 들어서 180° 회전하여 옮겨 돌아 디딜 때 왼발 발가락과 나란하게 디뎌 앞축으로 회전하며 온몸을 회전시킨다.
동작의 과정과 활용	- 돌아딛기 할 때 이루어지는 팔의 형태는 왼 큰돌쩌귀에서 오른 큰돌쩌귀로 전환 시킨다. - 뒤축을 과도하게 들어 세우거나 무릎을 펴서 돌아서는 안 되며 허리 수평 회전으로 온몸을 옮겨야 한다. - 앞축과 뒤축이 지면에 닿아 있지만, 신체의 중심축의 기울기는 앞축으로 하는 것이 편리하다. - 시선은 진행 방향을 향한다.

주의사항

- 몸을 돌면서 서기의 높이에 변동이 없게 해야 한다.

⑪ 돌쩌귀 (특수한 보조자세 : 큰돌쩌귀, 작은돌쩌귀, 학다리서기 작은돌쩌귀)

큰돌쩌귀　　　　　　　작은돌쩌귀　　　　　학다리서기 작은돌쩌귀

설 명

동작의 설명	- 오른발 들어서 180° 회전하여 옮겨 돌아 디딜 때 왼발 발가락과 나란하게 디뎌 앞축으로 회전하며 온몸을 회전시킨다.
동작의 과정과 활용	- 돌아딛기 할 때 이루어지는 팔의 형태는 왼 큰돌쩌귀에서 오른 큰돌쩌귀로 전환 시킨다. - 뒤축을 들어 세우거나 무릎을 펴서 돌아서는 안 되며 허리 수평 회전으로 온몸을 옮겨야 한다. - 앞축과 뒤축이 지면에 닿아 있지만, 신체의 중심축의 기울기는 앞축으로 하는 것이 편리하다. - 시선은 진행 방향을 향한다.

주의사항

- 몸을 돌면서 서기의 높이에 변동이 없게 해야 한다.

3. 유단자 기본동작

2) 유단자 기본동작 방어기술

① 손날 아래막기
② 안팔목 헤쳐막기
③ 바탕손 눌러막기
④ 손날 안막기
⑤ 학다리서기 금강막기
⑥ 산틀막기 (태산막기)
⑦ 아래 손날헤쳐막기
⑧ 안팔목 금강바깥막기
⑨ 얼굴 안팔목 거들어 옆막기
⑩ 헤쳐 산틀막기 (얼굴 두 안팔목 옆막기)
⑪ 황소막기
⑫ 안팔목 손바닥 거들어 바깥막기
⑬ 손날등 헤쳐막기
⑭ 끌어 올리기 (안팔목 올려막기)
⑮ 아래 손날 엇걸어막기
⑯ 손날등 거들어 바깥막기
⑰ 안팔목 바깥막기
⑱ 안막고 안막기
(몸통막고 거들어 몸통막기)
⑲ 아래 옆막기
⑳ 안팔목 거들어 바깥막기
㉑ 편손 외산틀막기 (편손 외산막기)
㉒ 아래 안팔목 표적 안막기
㉓ 손날 금강막기
㉔ 얼굴 엇걸어막기

2) 유단자 기본동작 방어기술

① 손날 아래막기

설 명	
동작의 설명	- 상대방의 공격을 위에서 아래로 손날로 내려막는 기술이다.
동작의 시작과 과정	- 왼 손날을 오른 어깨 부위에서 손바닥이 얼굴을 향하게 한다. - 몸통을 회전하여 손날 내려막기를 한다.
동작의 활용 및 응용	- 막은 손날은 허벅다리 안쪽 위에서 한 뼘 정도의 간격을 유지한다.

주의사항

- 몸통의 회전 없이 손날만 사용하여 막지 않도록 한다.

② 안팔목 헤쳐막기

설 명

동작의 설명	- 상대가 두 손으로 가슴을 잡거나 밀치는 등의 공격을 할 때, 두 안팔목을 바깥쪽으로 동시에 헤치며 벌리는 힘으로, 상대의 팔을 쳐내어 막는 기술이다.
동작의 시작과 과정	- 안팔목 바깥막기를 양쪽으로 동시에 수행할 때, 두 팔을 가슴 앞에서 충분히 교차한다. - 교차하고 모인 힘을 나누어 주면서 팔목을 빠르게 틀어 안팔목을 바깥쪽으로 틀어서 막는다. - 기술 수행의 마지막 지점에서 두 안팔목이 몸 바깥선을 벗어나지 않도록 하며 주먹의 끝이 어깨선을 넘지 않도록 하고 두 팔꿈치가 안으로 모여지지 않게 자연스럽게 아래로 향하게 한다.
동작의 활용 및 응용	- 두 안 팔목으로 상대의 공격을 바깥쪽으로 헤쳐 막은 후 바로 이어서 주먹이나 바탕손을 이용하여 상대를 가격할 수 있다.

주의사항

- 막기 시 양손을 앞으로 치는 듯이 하면 안 된다.
- 양쪽 안팔목으로 몸통 밖으로 쳐 내듯이 막아야 한다.

③ 바탕손 눌러막기

설 명	
동작의 설명	- 상대방이 자신의 복부나 명치를 공격하여 올 때 바탕손을 사용하여 가슴 위에서부터 아래로 눌러 막는 기술이다.
동작의 시작과 과정	- 눌러 막는 바탕손은 팔꿈치를 명치 높이로 하여 올리며 눌렀을 때 바탕손이 명치 앞에 와야 자연스러운 몸의 움직임에 의한 형태이다. - 보조 손은 힘차게 장골능 위 허리선으로 당겨 협응력을 발휘한다.
동작의 활용 및 응용	- 바탕손으로 상대의 공격을 실제로 눌러 막을 때는 아래 방향으로 눌러 막기보다는 누르며 제치는 형태로 막는 게 효율적이다.

주의사항

- 눌러 막는 바탕손이 명치 아래로 내려가거나 눌러 막기를 사선으로 밀쳐내듯이 하면 안 된다.

④ 손날 안막기

설 명

동작의 설명	- 상대방이 앞쪽에서 공격하여 올 때 손날을 사용하여 안쪽으로 막는 기술이다.
동작의 시작과 과정	- 왼 손날은 바깥쪽 어깨 옆에서 신체 안쪽(중심) 명치를 막는다. - 막는 부위는 손날이다. - 팔꿈치는 아래를 향하고 굽힌 각은 120° 정도를 유지한다. - 손날은 명치 앞을 막지만, 손끝은 어깨선 높이까지 허용한다.
동작의 활용 및 응용	- 막는 방법은 팔목으로 막는 몸통막기와 동일하나 손날로 막는 이유는 막은 다음에 상대를 잡아채려는 의도가 포함되어 있다.

주의사항

- 막는 손날이 몸의 중심선을 벗어나서 막지 않도록 한다.
- 손을 높이 올려서 목을 막는 것처럼 해서는 안 되며 손목을 꺾어서 목치기처럼 해서도 안 된다.

⑤ 학다리서기 금강막기

설 명

동작의 설명	- 금강역사상의 모습에서 이름 붙인 기술로써 상대방이 얼굴과 몸통, 아래를 동시에 공격하여 올 때 얼굴막기와 내려옆막기로 막는 기술이다.
동작의 시작과 과정	- 왼팔은 어깨부위에 오른팔은 장골능 위에서부터 천천히(5~8초 정도) 아래위를 막는다. - 이때 부드럽게 움직이고 두 팔은 견고하게 주먹을 쥐어야 한다. - 왼, 오른팔이 교차하여 아래, 위로 움직일 때 시선도 동시에 왼쪽으로 향하며 학다리서기는 이미 되어 있어야 한다. - 서기는 보통빠르게 취하고 팔은 천천히 동작을 취하는 것이다.
동작의 활용 및 응용	- 상대가 주먹으로 얼굴과 돌려차기로 아래를 동시에 공격할 때 동시에 빠르게 금강막기로 얼굴과 아래를 방어한다.

주의사항

- 품새에서의 금강막기는 천천히 또는 빠르게 연습하고 실전에서는 빠르게 하는 기술이다.

⑥ 산틀막기 (태산막기)

설 명	
동작의 설명	- 상대방이 양쪽에서 얼굴을 공격해 올 때 두 팔로 동시에 얼굴 양쪽을 막는 기술이다.
동작의 시작과 과정	- 주로 금강 품새에 나오는 동작으로 안팔목과 바깥팔목으로 동시에 막는다. (휘둘러서 쳐 막는다) - 두 팔목은 얼굴의 인중선이며 지나치게 팔을 위로 올려서는 안 된다. - 한쪽 팔은 안팔목으로 바깥으로 막고 한쪽 팔은 바깥팔목으로 안쪽으로 동시에 막는다.
동작의 활용 및 응용	- 상대가 양쪽에서 내 어깨를 잡거나 얼굴을 공격할 때 안 팔목과 바깥 팔목을 크게 휘둘러서 쳐내어 막는다.

주의사항

- 두 팔을 휘두르며 어깨 위로 올릴 때 상체와 하체를 비틀어야 한다.
- 허리를 틀며 올린 두 팔을 휘두르며 바깥쪽과 안쪽을 동시에 막는다.
  이때 균형 잡힌 주춤서기를 동시에 해야 한다.

⑦ 아래 손날헤쳐막기

설 명

동작의 설명	- 양 손날을 몸 아래로 내리며 바깥으로 벌리는 힘으로 아래 높이에서 양쪽으로 공격해 오거나 감싸고 있는 상대의 팔을 쳐내는 기술이다.
동작의 시작과 과정	- 두 팔을 가슴 앞에서 X자 형태로 교차한다. - 왼 범서기 시 왼 팔목이 바깥에서 교차한다. - 두 손목을 회전하여 아래로 헤쳐 막는다. - 몸통에서 교차하는 동시에 손목을 회전하며 헤쳐 막는다.
동작의 활용 및 응용	- 상대의 양쪽 공격을 헤쳐 막는다. - 상대가 나래차기로 공격 시 양쪽 아래와 몸통 부위까지 방어할 수 있다.

주의사항

- 헤치며 내릴 때 팔꿈치가 먼저 벌어지지 않도록 한다.
- 손등이 앞이나 옆을 향하지 않도록 비스듬히 내려쳐서 막는다.

8. 안팔목 금강바깥막기

설 명	
동작의 설명	- 위에 있는 팔은 안팔목으로 바깥을 막고 아래에 있는 팔은 바깥팔목으로 얼굴 올려막기를 동시에 수행하는 기술이다.
동작의 시작과 과정	- 왼 주먹 지르기에서 방향 전환을 하며 막기 동작을 크게 하기 위하여 막는 방향의 반대쪽으로 허리를 틀어 감으며 두 손을 큰 돌쩌귀 형태를 취하며 연이어 안팔목 금강 바깥막기를 한다.
동작의 활용 및 응용	- 한쪽 팔은 상대의 몸통 공격을 안에서 밖으로 쳐 내어 막으며 다른 한쪽 팔은 상대의 얼굴 공격을 위로 올려 막는다.

주의사항

- 몸의 회전력을 이용하여야 하며 허리의 움직임과 양손이 멈춘 상태에서 하는 금강 바깥막기는 바람직하지 않다.

⑨ 얼굴 안팔목 거들어 옆막기

설 명

동작의 설명	- 상대가 얼굴 측면을 공격해 올 때 한 손으로는 얼굴 측면을 막고 다른 한 손은 좀 더 강한 힘을 내기 위해 거들며 막는 기술이다. - 거드는 손은 옆은 주먹 형태로 가슴 앞에 두며 막는 팔의 팔꿈치 쪽으로 힘을 보태기 위한 돌려지르기 형태를 취한다.
동작의 시작과 과정	- 오른 뒷굽이 아래 손날 거들어막기에서 양손을 뒤로 빼며 큰 동작으로 막기 위하여 허리를 틀어 감는다. - 이때 왼발을 주춤서기로 옮겨 디디며 동시에 거들어 옆막기를 완성한다.
동작의 활용 및 응용	- 한 손은 얼굴을 안팔목으로 밖으로 쳐 내어 막으며 다른 한 손은 큰 힘을 내기 위해 거드는 역할을 위해 가슴 앞으로 힘차게 밀어준다.

주의사항

- 몸통의 회전과 안팔목의 회전이 동시에 이루어져야 하고 막는 동작과 주춤서기가 동시에 이루어져야 한다.

⑩ 헤쳐 산틀막기 (얼굴 두 안팔목 옆막기)

설 명

동작의 설명	- 산(山)의 형상을 본떠 이름을 붙였으며 두 팔의 안팔목을 사용하여 안에서 바깥으로 얼굴 옆막기를 하는 기술이다.
동작의 시작과 과정	- 두 팔목이 허리선에서 가위표(×) 형태로 교차하여 어깨 앞으로 올리며 얼굴 앞에서 양옆으로 헤치며 상대를 뿌리쳐 내듯이 양쪽으로 나누어 막는 기술이다. - 막은 순간 두 팔목을 회전시켜 주고 두 팔목이 인중 높이에 위치한다. - 양쪽의 팔은 어깨선과 나란히 위치하고 팔꿈치의 각도는 90° 정도를 유지하여 직각으로 막는다.
동작의 활용 및 응용	- 자신의 양쪽에서 얼굴 측면을 향하여 공격하여 올 때 양팔의 안팔목을 안에서 밖으로 크고 강하게 벌리며 옆막기한다.

주의사항

- 양쪽의 안팔목이 얼굴을 지나서 헤쳐 막아야 강하게 막을 수 있다.
- 팔목의 높이가 너무 높거나 낮으면 얼굴 방어가 어렵다.
- 막았을 때 산(山)의 형상이 깨지면 안 된다.

⑪ 황소막기

설 명

동작의 설명	- 상대가 얼굴이나 머리 위쪽으로 공격하여 올 때 황소의 뿔 모양으로 두 바깥팔목으로 머리 끝 위로 비스듬히 올려 막는 기술이다.
동작의 시작과 과정	- 기본 준비서기 자세의 단전 앞에서부터 밑팔목을 위로 향하게 회전시키며 이어서 바른주먹이 위로 오르며 어깨 앞에서 두 팔목을 회전하며 얼굴 위로 치켜올린다. - 두 주먹은 얼굴막기보다 높게 올려 막으며 팔목과 이마 사이와 주먹과 주먹 사이는 주먹 하나의 간격을 띄운다.
동작의 활용 및 응용	- 상대가 두 손으로 자신의 양쪽 어깨나 머리를 잡으려 하거나 두 손으로 머리 위를 내려치거나 할 때 힘차게 올려 헤쳐 막거나 비스듬히 올려 막는다.

주의사항

- 황소막기 수행과정에서 팔꿈치가 벌어지지 않도록 해야 하며 올려 막는 팔목의 회전은 어깨 앞에서 시작되어야 한다.

⑫ 안팔목 손바닥 거들어 바깥막기

설 명

동작의 설명	- 몸통 높이 측면이나 정면으로 들어오는 상대의 공격을 '몸통 안팔목 바깥막기'로 막는 기술이다. 거드는 손의 손바닥으로 같은 방향으로 힘을 더하는 도움을 받아 바깥쪽으로 강하게 쳐내거나 제쳐내는 기술이다.
동작의 시작과 과정	- 두 팔은 몸통의 가용 범위 내에서 크게 움직이며 바깥막기 하는 팔에 가운뎃손가락을 중심으로 하여 손바닥이 나란히 따라붙어 힘을 보태어 준다. - 허리를 뒤로 틀어 감을 때 두 손도 동작을 크게 하며 뒤로 빼준다. - 허리와 골반의 반동력으로 막으며 신체의 바깥선까지 강하게 쳐내거나 제쳐내며 막으며 손끝이 어깨선보다 높으면 안 된다.
동작의 활용 및 응용	- 상대가 몸통을 정면이나 측면에서 공격해 올 때 한 손의 안팔목으로 막는데 다른 한 손의 손바닥을 이용하여 받쳐주는 형태로 거들어 막는다.

주의사항

- 몸통의 회전을 이용하여 막으며 손바닥으로 거들 때 안팔목을 벗어 나서는 안 된다.

⑬ 손날등 헤쳐막기

설 명	
동작의 설명	- 두 손날등을 몸 바깥으로 동시에 헤쳐서 막는 기술로써 몸통 높이에서 감싸고 있는 상대의 팔을 쳐내어 막는 기술이다.
동작의 시작과 과정	- 가슴 앞에서 손등이 위를 향하여 자연스럽게 X자 형태로 교차하며 상대의 양쪽 공격을 손등을 틀어 몸 바깥선까지 쳐내어 막는다. - 손끝의 높이는 어깨선까지 허용하며 '안팔목 헤쳐막기'와 같은 방법으로 수행한다.
동작의 활용 및 응용	- 상대가 두 손을 이용하여 동시에 가격하거나 잡으려 할 때 몸 밖으로 벌리는 힘을 이용하여 상대의 팔을 쳐내어 막는다.

주의사항

- 오른 앞굽이에서 오른발이 이동하며 주춤서기로 바뀔 때 오른손을 바깥으로 교차한다.
- 가슴 앞에서 힘을 주면서 교차하는 방법은 힘의 손실이 발생하여 좋지 않다.
- 막을 때 손날등이 몸 바깥선을 벗어나지 않도록 하여 막는다.

3. 유단자 기본동작 **255**

⑭ 끌어 올리기 (안팔목 올려막기)

설 명

동작의 설명	- 안팔목으로 아래에서 위로 올려 막는 기술로써 왼팔목은 명치선까지 끌어올려 막고 오른 팔은 왼팔을 기세 있게 끌어올리기 위한 도움을 줄 수 있도록 힘차게 당긴다.
동작의 시작과 과정	- 보조하는 오른손은 허리를 틀어 감을 때 팔꿈치를 구부려 명치선 앞으로 올렸다가 끌어 올려 막는 동시에 장골능 위 허리선으로 당긴다. - 왼 주먹등은 앞을 향하고 아래 배를 지나서 막고 몸통과 팔목 사이는 주먹 하나 간격이다.
동작의 활용 및 응용	- 상대가 차기를 할 때 발목이나 종아리 부위를, 왼팔을 순간적으로 접으면서 안팔목으로 들어 올린다.

주의사항

- 끌어올리는 팔목은 겨드랑이가 벌어져 몸 뒤에서 오지 않도록 한다.

15 아래 손날 엇걸어막기

설 명

동작의 설명	- 상대방의 공격을 미리 차단하는 기술로 상대가 손이나 발로 공격할 때 팔이나 다리 등의 관절 부위가 완전히 펴지기 전에 두 팔목을 엇걸어 막는다.
동작의 시작과 과정	- 장골능 위에서 시작하며 허리를 이용하여 신체 중심선 하단전 앞까지 막는다. - 두 팔목이 오른 옆구리에서 하단전 앞까지 내려오며 아래의 안팔목과 위의 바깥팔목이 교차 되면서 두 바깥팔목이 사용되어 눌러 막는다.
동작의 활용 및 응용	- 손을 편 상태로 손등을 마주 보며 팔목으로 엇걸어 내려 막거나 막은 후 잡아 돌려내면서 반격에 활용할 수 있다.

주의사항

- 손목으로 엇걸어서는 안 되며 자세를 낮춰서 상대의 공격을 효과적으로 차단해야 한다.
- 왼 범서기 시 왼팔이 바깥쪽에서 교차하여 내려 막는다.

16　손날등 거들어 바깥막기

설 명

동작의 설명	- 몸통 높이의 정면이나 측면으로 들어오는 상대의 공격을 거드는 엎은 손날등의 도움을 받아 바깥쪽으로 강하게 쳐내거나 제쳐낸다.
동작의 시작과 과정	- 몸통 뒤에서 시작하며 왼손바닥은 위를 향하고 오른손등도 위를 향하면서 오른손등은 안에서 밖으로 손날등 바깥막고 동시에 거드는 왼 바탕손은 젖힌 상태에서 엎어서 눌러 막듯이 거든다.
동작의 활용 및 응용	- 거드는 동작은 막는 동작에 힘을 보태어 주고 연이은 상대의 공격에 대한 방어나 반격에 활용할 수 있다.

주의사항

- 몸통의 회전을 이용하여 실시하며 뒷굽이의 균형이 무너지지 않도록 한다.

17 안팔목 바깥막기

설 명

동작의 설명	- 상대방의 공격을 안팔목으로 몸의 안쪽에서 바깥쪽으로 막는 기술이다.
동작의 시작과 과정	- 왼(오른) 등팔목과 오른(왼) 밑팔목이 교차 되면서 허리를 틀어막는다.
동작의 활용 및 응용	- 막기 시 겨드랑이가 몸통에서 너무 떨어지지 않게 하며 팔꿈치 관절은 90°~120°를 유지한다.

주의사항

- 막는 안팔목이 반대손의 팔꿈치 아래 허리선에서 교차되어 큰 동작으로 막아야 한다.

18. 안막고 안막기 (몸통막고 거들어 몸통막기)

설 명

동작의 설명	- 안막고 안막기는 상대의 연속공격을 연속으로 두 번 빠르게 몸통막기 하는 기술이다.
동작의 시작과 과정	- 왼팔목으로 몸통안막기 시 오른주먹은 장골능 위를 스치며 이어서 몸통을 막는다. - 왼손은 작은 동작의 몸통 안막기를 하고 오른손은 큰 동작의 몸통 안막기를 이어서 한다. - 완성된 품은 거들어 안막기이다.
동작의 활용 및 응용	- 먼저 막은 팔의 주먹은 가슴 앞으로 당기며 짧은 몸통막기 형태가 되어 길게 막는 몸통막기를 거들어 준다. - 상대의 지르기를 동시에 안막기하여 팔꿈치 관절에 손상을 줄 수도 있다.

주의사항

- 몸통막기 후 연속으로 거들어 막기를 해야 하며 먼저 막은 손이 거들어 막는 손이 되어야 한다.

⑲ 아래 옆막기

설 명

동작의 설명	- 상대방의 허벅다리 측면 공격을 위에서 아래로 내려막는 기술로 시선과 함께 어깨 앞에서 시작하여 허리 회전을 통해 내려막는 기술이다.
동작의 시작과 과정	- 아래막기와 유사한 기술이며 막는 팔이 허벅다리 앞이 아닌 옆을 막는 기술이며 허벅다리 앞선에서 한 뼘 정도의 간격을 띄어서 자연스럽게 아래로 향하게 한다.
동작의 활용 및 응용	- 상대가 허벅다리 측면을 공격할 때 방어하는 기술이지만 상황에 따라서 옆구리 측면을 내려막기로 막을 수도 있다.

주의사항

- 예비동작 시 어깨에 힘을 빼고 교차해야 하며 내려 막는 팔이 허벅다리 뒤쪽으로 빠지지 않도록 한다.

20 안팔목 거들어 바깥막기

설 명

동작의 설명	- 상대의 공격을 안팔목으로 몸의 안쪽에서 바깥쪽으로 젖힌 팔목의 도움을 받아 거들어 막는 기술이다.
동작의 시작과 과정	- 두 팔은 몸통선상 뒤에서부터 안팔목 거들어 바깥막기로 막는다. 거드는 손의 바깥팔목은 명치 앞에 와서 막는 안팔목에 힘을 보태어주고 단단함을 유지한다. - 막는 순간 팔목과 허리를 틀어 힘을 증가시켜준다.
동작의 활용 및 응용	- 막는 팔목의 높이는 어깨선까지 허용하며 거드는 팔목은 명치 앞에 위치하고 있다가 상대의 연이은 공격을 방어할 수 있다.

주의사항

- 지나치게 큰 힘으로 막으려 하다 보면 뒷굽이의 균형이 무너질 수 있다.

㉑ 편손 외산틀막기 (편손 외산막기)

설 명

동작의 설명	- 얼굴과 아래로 들어오는 공격에 대하여 한쪽 편손(손날등 부위)으로는 얼굴을, 다른 손날로는 아래를 막는 기술이다.
동작의 시작과 과정	- 왼 손날은 오른 어깨 앞에서 아래를 내려막기하고, 오른 편손(손날등 부위)은 왼쪽 장골능 위에서 교차하여 얼굴 옆쪽을 막는다.
동작의 활용 및 응용	- 손날등 부위가 인중선과 일치하도록 하고 한쪽으로 치우치지 않도록 한다.

주의사항

- 손날등 부위가 지나치게 머리 뒤쪽으로 치우치지 않도록 한다.

㉒ 아래 안팔목 표적 안막기

설 명

동작의 설명	- 상대의 공격을 가상의 손바닥 표적으로 만들어 손바닥에 반대 팔의 안팔목으로 내려 안막기를 연습하는 기술이다.
동작의 시작과 과정	- 왼엄지 손가락을 벌려서 단전 앞에서 아금손으로 표적을 만들고 오른 안팔목을 어깨선 정도에서 내리며 표적 안막기를 하는 기술이다.
동작의 활용 및 응용	- 표적 손은 단전 앞에서 움직이지 않고 내려치는 안팔목으로 막는다. - 상대가 몸 앞으로 차기 공격을 할 때 안팔목으로 밖으로 쳐내어 막는다.

주의사항

- 주춤서기 자세로 전환하면서 균형을 잡아 몸과 팔을 틀면서 방어한다.

23 손날 금강막기

설 명

동작의 설명	- 상대가 얼굴과 아래를 동시에 공격하여 올 때 한쪽 손날로 얼굴을 올려 막으며 다른 쪽 손날로 아래를 내려 막는 기술이다.
동작의 시작과 과정	- 얼굴을 막는 손날은 손날 얼굴막기와 같은 방법으로 수행하며 손목이 뒤로젖혀지지 않도록 한다. - 아래 막는 손은 어깨 앞에서 내려오며 허벅지 앞쪽에서 한 뼘 정도 간격을 두고 막는다.
동작의 활용 및 응용	- 올려막는 손날은 허리(장골능 위)에서 내려막는 손날은 어깨 앞에서 시작하여 교차되며 막는다.

주의사항

- 몸통의 회전을 통해서 서기와 막기를 동시에 실시한다.

24. 얼굴 엇걸어막기

설 명

동작의 설명	- 상대방의 얼굴 공격을 막는 기술로써 한 팔에 다른 팔의 힘을 더해주기 위해 엇걸어서 위로 올려 막는 기술이다.
동작의 시작과 과정	- 두 손은 옆구리에서 엇걸어 올려 막는다. 이때 등팔목과 밑팔목으로 엇걸어야 한다. - 상황에 따라서 양쪽 장골능 위 (허리)에서 시작할 수 있으며 바깥팔목으로 상대의 공격을 방어해야 한다. - 한 팔이 주 동작으로 막기를 하면 다른 한 팔이 힘을 더해주며 밀치거나 돌려막거나 잡으면서 반격에 활용한다.
동작의 활용 및 응용	- 상대의 얼굴 지르기나 얼굴이나 머리를 내려칠 때 두 팔목을 엇걸어 올려막는 기술이며, 엇걸어 막은 후 팔목을 돌려서 상대의 손이나 흉기를 제압할 수 있다.

주의사항

- 왼발이 앞에 나오면 왼팔이 바깥에서 교차하며, 오른발이 앞에 나오면 오른팔이 바깥에서 교차한다.
- 동작이 완성되는 지점에서 머리나 허리가 뒤로 젖혀지지 않도록 주의한다.-

3. 유단자 기본동작

3) 유단자 기본동작 공격기술
(지르기, 치기, 찌르기, 꺽기)

① 목 손날 바깥치기
② 목 아금손 앞치기(칼재비)
③ 무릎 눌러꺾기
④ 표적 지르기
⑤ 젖혀찌르기
⑥ 팔꿈치 거들어 옆치기
⑦ 아래 메주먹 표적 안치기
⑧ 바탕손 앞치기
⑨ 턱 팔꿈치 올려치기
⑩ 턱 등주먹 당겨 거들어 앞치기

⑪ 멍에치기 (=두 팔꿈치 옆치기)
⑫ 엎어찌르기
⑬ 쳇다리지르기
⑭ 얼굴 등주먹 거들어 앞치기
⑮ 금강 앞지르기
⑯ 얼굴 메주먹 표적 안치기
⑰ 올려지르기(=두 밤주먹 치지르기)
⑱ 금강 옆지르기
⑲ 두 메주먹 안치기
⑳ 목 아금손 거들어 앞치기

3) 유단자 기본동작 공격기술 (지르기, 치기, 찌르기, 꺾기)

① 목 손날 바깥치기

설 명

동작의 설명	- 손날을 몸 안에서 교차하여 바깥쪽으로 회전하며 공격하는 기술이다.
동작의 시작과 과정	- 오른손은 어깨 위에서, 왼손은 가슴 앞에서 교차하고 왼팔목과 오른등팔목으로 교차하면서 가격한다. - 몸통이 미리 앞을 향하면 회전력을 얻을 수 없으니 측면에서부터 몸을 회전하여 바깥치기 한다.
동작의 활용 및 응용	- 옆차기 차고 몸통이 안쪽으로 틀어져 있는 상태에서 상대를 공격하려고 할 때 손날 안치기 보다는 손날 바깥치기가 용이하다. - 상대가 주로 측면이나 후면에 있을 때 상대의 목을 바깥으로 친다.

주의사항

- 손날로 목을 가격하므로 목보다 높게 치지 않도록 하며 허리를 30°이상 비틀지 않아야 한다.

② 목 아금손 앞치기(칼재비)

설 명

동작의 설명	- 상대방과 정면으로 마주하고 있을 때 아금손으로 상대의 목을 앞으로 가격하는 기술이다.
동작의 시작과 과정	- 손날 아래막은 팔을 장골능 위로 힘차게 당기며 반대쪽 장골능 위에 있던 아금손은 팔꿈치가 벌어지지 않도록 하여 상대의 목을 앞으로 가격한다.
동작의 활용 및 응용	- 아금손으로 목을 치거나 조르고 턱을 내려칠 수 있다. - 한 손으로 상대의 발이나 종아리를 받치면서 무릎관절을 꺾을 수 있다.

주의사항

- 손목은 위로 또는 아래로 꺾여서는 안 되며 곧게 뻗어져야 한다.

③ 무릎 눌러꺾기

설 명

동작의 설명	- 상대방이 앞차기 시 한 손은 상대의 발목을 움켜잡아 당기며 다른 한 손은 동시에 아금손으로 무릎을 치며 눌러 꺾는 기술이다.
동작의 시작과 과정	- 발목을 잡은 손바닥은 위를 향하고 아금손으로 꺾는 손은 역시 손바닥이 위를 향하여 가슴 위로 올려 회전하며 아금손으로 내려친다.
동작의 활용 및 응용	- 무릎을 꺾는 아금손 손목은 곧게 펴져야 한다. - 발목을 잡은 손바닥과 무릎을 꺾은 팔꿈치 부위와 마주 보도록 한다.

주의사항

- 손바닥과 팔꿈치 사이는 주먹 하나 간격으로 한다.

④ 표적 지르기

설 명	
동작의 설명	- 손바닥으로 자신의 옆에 표적을 만들어 주먹으로 지르는 기술이다.
동작의 시작과 과정	- 손목을 안쪽으로 꺾어서 표적을 만들고 장골능 위 허리선에서 출발한 주먹은 팔꿈치를 펴 직선 형태로 지른다.
동작의 활용 및 응용	- 표적의 위치에 따라 허리의 회전을 통해 짧게, 또는 길게 지를 수 있다.

주의사항

- 주춤서기가 흐트러지지 않도록 중심을 잡아주며 유연한 허리 회전력을 이용하여 지른다.

⑤ 젖혀찌르기

설 명

동작의 설명	- 손바닥을 뒤집은 형태로 상대의 아랫배 등을 공격하는 기술이다.
동작의 시작과 과정	- 한 손은 상대를 잡아당기는 손등이 위로 향한 형태이며 허리 위 옆구리에서 찌르는 손 역시 손등이 위를 향하도록 한다. - 끌어당긴 손날은 어깨 앞에 붙인다.
동작의 활용 및 응용	- 손바닥을 젖혀서 손끝으로 상대의 단전, 샅을 찌른다. - 목표물의 위치에 따라 명치를 찌를 수도 있다.

주의사항

- 찌르는 손끝은 손등이 위를 향하여 허리선이 아닌 명치 높이의 옆구리에서 시작하여 젖혀 찌른다.

6 팔꿈치 거들어 옆치기

설 명

동작의 설명	- 팔꿈치로 옆에 있는 목표물을 가격할 때 다른 손바닥으로 주먹을 밀어 거들어 치는 기술이다.
동작의 시작과 과정	- 한 손은 팔꿈치를 만들고 다른 한 손바닥은 주먹을 밀어서 힘을 더욱 증가시켜 준다. - 가격하는 팔의 등팔목과 팔꿈치는 수평을 이룬다. - 팔꿈치는 명치를 가격한다.
동작의 활용 및 응용	- 체중을 실어서 치며 거드는 손은 치는 팔꿈치 쪽 가슴 앞까지 밀어준다.

주의사항

- 주춤서기의 균형이 깨져서는 안 되며 허리를 틀어서 치며 거드는 손바닥이 주먹을 잡아서는 안 된다.

⑦ 아래 메주먹 표적 안치기

설 명	
동작의 설명	- 모아서기에서 두 손은 겹쳐서 위로 올린다. (이때 숨을 들이마신다.) - 올린 팔은 서서히 원을 이루어 내리며 단전 앞에서 내려친다.
동작의 시작과 과정	- 어깨 선상에서 왼 주먹으로 전환시키면서 아래쪽 신체 가까이에서는 메주먹으로 표적을 약하게 친다. - 단전과 주먹의 간격은 주먹 하나 정도가 적당하다. - 이때의 속도는 천천히 5~8초 정도로 한다. - 팔을 아래로 내릴 때 숨을 서서히 내 쉰다.
동작의 활용 및 응용	- 허리춤이나 도복 띠를 상대에게 잡혔을 때 오른손으로 상대의 팔목을 잡고, 왼발을 뒤로 빼면서 왼 메주먹으로 상대의 팔목 안쪽을 강하게 친다.

주의사항

- 메주먹으로 칠 때 팔꿈치가 완전히 펴지지 않도록 하며 가볍게 친다.

⑧ 턱 바탕손 앞치기

설 명

동작의 설명	- 바탕손을 사용하여 앞에 있는 목표를 치는 기술이며, 주로 상대의 턱이나 명치를 공격하는 데 사용된다.
동작의 시작과 과정	- 왼팔이 가슴 앞으로 펴나가면서 오른 주먹은 허리선까지 당겨서 바탕손 으로 뻗어 턱을 친다. - 손끝을 약간 구부리어 앞을 향하도록 한다. - 손목을 등팔목 쪽으로 젖히어 바탕손으로 45° 틀어서 가격한다. - 상대의 가격 부위는 턱이다.
동작의 활용 및 응용	- 상황에 따라 늑골, 인중을 가격할 수 있다. - 두 팔을 펴서 상대를 대적할 때 상대가 공격 시 한 손으로 바깥 막으며 다른 손으로 빠르게 바탕손 앞치기 공격이 가능하다.

주의사항

- 바탕손으로 칠 때 손목이 충분히 젖혀져야 하며 바탕손 아래 부위로 가격하지 않으면 손목 부상을 입을 수 있다.

9 턱 팔꿈치 올려치기

설 명

동작의 설명	- 팔꿈치로 위쪽의 목표를 올려치는 기술로써 상대의 턱 등을 가격한다.
동작의 시작과 과정	- 보조하는 교차한 손을 명치 앞으로 뻗어주고 치는 주먹은 젖혀서 장골능 위 허리선에 붙인다. - 팔꿈치로 가격하기 위하여 허리 회전을 해야 한다. - 앞굽이 시 뒷무릎을 바르게 펴서 앞으로 밀어내는 힘을 증가시킨다. - 밑팔목이 얼굴 뺨에 오고 젖힌주먹이 귓전에 마주하도록 한다.
동작의 활용 및 응용	- 상대가 키가 크거나 높은 곳에 있을 때 아래에서 위로 팔꿈치를 올려쳐서 가격한다. 상대가 기까이 있을 때 사용이 가능하다.

주의사항

- 고개가 옆으로 기울어지지 않도록 주의한다.
- 팔꿈치가 밖으로 벌어지지 않도록 수직으로 올려 가격한다.

⑩ 턱 등주먹 당겨 거들어 앞치기

설 명

동작의 설명	- 상대가 움직이거나 도망가지 못하게 한 손으로 상대를 잡아가며 다른 손의 등주먹으로 턱을 가격하는 기술이다.
동작의 시작과 과정	- 치는 팔은 허리를 뒤로 틀며 등주먹 부분이 뒤쪽을 향하게 하여 어깨 측면에 둔다. - 앞으로 뻗은 보조 손으로 상대의 어깨나 가슴 등을 잡아당기며 주먹을 틀어 앞으로 친다. - 당긴 주먹은 손등이 위로 향하게 하여 치는 팔의 팔꿈치 밑에 두어 거든다.
동작의 활용 및 응용	- 가까이 있는 마주 선 상대의 가슴이나 어깨를 잡아 당기면서 다른 손의 등주먹으로 상대의 턱을 친다.

주의사항

- 등주먹 앞치기를 안막기 동작처럼 대각선으로 표현하면 안 된다.

⑪ 멍에치기 (=두 팔꿈치 옆치기)

설 명

동작의 설명	- 두 팔꿈치로 양옆의 목표를 동시에 가격하는 기술이다.
동작의 시작과 과정	- 가슴 앞에서 양팔의 주먹등을 위로하여 두 주먹을 몸 바깥선 쪽으로 많이 교차하여 힘차게 양쪽으로 벌리며 친다. - 주먹과 가슴 사이에는 미세한 간격을 두며 어깨가 위로 오르지 않도록 한다. - 팔꿈치는 명치선 높이이며 이동 시 시선은 이동하는 쪽을 향해 본다.
동작의 활용 및 응용	- 두 명의 상대가 양쪽에서 내 팔을 잡고 구속하려 할 때 내 두 팔을 가슴 앞에서 안쪽으로 뿌리치며 교차시켜 양쪽 팔꿈치로 양방향 상대의 명치를 가격한다.

주의사항

- 양쪽 상대의 명치를 가격하는 동작이므로 가슴을 활짝 펴고 자신의 양 팔꿈치가 상대의 명치를 가격할 수 있도록 뒤쪽으로 당겨져서는 안 된다.

⑫ 엎어찌르기

설 명

동작의 설명	- 엎은 손끝으로 상대의 명치 같은 급소를 날카롭게 찌르는 기술이다.
동작의 시작과 과정	- 십진 품새에 나오는 동작으로 오른 엎은 손끝이 왼 손목 위에 위치하고 몸의 중심선까지 엎은 손이 되도록 한다.
동작의 활용 및 응용	- 손바닥과 손등을 스치며 몸통을 찌른다. - 자신의 왼 팔목을 상대에게 잡혔을 때 오른 손바닥을 왼 팔목에 대고 힘을 보태어 왼 손목을 안쪽으로 엎는 동시에 오른손끝으로 상대의 명치를 찌른다.

주의사항

- 몸통의 회전을 이용하여 당기는 손과 찌르는 손이 교차하여 빠르게 찌른다.
- 잡힌 손목에 힘을 주어 안쪽으로 회전시켜야 손목을 쉽게 빼낼 수 있다.

⑬ 쳇다리지르기

설 명

동작의 설명	- 두 주먹을 몸통 높이의 쳇다리 모양으로 동시에 앞으로 뻗으면서 지르는 기술이다.
동작의 시작과 과정	- 장골능 위 허리선에서 작은 돌쩌귀 형태에서 명치를 향하여 지른다. - 앞굽이 시 두 팔의 위치는 뒤 주먹이 앞 팔의 팔목 정도에 위치한다. - 뒷굽이 시 두 팔의 위치는 뒤 주먹이 앞 팔의 팔뚝 정도에 위치한다. - 두 팔은 앞으로 평행을 이루며 두 주먹 간격을 띄운다.
동작의 활용 및 응용	- 두 명의 상대가 정면과 측면에서 위협할 때 메주먹 바깥치기와 지르기를 동시에 사용하여 정면과 측면의 상대를 가격한다.

주의사항

- 두 주먹 지르기 형태이지만 앞 주먹은 메주먹으로 측면의 상대를 바깥으로 치며 뒤 주먹은 정면의 상대를 지르는 방법으로도 사용되기에 균형 잡힌 뒷굽이 자세가 무너지면 안 된다.

⑭ 얼굴 등주먹 거들어 앞치기

설 명

동작의 설명	- 앞에 있는 상대의 얼굴을 가격할 때 거드는 주먹의 도움을 받아 다른 손의 등주먹으로 앞치는 기술이다.
동작의 시작과 과정	- 양손 모두 동작을 크게 하여 허리를 틀어 큰 힘을 내도록 한다. - 팔꿈치를 굽힌 채로 한 손은 뒤로 펴주고 다른 한 손은 장골능 위 허리선으로 당기며 몸 안에서 앞으로 회전하여 상대의 인중을 가격한다.
동작의 활용 및 응용	- 상대가 다소 먼 거리에 있을 때 거리를 줄이기 위해 상대에게 뛰어들어 뒤꼬아서며 얼굴을 가격한다.

주의사항

- 몸통의 회전을 이용하여 빠르고 강하게 가격한다.
- 가격 시 거드는 손의 주먹등은 아래를 향하게 한다.

⑮ 금강 앞지르기

설 명

동작의 설명	- 금강역사상의 모습에서 따와 이름 붙인 기술로 한쪽 손으로 얼굴막기를 하며 동시에 다른 손의 주먹으로 앞지르는 기술이다.
동작의 시작과 과정	- 얼굴막는 손은 명치 앞에서 회전하며 올려막고 지르는 손은 장골능 위 허리선에서 회전하며 지른다.
동작의 활용 및 응용	- 한 손으로 상대의 얼굴 공격을 올려 막는 동시에 다른 한 손으로는 앞쪽의 상대를 가격한다.

주의사항

- 서기와 얼굴막기와 지르기가 동시에 이루어져야 한다.

16 얼굴 메주먹 표적 안치기

설 명

동작의 설명	- 한쪽 손으로 표적을 만든 다음 다른 손 메주먹으로 표적을 가격하는 기술이다. 여기서 표적은 다섯 손가락을 모두 모아서 손가락을 제외한 손바닥 부위를 치는 것이다.
동작의 시작과 과정	- 오른손을 인중 높이로 올려 표적을 만들며 왼 메주먹으로 동작을 크게 하여 표적을 친다.
동작의 활용 및 응용	- 메주먹으로 옆쪽의 표적을 치는 연습을 통하여 목이나 턱을 가격할 수도 있다.

주의사항

- 몸통의 회전을 이용하여 메주먹을 안쪽으로 친다.
- 바깥팔목이나 등주먹으로 가격해서는 안 된다.

⑰ 올려지르기(=두 밤주먹 치지르기)

설 명

동작의 설명	- 젖힌 두 밤주먹을 장골능 위에서 위로 올라가며 목표물을 가격하는 기술이다.
동작의 시작과 과정	- 장골능 위 허리선에서 주먹 등이 위로 향하여 시작하고 턱을 향하여 올라오며 회전하여 가격한다.
동작의 활용 및 응용	- 턱이나 인중 등을 가격할 수 있다.

주의사항

- 가격 시 두 밤주먹이 밖으로 많이 벌어지면 안 된다.

⑱ 금강 옆지르기

설 명

동작의 설명	- 금강역사상의 모습에서 이름 붙인 기술로 한쪽 손으로는 올려막기를 하며 동시에 다른 손의 주먹으로 옆에 있는 목표물을 향해 지르는 기술이다.
동작의 시작과 과정	- 올려막는 손은 앞쪽의 허리선에서 시작하며, 지르는 주먹은 장골능 위 허리선에서 명치를 향해 지른다.
동작의 활용 및 응용	- 한 손으로 상대의 얼굴 공격을 올려 막으며 다른 한 손으로는 옆쪽의 상대를 지르기로 공격한다.

주의사항

- 옆지르기할 때 몸 밖으로 지르지 않도록 해야 하며 얼굴막기와 지르기가 일치되지 않고 분리되어서는 안 되며 서기가 완성되며 동시에 이루어져야 한다.

19 두 메주먹 안치기

설 명

동작의 설명	- 두 메주먹을 사용하여 몸의 바깥쪽에서 안쪽으로 돌려치는 기술이다.
동작의 시작과 과정	- 두손을 회전하며 벌리어 양어깨에서 주먹을 쥐어 두 메주먹을 마주보게 하여 곡선 형태로 옆구리를 친다.
동작의 활용 및 응용	- 상대가 양어깨를 잡았을 때 헤쳐 막으며 몸통이나 얼굴을 가격할 수 있다.

주의사항

- 두 손을 회전하여 벌리고 위에서 아래로 내려오며 가격한다.

20 목 아금손 거들어 앞치기

설 명

동작의 설명	- 한 손의 손등으로 팔꿈치를 받쳐 거들어 주고 다른 손의 아금손을 앞으로 뻗어 지르며 상대방의 목을 가격하는 기술이다.
동작의 시작과 과정	- 한 손은 어깨 앞에서, 다른 한 손은 장골능 위 허리선에서 시작하여 동시에 바탕손으로 눌러 막으며 아금손으로 목을 가격한다.
동작의 활용 및 응용	- 상대의 공격을 바탕손으로 누르는 동시에 다른 손의 아금손으로 목을 가격한다.

주의사항

- 상대방이 공격할 때 눌러 막는 동시에 가격한다.
- 공격하는 아금손은 손목이 꺾여서 바탕손 형태가 되어서는 안 된다.

3. 유단자 기본동작

4) 유단자 기본동작 차기)
　① 거듭 옆차기
　② 짓찧기(내려차기)
　③ 뒤돌아 옆차기
　④ 외산틀 옆차기(외산 옆차기)
　⑤ 뛰어 옆차기

4) 유단자 기본동작 차기

① 거듭 옆차기

설 명

동작의 설명	- 한쪽 발로 같은 차기 기술을 두 번 하는 기술로써 제자리에서 딛고 있는 한쪽 발을 떼지 않은 채 상대의 무릎 부위를 차고 연속 동작으로 몸통 또는 얼굴을 빠르게 가격한다.
동작의 시작과 과정	- 무릎을 접어 올리며 몸을 옆으로 틀면서 발날의 뒤쪽으로 앞에 있는 상대의 무릎을 가격한다. - 이어서 빠르게 무릎을 접어 올려 어깨와 골반, 발날을 일자 형태를 만들며 목표를 바라보며 가격한다.
동작의 활용 및 응용	- 상대의 차기 공격을 받아막기 할 수 있으며 이어 몸통 또는 얼굴을 가격 한다. - 아래차기는 상대의 시선을 흐트러지게 하는 수단이기도 하지만 무릎에 강한 충격을 줄 수도 있고 두번째 차기는 몸통 또는 얼굴을 가격하는 것이다.

주의사항

- 무릎 차기가 바닥을 차거나 돌려차기 형태로 해서는 안 된다.

② 짓찧기(내려차기)

설 명

동작의 설명	- 상대방이 움직이거나 도망가지 못하게 발로 발등을 밟거나 내려쳐 짓이기는 기술이다.
동작의 시작과 과정	- 발뒤축과 발날로 지면에 짓찧는다. - 진행 방향으로 무릎을 접어 올려서 발목과 무릎을 안쪽에서 회전시켜 짓찧는다. - 발을 들어 올릴 때 상체는 뒤로 틀어 허리의 회전력을 발휘한다.
동작의 활용 및 응용	- 자신의 발을 직각으로 내려찍는 기술과 비틀며 내려찍는 기술이 있다. - 상황에 따라 뒤축과 발날, 발바닥을 사용한다. - 상대 발등의 약한 곳인 아래쪽을 짓찧는다.

주의사항

- 발만을 사용해서는 안 되며 자신의 체중을 발에 실어서 중심을 잡아가며 짓찧기해야 한다.

③ 뒤돌아 옆차기

설 명

동작의 설명	- 상대가 자기 앞에 있을 때 몸을 뒤돌아 틀며 상대를 가격하는 기술로써 뒤돌아 틀 때 다리를 접었다 펴며 뻗어 찬다.
동작의 시작과 과정	- 앞차기 후 내딛기가 멈추면 연속 동작에 불편하므로 걷듯이 내딛는다.
동작의 활용 및 응용	- 연결차기 시 앞차기 후 앞축을 돌려 디뎌 몸의 회전을 이용하여 시선이 먼저 상대를 향하고 이어서 뒤돌아옆차기를 한다.

주의사항

- 시선이 먼저 틀어지고 뒤따라서 몸의 회전을 통해 뒤돌아 옆차기가 되어야 한다.

④ 외산틀 옆차기(외산 옆차기)

설 명

동작의 설명	- 오금서기에서 지지발의 앞축과 허리를 틀면서 왼손은 주먹을 쥐면서 어깨앞에서, 오른손도 팔꿈치 아래 허리선에서 주먹을 쥐어 교차하면서 외산막기와 동시에 천천히 옆차기를 한다.
동작의 시작과 과정	- 양손을 교차하여 무릎을 접어 올리고 무릎과 양손을 천천히 펴면서 신체의 모든 부위가 흔들림이 없도록 균형을 유지한다. - 옆차기는 메주먹 바깥치기와 수평을 이루도록 한다. - 천천히 5초 정도 수행한다.
동작의 활용 및 응용	- 오른 안팔목은 얼굴의 측면을 방어하며 왼발 옆차기로 다른 상대를 공격한다.

주의사항

- 외산막기와 옆차기를 5초 정도 천천히 할 수 있어야 한다.
- 외산막기와 옆차기는 동시에 수행되며 완성되어야 한다.

⑤ 뛰어 옆차기

설 명

동작의 설명	- 제자리에서 닿을 수 없는 높은 곳이나 멀리 떨어진 곳 또는 장애물 너머에 있는 목표물을 가격하기 위해 뛰어서 옆차는 기술이다.
동작의 시작과 과정	- 마치 공이 튀어 오르듯이 자신의 몸을 체공할 수 있도록 앞축에 힘을 증가시켜 지면에서 밀어 오르듯이 뛰어 찬다.
동작의 활용 및 응용	- 왼(오른)발이 지지발이 되어 뛰어서 오른(왼)발의 발날로 차며 뒤에 따라오는 발의 발바닥이 앞발의 무릎 안쪽 방향으로 당긴다.

주의사항

- 성급하게 높이 뛰려고만 해서는 안 되며 뛰어 차고 난 다음에 균형을 잡고 착지를 하며 다음 동작을 안정되게 해야 한다.

4. 유단자 품새

1) 고려 품새
2) 금강 품새
3) 태백 품새
4) 평원 품새
5) 십진 품새
6) 지태 품새
7) 천권 품새
8) 한수품새
9) 일여 품새

4. 유단자 품새

※ 유단자 품새 개요

품새명	품새선	의미
고려 (30 동작) 선비^사	士	고려 품새는 선배를 의미하며, 선배는 강력한 상무정신과 곧은 선비정신을 나타내고 고구려-발해-고려로 이어지는 선배(선비)의 얼을 바탕으로 품새를 엮음.
금강 (27 동작) 뫼^산	山	금강이란 더할 수 없이 강함과 무거움을 의미하며, 강함과 무거움은 한반도의 정기가 모인 영산인 금강산과 부처의 호법으로 두 신장伸張이며 무술이 가장 세다는 금강역사 가운데 더욱 용맹하고 파괴되지 않으며, 남성을 상징하는 금강을 나타내고 이 두 가지 요소가 한데 어울려 품새가 됨.
태백 (26 동작) 지을^공	工	태백은 한민족의 고대국가인 단군이 개국한 아사달(아씨땅)의 성산인 붉메(밝은 산)을 의미하며 밝은 산은 얼과 전통의 근원, 신성함을 그리고 홍익인간의 사상을 나타냄. 태백은 수없이 다른 위치와 말로 나타나 있지만, 그 가운데 대표적인 것이 민족의 태반이고 상징인 백두산이며 단군의 높은 이상을 바탕으로 품새가 생겨남.
평원 (21 동작) 한^일	一	평원은 아득한 사방으로 넓게 펼쳐진 큰 땅을 의미하며, 큰 땅은 생물의 모체로의 생명 보존과 만물의 영장인 사람으로 인한 삶의 터전을 나타내고 본디本와 쓰임에 따른 평화와 투쟁을 바탕으로 품새가 이루어짐.
십진 (28 동작) 열^십	十	십진은 십장사상에서의 십장생을 의미하며, 십장생은 해, 달, 산, 물, 돌, 소나무, 불로초 거북, 사슴, 학을 일컫는 것으로, 두 개의 천체와 세 개의 자연, 두 개의 식물과 세 개의 동물은 사람의 믿음과 희망과 사랑을 나타냄. 이를 상징하고 변화하는 품새가 십진임.
지태 (28 동작) 모음^ㅗ	ㅗ	지태는 땅 위의 사람이 하늘을 향해 두 발을 딛고 선 지상인地上人을 의미하며, 지태 품새는 사람이 삶의 터전인 땅 위에서 두 발로 차고 밟고 뛰는 삶과 싸움을 나타내고, 생존경쟁 속에 나타나는 갖가지 양상을 동작으로 엮은 것임.
천권 (26 동작) 모음^ㅜ	ㅜ	천권은 만물의 근본이며 우주 그 자체이기도 한 하늘이 갖춘 대능력을 의미하며 그 무한한 능력은 창조, 변화와 완성을 나타냄. 사람이 대능력을 무서워하고 경외하는 마음이 생겨서 으뜸가는 지상의 모양이나 뜻에는 하늘의 이름을 붙이는데, 이 품새도 그와 같음.
한수 (27 동작) 물^수	水	한수는 만물의 생명을 키워주는 근원이 되는 한물을 의미하며 한물은 생명의 탄생과 성장, 강함과 약함, 큰 포용력과 융화력 그리고 적응력을 나타냄. 한은 '하나'라는 뜻과 많다, 크다, 가운데, 같다, 가득하다, 함께, 모인다, 잠깐, 오래 등 여러 의미가 있으며 하늘이라는 뜻과 모든 것의 뿌리라는 뜻도 담겨져 있음. 이런 의미와, 부술 수도 끊을 수도 없는 물의 특성을 기술에 적용함.
일여 (23 동작) 만자^만	卍	일여는 신라의 위대한 승려, 원효대사 사상의 정수이며, 원효 사상은 마음精神과 몸物質이 하나이면서 원리는 오직 하나뿐이라는 높은 천리를 말하고, 이것은 점이나 선이나 원이 하나가 된다는 뜻을 나타냄. 태권도 수련의 완성은 모든 기법과 동작이 모양이나 운용을 다르게 배우고 행하지만, 궁극에서 합쳐지면 정신과 동작이 일체가 되며, 이 같은 깊은 무예의 진리가 깔린 품새가 일여 임.

※ **유단자 품새의 방향 기호**

품새를 시작점을 행하는 본인이 서 있는 곳이므로 "나"로 표시하고 "나"의 위치에 대해 전방을 "가"로 표시한다. 또 왼쪽 방향을 "다", 오른쪽을 "라"로 표시했다.

중심부에서 시작하는 경우 "十", "水", "卍", "一" 등이다. 이때 "나"의 위치에서 뒤 방향은 "마"로 표시했다.

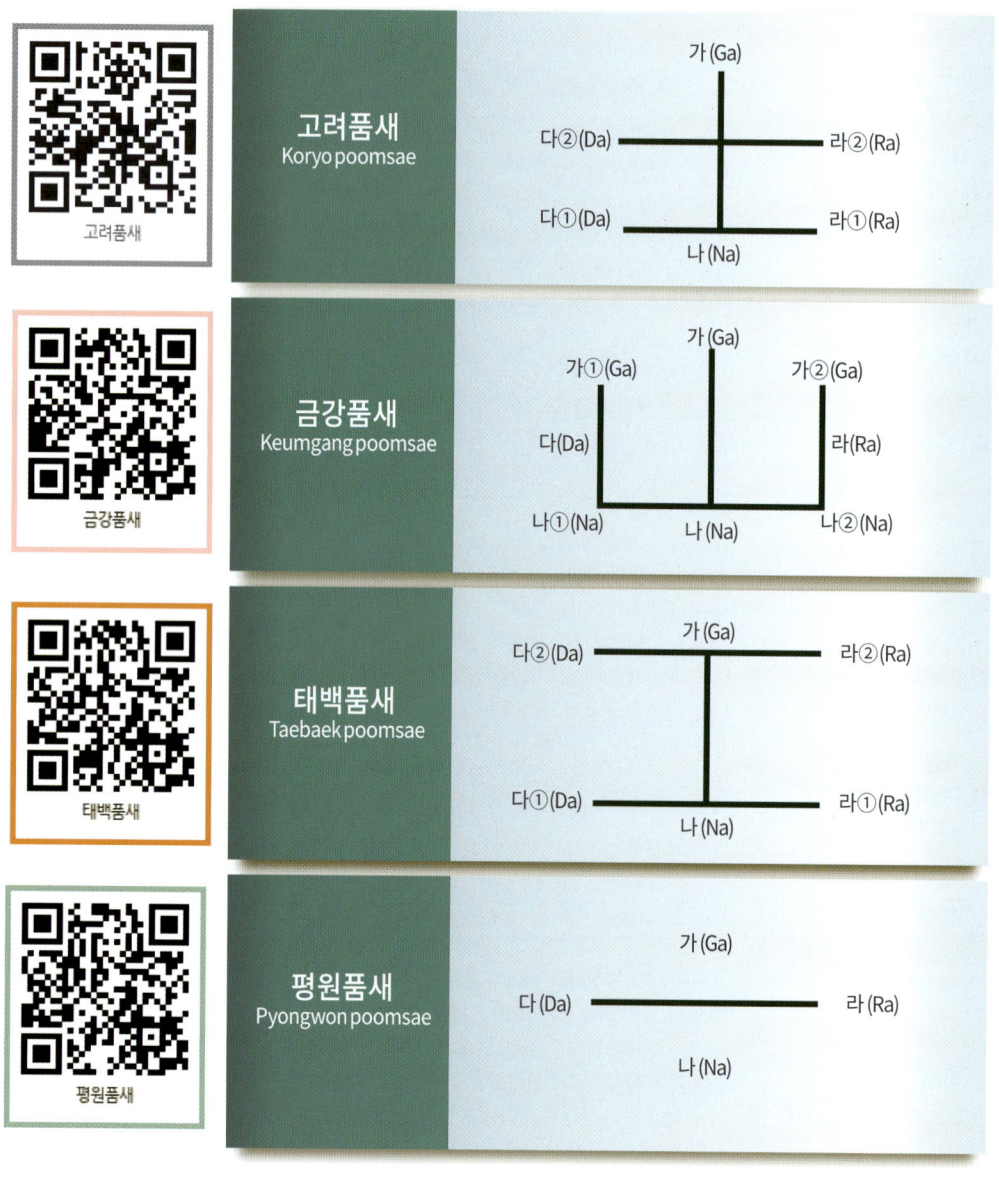

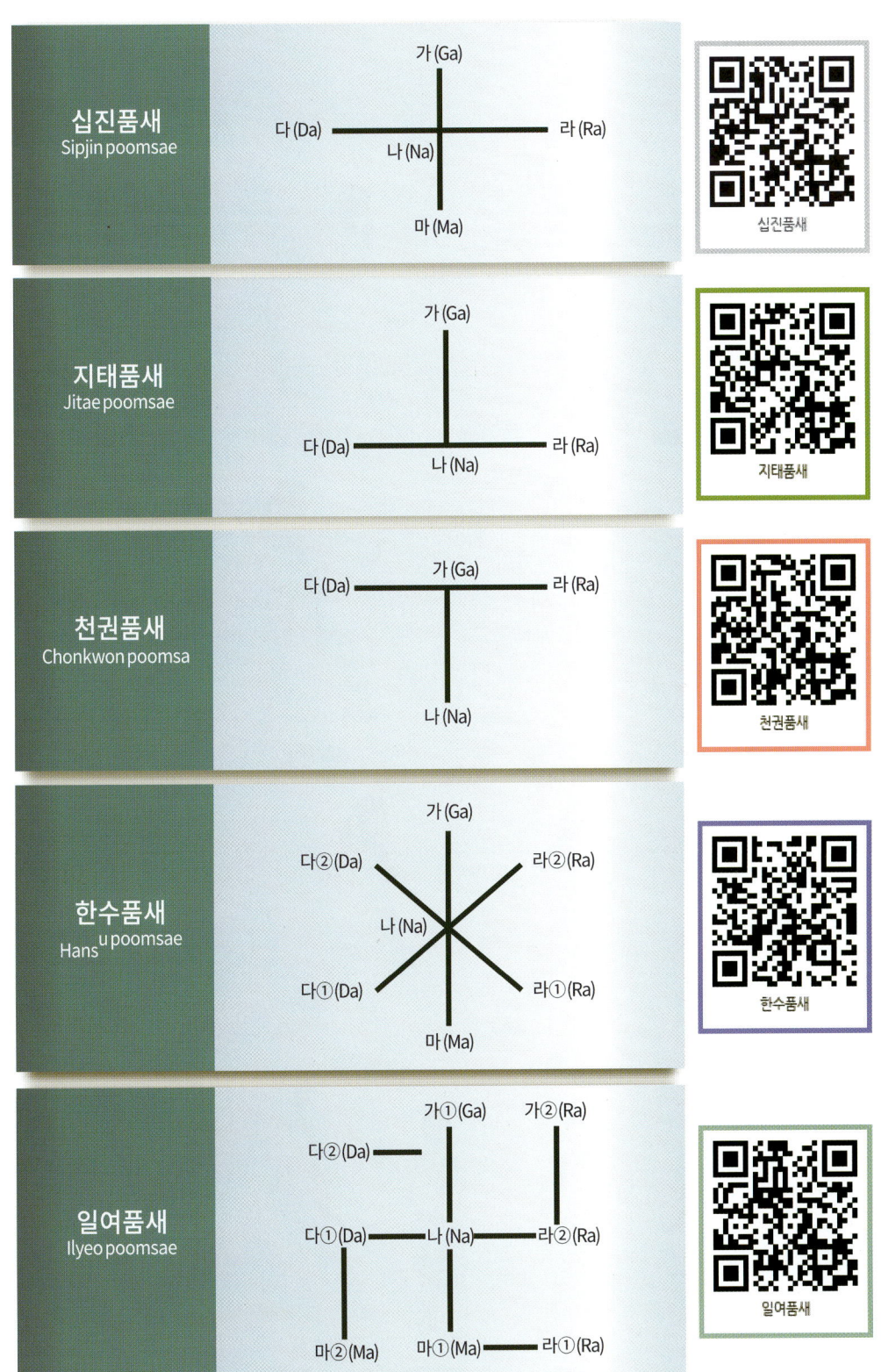

4. 유단자 품새 **299**

2) 유단자 품새
(1) 고려 품새

| 26-1 | 26-2 | 27-1 | 27-2 | 28-1 | 28-2 |
| 29-1 | 29-2 | 30 (기합) | 바로 |

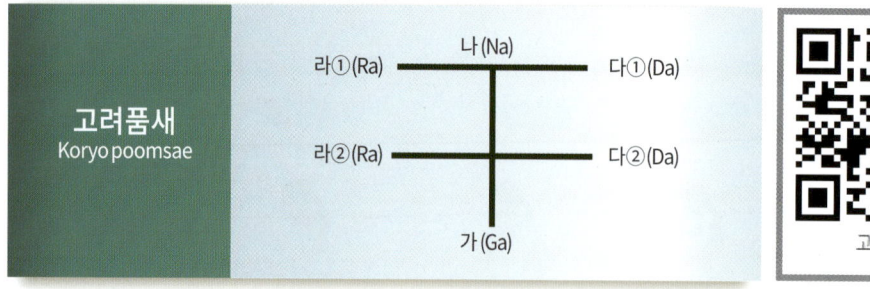

고려품새
Koryo poomsae

고려품새

(1-1) 고려 품새(선비사:士) 요약 설명

순서	위치	시선	동 작	서 기	품 명
준비	나	가		나란히서기	통밀기준비서기
1	다1	다1	왼쪽으로 왼발 내디뎌	오른뒷굽이	손날 거들어 바깥막기
2	다1	다1	오른발 거듭 옆차기하고 내디뎌	오른앞굽이	손날 바깥치기
3	다1	다1	두 발 제자리, 서기 그대로	오른앞굽이	몸통바로지르기
4	다1	다1	왼발 제자리, 오른발 약간 끌어	왼뒷굽이	몸통막기
5	라1	라1	오른쪽으로 오른발 옮겨 뒤로 돌아	왼뒷굽이	손날 거들어 바깥막기
6	라1	라1	왼발 거듭 옆차기하고 내디뎌	왼앞굽이	손날 바깥치기
7	라1	라1	두 발 제자리, 서기 그대로	왼앞굽이	몸통바로지르기
8	라1	라1	오른발 제자리, 왼발 약간 끌어	오른뒷굽이	몸통막기
9	가	가	왼쪽으로 왼발 옮겨 돌아 왼손날 아래막기	왼앞굽이	아금손 앞치기
10	가	가	오른발 앞차기 하고 내디뎌 오른손날 아래막기	오른앞굽이	아금손 앞치기
11	가	가	왼발 앞차기하고 내디뎌 왼손날 아래막기	왼앞굽이	아금손 앞치기"기합"
12	가	가	오른발 앞차기하고 내디뎌	오른앞굽이	무릎꺾기
13	나	나	왼발 내딛고 오른쪽으로 돌아	〃	안팔목 헤쳐막기
14	나	나	왼발 앞차기하고 내디뎌	왼앞굽이	무릎꺾기
15	나	나	오른발 제자리 왼발 약간 끌어	왼앞서기	안팔목 헤쳐막기
16	다2	다2	왼발축 몸 오른쪽으로 돌려 디뎌	주춤서기	손날 옆막기
17	다2	나2	두 발 제자리, 서기 그대로	주춤서기	표적지르기
18	다2	라2	오른발 앞꼬아서기로 옮겨 딛고 왼발 옆차기하고 대딛어	오른 앞굽이	편손끝 젖혀찌르기
19	다2	라2	왼발 제자리, 오른발 약간 끌어	오른앞서기	아래막기
20	라2	라2	왼발 한걸음 내디뎌 왼바탕손눌러 막기 하고 오른발 내디뎌	주춤서기	팔굽 옆치기
21	라2	라2	두 발 제자리, 서기 그대로	주춤서기	손날 옆막기
22	라2	라2	두 발 제자리, 서기 그대로	주춤서기	표적지르기
23	라2	다2	왼발 앞꼬아서기로 옮겨 딛고 오른발 옆차기하고 대딛어	왼앞굽이	편손끝 젖혀찌르기
24	라2	다2	오른발 제자리, 왼발 약간 끌어	왼앞서기	아래막기
25	라2	다2	오른발 한걸음 내딛어 오른바탕손 눌러막기하고 왼발 내디뎌	주춤서기	팔굽 옆치기
26	가	가	왼발 제자리, 오른발 끌어 모둠발	모아서기	아래 메주먹 표적 내려치기
27	나	가	오른발 제자리, 왼쪽으로 돌아 왼손날 바깥치기	왼앞굽이	손날 아래막기
28	나	가	오른발 내디뎌 오른손날 안치기	오른앞굽이	손날 아래막기
29	나	가	왼발 내디뎌 왼손날 안치기	왼앞굽이	손날 아래막기
30	나	가	오른발 내디뎌	오른앞굽이	아금손 앞치기"기합"
바로	나	가	왼쪽으로 돌아 왼발 끌어	나란히서기	통밀기준비서기

새동작 ① 거듭 옆차기

설 명

- 첫발은 상대의 다리(무릎) 부위를 찬다.
- 연속 동작으로 몸통 또는 얼굴을 빠르게 가격한다.
- 상대의 발차기 공격을 받아막기 하며 이어 몸통 또는 얼굴을 가격한다.
- 앞 상대를 가격한 후 이어서 뒤 상대를 거듭해서 옆차기로 가격한다.
- 무릎차기는 상대의 시선을 흐트러지게 하는 수단으로도 활용되며 강한 가격은 몸통이나 얼굴이다.

새동작 ② 목 손날 바깥치기

설 명

- 거듭 찬 후에 다리가 접힌 상태에서 몸은 측면 위치 상태와 왼팔목과 오른등팔목으로 교차하여야 한다.
- 미리 앞을 향하면 회전력을 얻을 수 없으니 측면에서부터 몸을 회전하여 바깥치기 한다.
- 가격 부위는 목 부위이므로 높이 가격하지 않도록 주의한다.
- 가격 부위는 5중수골(손목 부위에서 소지 기절골 부위까지)손날로 친다.

새동작 ③ 앞굽이에서 뒷굽이로 전환

설 명

- 앞굽이 상태에서 앞발을 반발 정도 발바닥을 뒤로 끌어 디디고 뒷발 뒤축을 안쪽으로 회전하여 뒷굽이를 한다.
- 만약 앞굽이가 옆으로 지나치게 벌어졌으면 불가피하게 앞발이 안으로 이동하는 경우가 있기 때문에 거듭 차고 앞굽이를 올바르게 내디뎌야 할 것이다.
- 앞발 앞축에 탄력과 허리의 회전에 의한 동시 동작으로 전환 시킨다.

새동작 ④ 아래 손날막기

설 명

- 뒷굽이 몸통막기에서 이동 시 왼 손날을 오른 어깨 부위에서 손바닥이 얼굴을 향하게 한다.
- 이때 회전하며 앞굽이 서기와 아래 손날막기를 동시에 한다. 이미 몸을 회전하여 앞굽이가 된 상태에서 아래 손날막기를 하면 회전력이 감소하기 때문에 올바른 기세가 나타나지 않는다.
- 막은 손날은 앞굽이 허벅지 위에서 한 뼘 정도의 간격을 유지 한다.

4. 유단자 품새

새동작 ⑤ 목 아금손 앞치기 (칼재비)

설 명

- 아금손(엄지와 인지 중수골절과 기절골 부위)으로 상대의 목을 가격 한다.
- 손목은 위로 또는 아래로 꺾여서는 안 되며 곧게 뻗어져야 한다.
- 아금손으로 목을 조르거나 턱을 내려칠 수 있다.

새동작 ⑥ 무릎 눌러꺾기

설 명

- 앞차기 시 두 팔이 가슴에서, 한 손은 상대 발목을 아래에서 움켜잡아 당기며 다른 한 손은 동시에 아금손으로 무릎(슬개골 아랫부위)을 치며 꺾는다.
- 이때 발목을 잡은 손바닥은 위를 향하고 아금손으로 꺾는 손도 손바닥이 위를 향하여 가슴 위로 올려 회전하며 아금손으로 내려진다.
- 무릎을 꺾는 아금손 손목은 곧게 펴져야 한다.
- 발목을 잡은 손바닥과 무릎을 꺾은 팔굽 부위와 마주 보도록 한다.

새동작 ⑦ 안팔목 헤쳐막기

설 명

- 앞굽이로 수평 회전하며 앞으로 옮겨 돌기를 한다.
- 회전력으로 이용한 안팔목 몸통헤쳐막기가 이루어져야 한다.
- 오른 앞굽이이므로 오른팔이 밖으로 교차하여 막는다.
- 오른발 축으로 왼발이 앞으로 나아갈 때 오른 등팔목과 왼 밑팔목으로 교차하며 헤쳐 막아야 한다.
- 안팔목은 몸통 바깥선까지 막고 주먹은 어깨선을 유지하도록 한다.
- 가슴에서 힘주어 멈추는 동작은 바람직하지 않다.

새동작 ⑧ 앞굽이에서 앞서기로 전환

설 명

- 왼앞굽이에서 왼앞서기로 전환하기 위한 안팔목 몸통헤쳐막기 역시 왼등팔목이 오른밑팔목과 교차하여 헤쳐막기한다.
- 동시에 왼앞굽이 앞축의 탄성력으로 무릎을 펴면서 앞발을 동시에 끌어당겨 앞서기로 전환 시킨다.

새동작 ⑨ 표적 지르기

설 명

- 표적지르기 시 주춤서기가 흐트러지지 않도록 허리 회전력이 유용하게 회전하며 지른다.
- 평상시 명치를 지르듯이 표적 손바닥을 향해 지른다.
- 세워지르기가 되지 않도록 한다.

새동작 ⑩ 작은 돌쩌귀 형태로 옆차기

설 명

- 왼발이 지지발 앞으로 나아가며 옆차기를 한다.
- 이때 무릎을 펴지 않고 지나가며 또한 주먹을 당겨서도 안 된다.
- 앞꼬아서기로 가볍게 디디며 차는 것이 바람직한 동작의 수행이다.
- 옆차기 시 작은돌쩌귀는 동시에 이루어져야 한다. (차면서 두 주먹을 끌어당긴다)
- 아래 메주먹은 장골능 위에 닿아야 하고 위의 메주먹은 아래를 향해 마주한다.

새동작 ⑪ 아래 젖혀찌르기

설 명

- 옆차기 후 앞을 바라보며 무릎은 접은 상태에서 한 손은 상대를 잡아당기는 손등이 위로 향한 형태이며 가슴에서 찌르는 손 역시 손등이 위를 향하도록 한다.
- 동시에 앞굽이로 디디면서 손등에서 손바닥으로 틀며아래를 젖혀서 찌른다. (상대의 단전을 찌른다)
- 끌어당긴 손날은 어깨 아래 부위에 붙인다.

새동작 ⑫ 바탕손 눌러막기

설 명

- 앞으로 걸어 내디디며 아래막기한 팔을 가볍게 허리 높이 정도로 올리며 어깨높이로 올린 팔은 위에서부터 아래로 몸통을 바탕 손으로 눌러 막는다.
- 허리 정도 올린 보조 팔은 자연스러운 몸의 움직임에 의한 형태이다.
- 바탕손이 신체에서 벗어나서는 안 된다.

새동작 13 팔꿈치 거들어 옆치기

설 명

- 앞으로 나아갈 때 주먹은 허리 회전에 의하여 누른 바탕손과 맞대어 내디디며 동시에 친다.
- 이때 왼손바닥은 주먹을 밀어서 힘을 더욱더 증가시켜 준다.
- 거드는 손이 주먹을 감싸 잡아서는 안 된다.
- 왼 등팔목은 팔꿈치와 수평을 이룬다.
- 팔꿈치로 명치를 가격한다.

새동작 14 아래 메주먹 표적안치기

설 명

- 주춤서기 팔꿈치 거들어옆치기에서 발을 모아오며 두손을 겹쳐서 위로 올린다.
- 올린 팔은 서서히 원을 이루며 단전 앞에서 표적 안치기 한다.
- 왼손은 어깨선상에서 주먹으로 전환시키면서 아래쪽 신체 가까이에서는 메주먹으로 표적을 살며시 친다.
- 단전과 주먹의 간격은 주먹 하나 사이가 적당하다.
- 이때의 속도는 5초가 적당하다. (수련에 따라 조절이 가능)
- 팔을 아래로 내릴 때 숨을 서서히 내 쉰다.

주요 동작 ① ① 손날 거들어 바깥막기- 오른발 거듭 옆차기 ② 목 손날 바깥치기

설 명

· 오른 뒷굽이 (몸통)손날 거들어 바깥막기에서 먼저 오른발로 아래 옆차기(무릎)을 차고 이어서 옆차기(몸통, 얼굴)를 거듭 차고 내디뎌 오른 앞굽이 목 손날 바깥치기를 한다. 거듭 옆차기 시 뒷발을 돌려차기 또는 바닥을 차지 않도록 주의한다.

주요 동작 ② ⑨ 아래 손날막고 이어서 목 아금손 앞치기

설 명

· 왼 앞굽이 손날 아래막고 이어서 오른손 (목)아금손 앞치기를 한다. 아금손(칼재비)이 바탕손 형태가 되지 않도록 주의한다.

주요 동작 ③ ⑫ 앞차기 차고 내디뎌 무릎 눌러꺾기

설 명

- 오른발 앞차기 차고 내디뎌 오른 앞굽이 아금손 무릎 눌러꺾기를 한다. 아금손이 제대로 되지 않고 손목이 꺾이면 안 된다. 그리고 당기는 손이 꺾는 팔의 팔꿈치를 지나 너무 깊게 겨드랑이로 가지 않도록 주의한다.

주요 동작 ④ ⑰-⑱ 주춤서기 (몸통)표적지르기를 하고 앞 꼬아서기로 옮겨 딛고 옆차기

설 명

- ⑰ 주춤서기 (몸통)표적지르기를 하고 이어서 ⑱ 오른발 앞꼬아서기로 옮겨 딛고 왼발 옆차기를 찰 때 지르기한 손을 당김과 동시에 옆차기를 차고 이때 당기는 손은 작은 돌쩌귀 형태를 취하게 한다. 옆차기 한 발이 바닥에 닿는 순간 왼손끝 아래 젖혀찌르기를 하고 찌른 손은 단전 높이로 하고 오른손은 상대를 잡아끄는 마음으로 왼쪽 어깨 앞으로 당긴다.

주요 동작 ⑤ ⑳ 바탕손 눌러막고 주춤서기 팔꿈치 거들어 옆치기

설 명

· 오른 앞서기 아래막기에서 왼발 한걸음 내딛으며 왼바탕손 눌러막기를 하고 이어서 팔꿈치거들어 옆치기를 한다. 눌러 막는 바탕손의 위치는 명치높이로 하고 팔꿈치 거들어옆치기도 명치높이로 한다. 눌러 막는 바탕손이 명치에서 벗어나지 않도록 주의한다.

주요 동작 ⑥ ㉘ 손날 안치고 아래 손날막기

설 명

· ㉘ 왼 앞굽이에서 왼(목)손날 안치기를 하고 이어서 왼 손날아래 막기를 한다. 두 손은 반드시 교차해야 한다. 손날은 목 높이로 몸의 중심선에 가도록 한다.

2) 금강 품새

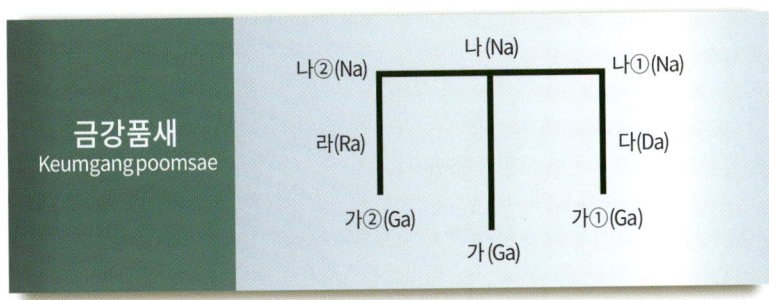

4. 유단자 품새 **315**

(2-1) 금강품새(뫼산:山) 요약 설명

순서	위치	시선	동 작	서 기	품 명
준비	나	가		나란히서기	기본준비서기
1	가	가	왼발 내디뎌	왼앞굽이	안팔목 헤쳐막기
2	가	가	오른발 내디뎌	오른앞굽이	바탕손 앞치기
3	가	가	왼발 내디뎌	왼앞굽이	바탕손 앞치기
4	가	가	오른발 내디뎌	오른앞굽이	바탕손 앞치기
5	나	가	오른발 뒤로 물러 디뎌	오른뒷굽이	왼손날 안막기
6	나	가	왼발 뒤로 물러 디뎌	왼뒷굽이	오른손날 안막기
7	나	가	오른발 뒤로 물러 디뎌	오른뒷굽이	왼손날 안막기
8	나	다	오른발 제자리, 왼발 끌어 올려	오른학다리서기	금강막기
9	다	다	왼발 내려디디며 돌려지르기	주춤서기	큰 돌쩌귀
10	다	다	몸 왼쪽으로 돌며 오른발 옮겨 딛고 이어 왼발 옮겨 디디며 돌려지르기	주춤서기	큰 돌쩌귀
11	가1	가1	오른발 들어내려 짓찧으며	주춤서기	산틀막기 "기합"
12	가1	라	몸 오른쪽으로 180° 돌아 왼발 옮겨 디뎌	주춤서기	안팔목 헤쳐막기
13	가1	라	왼발 약간 끌어 몸을 일으키며	나란히서기	아래 헤쳐막기
14	다	다	몸 오른쪽으로 180° 돌아 왼발 들어내려 짓찧으며	주춤서기	산틀막기
15	다	라	몸 오른쪽으로 돌아 오른발 끌어 올려	왼학다리서기	금강막기
16	라	나	오른발 내려디디며 돌려지르기	주춤서기	큰 돌쩌귀
17	라	나	몸 오른쪽으로 돌려 왼발을 옮겨 딛고 이어 오른발 옮겨 디디며 돌려지르기	주춤서기	큰 돌쩌귀
18	라	나	왼발 제자리, 오른발 끌어 올려	왼학다리서기	금강막기
19	라	라	오른발 내려디디며 돌려지르기	주춤서기	큰 돌쩌귀
20	라	라	몸 오른쪽으로 돌며 왼발 옮겨 딛고 이어 오른발 옮겨 디디며 돌려지르기	주춤서기	큰 돌쩌귀
21	가	가	왼발 들어내려 짓찧으며	주춤서기	산틀막기 "기합"
22	다	가	몸 왼쪽으로 180° 돌아 오른발 옮겨 디뎌	주춤서기	안팔목 헤쳐막기
23	다	가	오른발 약간 끌어 몸 일으켜	나란히서기	아래 헤쳐막기
24	라	라	몸 왼쪽으로 180° 돌아 오른발 들어내려 짓찧으며	주춤서기	산틀막기
25	나	라	몸 왼쪽으로 돌려 왼발 끌어 올려	오른학다리서기	금강막기
26	나	나	왼발 내려디디며 돌려지르기	주춤서기	큰 돌쩌귀
27	다	나	몸 왼쪽으로 돌며 오른발 옮겨 딛고 이어 왼발 옮겨 디디며 돌려지르기	주춤서기	큰 돌쩌귀
바로	가	나		나란히서기	기본준비서기

새동작 ① 얼굴 바탕손 앞치기

설 명

· 헤쳐막기에서 왼팔을 자연스럽게 펴나가면서 오른 주먹은 허리까지 당겨서 바탕손으로 뻗어 턱을 친다. 손끝을 약간 구부리어 앞을 향하도록 한다.
· 손목을 등팔목 쪽으로 젖히어 손바닥 아래쪽 부분이 돌출되도록 하여 45° 틀어서 가격한다.
· 상대의 대표적 목표 부위는 턱 측면이다.

새동작 ② 손날 안막기

설 명

· 오른 바탕손 턱치기에서 주먹을 쥐면서 허리로 당겨오며 왼 손날로 몸통막기한다.
· 왼 손날은 바깥쪽 어깨 옆에서 신체 안쪽(중심) 명치를 막는다.
· 막는 부위는 손날이다.
- 팔꿈치는 아래를 향하고 굽힌 각은 120° 정도를 유지한다.
- 손끝은 어깨선 높이의 정도이다.
- 팔꿈치가 대각선 밖으로 향하지 않도록 한다.
- 손을 높이 올려서 목치기 또는 손목이 꺾이지 않도록 한다.
· 뒤로 물러 디딜 때는 일직선으로 물러 딛는다.
- 앞발 앞축으로 밀면서 허리 회전과 동시에 물러 딛는다.
- 앞발과 뒷발이 부딪치지 않도록 앞발이 다가오면 뒷발은 뒷축을 재빠르게 회전시킨다.
- 앞발을 밖으로 돌려서 물러 딛기는 바람직하지 않다.

새동작 ③ 학다리서기 금강막기

설 명

· 학다리서기 (등척성 운동)
- 집중력, 자신감, 균형감 배양에 좋다.
- 서기의 완결판이라 할 수 있는 기본에서 완성된 서기이다.
- 주춤서기에서 한발을 무릎에 올려놓고 모든 서기를 총망라할 수 있는 특수서기라 할 수 있다.
- 제자리에서 발바꾸기와 빠른 발차기 연속발차기가 가능하다.
- 발날등을 무릎 안쪽에 붙인다.
- 전신의 긴장되고 버티는 힘보다는 지지한 발 쪽으로 편안하게 힘을 기울이도록 하면서 양 무릎은 앞을 향한다.

· 금강막기 (등장성 운동)
- 아래 옆막는 손은 반대 팔의 어깨선 앞에서, 얼굴 막는 손은 반대 팔의 팔꿈치 아래 허리선에서 시작한다.
- 두 팔은 가슴 앞에서 교차하고 아래·위로 동시에 움직이며 막는다.
- 얼굴을 올려 막는 팔은 팔꿈치보다 팔목이 높게 올라가야 하며 바깥팔목으로 인중 앞을 막으며 올라가서 이마 앞에서 멈춰야 한다.
- 아래 옆막는 팔은 허벅지 옆으로 내려 막으며 허벅지 앞선에서 한 뼘 정도의 간격을 띄운다.
- 시선은 내려 옆 막는 쪽을 향하며 천천히 하는 경우 5초 정도 수행한다.

새동작 ④ 큰돌쩌귀

설 명

- 가슴부위와 장골능 위에서(왼 큰돌쩌귀) 두팔을 반대로 회전하며 옆 돌려지르기를 한다.
- 지르기 한 주먹의 끝은 장골능 위의 주먹과 위아래로 마주 보게 한다.
- 지르는 팔과 몸통의 간격은 한 뼘 이내로 한다.
- 지르는 주먹은 가슴에 멈추는 운용보다는 회전하며 가슴을 지나치며 몸 바깥선까지 지르는 형태가 바람직하다.

새동작 ⑤ 주춤서기 앞 돌아딛기

설 명

- 오른발 들어서 180° 회전하여 옮겨 돌아 디딜 때 왼발 발가락과 나란히 이루면서 디뎌 앞축으로 회전하며 온몸을 회전시킨다.
- 이 때 이루어지는 팔의 형태는 역시 왼돌쩌귀에서 오른돌쩌귀로 전환 시킨다.
- 뒤축을 과도하게 들어 세우거나 무릎을 펴서 돌아서는 안 된다. 다시 말해 허리 수평회전으로 온몸을 옮겨야 한다.
- 앞축과 뒤축이 지면에 닿아 있지만 신체의 중심축의 기울기는 앞축으로 하는 것이 용이하다.
- 시선은 진행방향을 주시한다.

새동작 ⑥ 산틀막기(태산막기)

설 명

· 안팔목과 바깥팔목으로 동시에 막는다. (휘둘러서 쳐 막는다)
· 두 팔목은 얼굴의 인중선이며 지나치게 팔을 위로 올려서는 안 된다.
· 가슴의 팔은 바깥팔목으로 안으로 막고 장골능의 팔은 안팔목으로 안에서 밖으로 동시에 막는다.
· 두 팔을 휘두르며 어깨 위로 올릴 때 상체와 하체가 비틀어져 있다.
· 허리를 회전시켜 올린 두팔을 회전시키며 바깥과 안쪽을 동시에 막는다.

새동작 ⑦ 짓찧기

설 명

· 발 뒤축과 발날로 지면을 짓찧는다.
· 진행방향으로 무릎을 굽혀 올려서 발목의 안쪽으로 회전시켜 짓찧는다.
· 발을 들어 올릴 때 상체는 비틀어 허리의 회전을 이용한다.

주요 동작 ① ① 안팔목 헤쳐막기

설 명

· ① 준비서기에서 왼발 내디뎌 왼앞굽이 (몸통)안팔목 헤쳐막기를 한다. 양팔은 가슴 앞에서 교차하여 헤쳐막기하고 헤쳐막기의 높이는 어깨높이로 하고 몸 바깥선까지 막는다. 모든 헤쳐막기 시 움직이는 발 쪽의 손이 밖에서 교차하여 막는다.

주요 동작 ② ② 얼굴 바탕손 앞치기

설 명

· ② 오른 앞굽이 바탕손 앞치기는 장골능 위 허리선에서 시작하고 바탕손의 높이는 턱 높이이다. 손끝은 45° 정도 비틀며 바탕손 바닥을 지나치게 위로 올리지 않도록 주의한다.

4. 유단자 품새 **321**

주요 동작 ③ ⑧ 학다리서기 금강막기

설 명

- ⑧ 금강막기를 할 때 왼손은 아래막기와 오른손은 얼굴막기를 천천히 동시에 교차한다. 금강막기의 시선은 진행방향을 바라보며 동시에 끝나야 한다. 오른 학다리서기의 오른 다리의 높이는 주춤서기 높이로 하고 붙이는 왼발의 발날등을 오른 무릎 안쪽에 자연스럽게 힘을 빼고 붙인다. 왼발의 무릎은 정면을 향하도록 한다. 학다리서기를 할 때 당기는 발을 바닥에 끌지 않도록 주의해야 한다.

주요 동작 ④ ⑨ 큰돌쩌귀-앞 돌아 딛기 큰돌쩌귀

설 명

- ⑨ 주춤서기 큰돌쩌귀에서 돌려지르기 주먹의 높이는 명치높이로 하며 지르기 한 주먹의 끝은 장골능 위의 주먹과 위아래로 마주 보는 형태로 몸 바깥선까지 지른다. 돌려 지르기 하는 주먹의 팔은 가슴과 한 뼘 이내의 간격을 둔다.
- ⑩ 앞 돌아딛기 큰돌쩌귀는 주춤서기에서 높이를 변화시키지 않고 돌아야 한다. 이때 발과 발의 간격은 한발 간격으로 회전한다. 작은 돌쩌귀 형태로 돌지 않도록 주의한다.

주요 동작 ⑤   ⑪ 산틀막기(태산막기)

설 명

· 안팔목과 바깥팔목으로 동시에 휘둘러 쳐 막고 양팔목은 인중 높이에 일치한다. 발날로 짓찧는 발은 지지발의 무릎 이상 들어 올리고 허리를 이용해야 한다.
· 막는 두 주먹이 머리 위 또는 턱 아래로 지나가지 않도록 하고 등주먹치기 행위로 표현되지 않도록 주의해야 한다.

3) 태백 품새

4. 유단자 품새 **325**

(3-1) 태백 품새(지을공:工) 요약 설명

순서	위치	시선	동 작	서 기	품 명
준비	나	가		나란히서기	기본준비서기
1	다1	다1	왼쪽으로 왼발 내디뎌	왼범서기	아래손날내려헤쳐막기
2	다1	다1	오른발 앞차기하고 내디뎌	오른앞굽이	몸통두번지르기
3	라1	라1	오른쪽으로 뒤로 돌아 오른발 내디뎌	오른범서기	아래손날내려헤쳐막기
4	라1	라1	왼발 앞차기하고 내디뎌	왼앞굽이	몸통두번지르기
5	가	가	왼쪽으로 돌아 왼발 옮겨 디뎌	왼앞굽이	제비품 안치기
6	가	가	오른손목 제쳐 내며 오른발 내디뎌	오른앞굽이	몸통바로지르기
7	가	가	왼손목 제쳐 내며 오른발 내디뎌	왼앞굽이	몸통바로지르기
8	가	가	오른손목 제쳐 내며 오른발 내디뎌	오른앞굽이	몸통바로지르기 "기합"
9	라2	라2	왼쪽으로 돌아 왼발 옮겨 내디뎌	오른뒷굽이	금강 몸통막기
10	라2	라2	두 발 제자리, 서기 그대로	오른뒷굽이	턱 당겨지르기
11	라2	라2	두 발 제자리, 서기 그대로	오른뒷굽이	몸통지르기
12	라2	라2	오른발 제자리, 왼발 끌어 올려	오른학다리서기	작은 돌쩌귀
13	라2	라2	왼발 옆차기하고 내디뎌	왼앞굽이	팔굽 표적치기
14	다2	다2	왼발 끌어 모둠발 이어 오른발 내디뎌	왼뒷굽이	금강 몸통막기
15	다2	다2	두 발 제자리, 서기 그대로	왼뒷굽이	턱 당겨지르기
16	다2	다2	두 발 제자리, 서기 그대로	왼뒷굽이	몸통지르기
17	다2	다2	왼발 제자리, 오른발 끌어 올려	왼학다리서기	작은 돌쩌귀
18	다2	다2	오른발 옆차기하고 내디뎌	오른앞굽이	팔굽 표적치기
19	가	나	오른발 끌어 모둠발 이어 왼발 내디뎌	오른뒷굽이	손날 거들어 바깥막기
20	나	나	왼손 눌러막기 하며 오른발 내디뎌	오른앞굽이	편손끝 거들어 세워찌르기
21	나	나	몸 왼쪽으로 돌아 밑으로 빼기 하고 왼발 내디뎌	오른뒷굽이	등주먹 바깥치기
22	나	나	오른발 내디뎌	오른앞굽이	몸통반대지르기 "기합"
23	다1	다1	왼쪽으로 돌아 왼발 옮겨 내디뎌	왼앞굽이	가위막기
24	다1	다1	오른발 앞차기 하고 내디뎌	오른앞굽이	몸통두번지르기
25	라1	라1	오른쪽으로 뒤로 돌아 오른발 내디뎌	오른앞굽이	가위막기
26	라1	라1	왼발 앞차기하고 내디뎌	왼앞굽이	몸통두번지르기
바로	나	가	왼쪽으로 왼발 끌어들여	나란히서기	기본준비서기

새동작 ① 아래 손날헤쳐막기

설 명

- 왼범서기 시 두 팔을 가슴 앞에서 교차한다.
- 왼손등, 왼 팔목이 바깥을 향한다.
- 두 손목을 회전하여 아래로 헤쳐 막는다.
- 몸통에서 교차하는 동시에 손목을 회전하며 헤쳐 막는다.
- 아래에서 헤친 손날은 뒷다리 오른 대퇴부와 수평을 이룬다.
- 손등은 측면을 향한다. 손등이 앞을 향하지 않도록 한다.
- 두팔과 뒷다리로 상체를 수직을 이루어 균형을 유지하도록 한다.

새동작 ② 제쳐내고 지르기

설 명

- 상대의 팔을 안에서 밖으로 쳐내는 손기술이다.
- 바탕손을 아래로 회전시키어 밖으로 제쳐 낸다.

새동작 ③ 안팔목 금강 바깥막기

> **설 명**

- 오른발 앞축의 회전으로 동시에 서기와 막기가 이루어져야 한다.
- 온몸의 회전력에 의한 왼발의 딛기가 불 안정할 수 있으므로 주의해야 하며 허리가 멈춘 상태에서 금강 몸통막기는 바람직하지 않다.

새동작 ④ 밑으로 빼고 뒤돌아서 얼굴 등주먹 바깥치기

> **설 명**

- 오른 앞굽이 상태로 시선은 앞을 주시하며 뒷발을 왼쪽으로 옮겨 디디며 손목을 뺀다.
- 여기서 손목 빼기는 아래로 빼기 위한 수단이므로 손목을 회전하여 엄지 쪽으로 젖혀야만 용이하다.
- 발을 옮기며 회전할 때 오른 무릎을 굽힌 상태로 온몸이 돌아야 한다.

주요 동작 ① ① 아래 손날 헤쳐막기

설 명

- ① 왼 범서기 아래 손날 헤쳐막기에서 두 손날은 가슴 앞에서 교차되는 동시에 손목을 회전하며 헤쳐 막는다. 두 손날은 앞뒤 허벅지를 벗어나지 않도록 주의해야 한다.

주요 동작 ② ⑤ 손목 제쳐 내며 지르기

설 명

- ⑤ 왼 앞굽이 제비품안치기에서 오른 손목을 회전하여 손바닥으로 제쳐 내며 상대방의 손목을 잡아당기며 (몸통)지르기를 이어서 한다. 제쳐내는 팔의 팔꿈치가 축이 되어야 하며 손목만 사용하지 않도록 주의해야 한다.

주요 동작 ③ ⑨ 안팔목 금강 바깥막기→⑬ (몸통) 팔꿈치 표적앞치기

설 명

- ⑨ 오른 뒷굽이 안팔목 금강 바깥막기는 올려막기와 안팔목 (몸통)바깥막기 동작이 동시에 이루어져야 하고 두 주먹은 몸의 중심선을 지나서 막기를 한다.
- ⑪ 턱당겨지르기 시 주먹의 높이는 가슴 높이에서 시작하고 턱 높이까지 지른다. 당기는 주먹은 어깨높이로 당긴다.
- ⑫ 오른 뒷굽이 (몸통)지르기의 시작은 장골능 위에서 시작하고 명치 높이로 지른다.
- ⑬ 옆차고 왼 앞굽이 (몸통) 팔꿈치 표적앞치기의 옆차기와 왼팔은 메주먹치기 형태로 동시에 뻗어주고 다른 주먹은 장골능 위에 붙인다.
- 옆차기 시 한 손이 장골능 위 아래로 내려와서는 안 된다.
- 팔꿈치 표적앞치기는 허리를 틀어서 명치를 가격한다.

주요 동작 ④ ㉑ 잡힌 손목 밑으로 빼기 얼굴 등주먹 바깥치기

설 명

- 오른 앞굽이(몸통) 편손끝세워찌르기에서 몸을 왼쪽으로 돌려 옮겨 딛고 왼 앞굽이에서 오른손은 밑으로 빼기를 하고 시선은 그대로 둔다. 이어서 몸을 왼쪽으로 왼발 옮겨 디디며 오른 뒷굽이 얼굴 등주먹 바깥치기를 하며 양손을 교차해서 관자놀이를 친다. 잡힌 손목 밑으로 빼고 얼굴 등주먹 바깥치기를 연결하여 빠르게 한다. 등주먹 바깥치기 형태가 아닌 막기 형태가 되지 않도록 주의 해야 한다.

4. 유단자 품새 **331**

4) 평원 품새

14-1　14-2　14-3　15　16

17-1 기합　17-2　18　19　20-1

20-2　21-1　21-2　바로

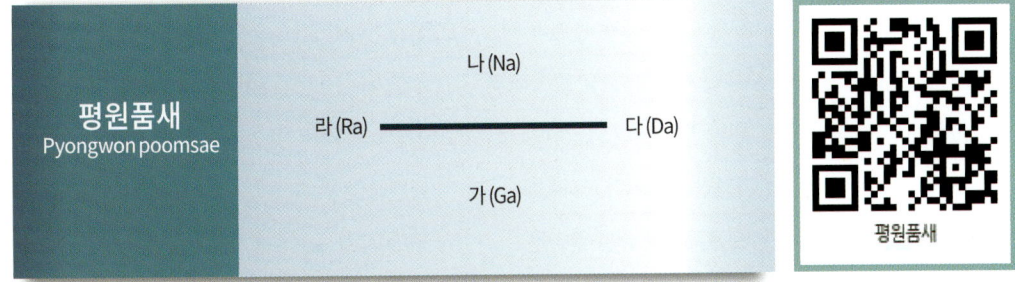

평원품새
Pyongwon poomsae

나 (Na)

라 (Ra) ——————— 다 (Da)

가 (Ga)

평원품새

4. 유단자 품새 **333**

(4-1) 평원 품새(한일:一) 요약 설명

순서	위치	시선	동 작	서 기	품 명
준비	나	가		모아서기	겹손준비서기
1	다	가	왼쪽으로 왼발 내디뎌	나란히서기	아래손날헤쳐막기
2	다	가	두 발 제자리, 서기 그대로	나란히서기	통밀기
3	라	라	오른쪽으로 오른발 내디뎌	왼뒷굽이	손날 아래막기
4	라	다	두 발 제자리, 몸 왼쪽으로 돌아	오른뒷굽이	손날 바깥막기
5	다	다	왼발 약간 앞으로 내밀어	왼앞굽이	팔굽 올려치기
6	다	다	오른발 앞차기하고 내딛고 이어 왼발 뒤돌아 옆차기하고 내디뎌	왼뒷굽이	손날 거들어 바깥막기
7	라	라	두 발 제자리, 서기 그대로	왼뒷굽이	아래 손날 거들어 막기
8	나	가	왼발 제자리 오른발 옮겨 디뎌	주춤서기	얼굴 안팔목 거들어 옆막기
9	다	가	오른발 들어 짓찧으며	주춤서기	등주먹 당겨 거들어 앞치기 "기합"이어 등주먹 당겨 거들어 앞치기
10	나	라	왼발 오른쪽으로 옮겨 디뎌	왼앞꼬아서기	멍에치기
11	라	라	왼발 제자리, 오른발 옮겨 디뎌	주춤서기	안팔목 헤쳐 산틀막기
12	나	라	오른발 끌어 올려 금강옆막기	왼학다리서기	작은 돌쩌귀
13	라	라	오른발 옆차기하고 내디뎌	오른앞굽이	팔굽 올려치기
14	라	라	왼발 앞차기하고 내딛고 이어 오른발 뒤돌아 옆차고 내디뎌	오른뒷굽이	손날 거들어 바깥막기
15	나	다	두 발 제자리, 서기 그대로	오른뒷굽이	아래 손날 거들어 막기
16	나	다	오른발 제자리 왼발 옮겨 디뎌	주춤서기	얼굴 안팔목 거들어 옆막기
17	나	가	왼발 들어 짓찧으며	주춤서기	등주먹 당겨 거들어앞치기 "기합"이어 등주먹 당겨 거들어 앞치기
18	나	다	오른발 왼쪽으로 옮겨 디뎌	오른앞꼬아서기	멍에치기
19	나	다	오른발 제자리, 왼발 옮겨 디뎌	주춤서기	안팔목 헤쳐 산틀막기
20	나	다	왼발 끌어 올려 금강옆막기	오른학다리서기	작은 돌쩌귀
21	나	다	왼발 옆차기하고 내디뎌	왼앞굽이	팔굽 표적치기
바로	나	가	오른쪽으로 왼발 끌어들여	모아서기	겹손준비서기

새동작 ① 턱 팔꿈치 올려치기

설 명

- 팔꿈치를 굽혀서 상대의 턱을 가격한다.
  - 밑팔목이 얼굴 뺨에, 젖힌주먹이 귓전에 마주하도록 한다.
- 팔꿈치로 가격하기 때문에 허리 회전이 많이 되어야 한다.
  - 오른 뒷무릎을 빠르게 펴서 앞으로 밀어내는 힘을 증가시킨다.
  - 고개가 옆으로 기울어지지 않도록 주의한다.

새동작 ② 앞차고 뒤돌아 옆차기

설 명

- 뒤돌아옆차기를 이어서 찰 수 있도록 앞차기 후 앞축을 돌려 디뎌 몸을 용이하게 회전할 수 있도록 한다.
- 앞차기 후 내딛기가 멈추면 연속동작에 불편하므로 자연스럽게 걷듯이 내딛는다.

4. 유단자 품새

새동작 ③ 아래 손날 거들어막기

설 명

- 허리 수평 회전을 하며 얼굴까지 올려서 휘둘러서 내려 막는다. (무릎을 폈다 구부려서는 안 된다)
- 한 손날로 거들고 한 손날로 내려 막는다.

새동작 ④ 얼굴 안팔목 거들어옆막기

설 명

- 아래 손날 거들어막기에서 큰 동작으로 강하게 막기 위하여 두 팔을 뒤로 자연스럽게 당기어 주춤서기로 동시에 전환하여 거들어 얼굴옆막기 한다.
- 나란히 서기로 전환되는 발만 지면에서 움직인다. 발을 들어서 안으로 모았다가 밖으로 넓혀 서서는 안 된다.
- 안팔목은 인중선 높이로 막는다.
- 거들은 등팔목은 가슴 높이에서 거든다.

| 새동작 ⑤ | 턱 등주먹 당겨 거들어앞치기 |

| 설 명 |

· 상대를 왼손으로 멱살 또는 머리를 잡고 오른발은 왼 무릎 안쪽에 발날등을 붙인다. 이때 어깨 옆에서는 오른등주먹을 취하며 허리 회전은 뒤로하고 있다.
- 연동하는 형태가 이루어져야 한다.
- 이어서 칠 때는 주먹을 쥔 상태에서 친다.
· 등주먹은 어깨선부터 회전하며 등주먹이 앞으로 턱을 치도록 해야 한다. (몸통막기 같은 동작은 바람직하지 않다.)
· 잡아 당겨칠 때 짓찧기 하며 힘의 기세를 크게 높인다.

| 새동작 ⑥ | 멍에치기 |

| 설 명 |

· 거들어 등주먹 앞치기에서 왼 밑팔목을 오른등팔목에 엎어서 양옆으로 두 팔꿈치로 친다.
- 어깨가 위로 오르지 않도록 주의하며 팔꿈치는 명치선을 유지한다.

새동작 ⑦ 헤쳐 산틀막기 (헤쳐 태산막기)

설 명

· 두 팔목을 단전에서부터 위로 헤치며 막는다.
- 가슴에서 멈추지 않는 두 팔의 회전력을 극대화한다.

주요 동작 ① ⑤ 턱 팔꿈치 올려치기 → ⑥ 앞차고 뒤돌아옆차기 이어서 손날 거들어 바깥막기

설 명

- ⑤ 왼 앞굽이 오른 팔꿈치 올려치기의 주먹의 안쪽이 귀 옆에 위치하고 팔꿈치는 턱 높이로 한다.
- ⑥ 오른발 앞차기 차고 이어서 앞축을 내려 돌려 디뎌 회전하면서 뒤돌아 옆차기를 차고 손날거들어 바깥막기를 한다. 뒤돌아 옆차기를 뒤차기로 차지 않도록 주의해야 한다.

주요 동작 ② ⑧ 얼굴 안팔목 거들어 옆막기

설 명

- 왼 뒷굽이 아래 손날 거들어막기에서 전환되는 오른발만 지면에서 움직인다. 발을 들어서 오므렸다가 밖으로 펴서는 안 된다. 얼굴 옆 막는 손의 팔목은 인중 높이로 하고 거들어주는 팔의 높이는 가슴 높이로 한다.

4. 유단자 품새 **339**

주요 동작 ③   ⑨ 턱 등주먹 당겨 거들어앞치기

설 명

· 왼팔은 편상태에서 어깨높이로 하고 등주먹 앞치기 주먹은 어깨 위에서 시작하여 등주먹치기는 인중 높이로 친다. 주춤서기에서 오른발을 들어 왼 무릎 내측면에 발날등을 가볍게 붙이고 짖찧어 구르며 주춤서기를 한다. 발을 두 번 다 구르지 않도록 주의해야 한다.

주요 동작 ④   멍에치기

설 명

· 주춤서기에서 왼발을 옮겨 앞꼬아서기 멍에치기를 할 때 옮겨 딛는 발에 중심을 두고 두 무릎을 구부린다. 양 팔꿈치는 명치선에서 직선으로 치고 두 주먹은 가슴에 위치한다. 팔꿈치가 어깨선 이상으로 올라가거나 뒤로 나가지 않도록 주의해야 한다.

주요 동작 ⑤ ⑫ 학다리서기 금강막기

설 명

· 학다리서기를 하면서 금강막기와 작은돌쩌귀를 빠르게 진행해야 한다.
- 금강막기를 천천히 하지 않도록 주의해야 한다.

5) 십진 품새

| 13-2 | 13-3 | 14 | 15 | 16 | 17 | 18 |

| 19 | 20 | 21-1 | 21-2 | 22-1 | 22-2 | 23-1 |

기합

| 23-2 | 24 | 25 | 26 | 27 | 28 | 바로 |

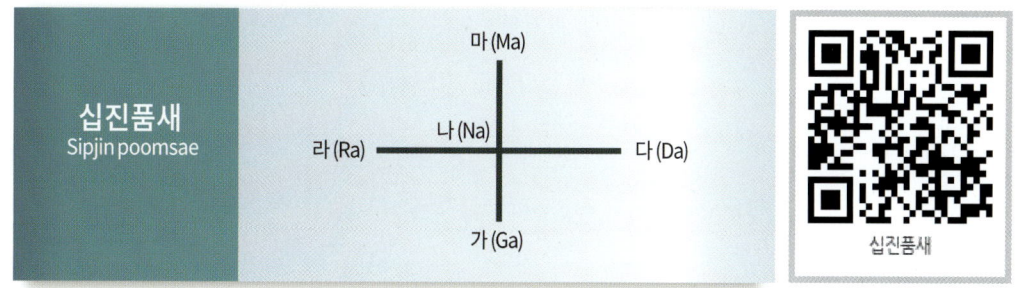

십진품새
Sipjin poomsae

마 (Ma)
라 (Ra) 나 (Na) 다 (Da)
가 (Ga)

십진품새

(5-1) 십진 품새(일십:十) 요약 설명

순서	위치	시선	동 작	서 기	품 명
준비	나	가		나란히서기	기본준비서기
1	나	가	두 주먹 끌어 올려	나란히서기	황소막기
2	다	다	두 주먹 약간 벌리면서 왼발 내디뎌	오른뒷굽이	안팔목 손바닥 거들어 바깥막기
3	다	다	왼발 약간 밀어 내디뎌 오른 편손끝 엎어 찌르기	왼앞굽이	몸통두번지르기
4	다	다	오른발 내디뎌(몸 정면 "마" 방향)	주춤서기	안팔목 헤쳐 산틀막기
5	다	다	왼발 앞꼬아서기로 옮겨 딛고 이어서 오른발 옮겨 디뎌	주춤서기	옆지르기 "기합"
6	나	라	왼발축으로 왼쪽으로 오른발 옮겨 내디뎌 (몸 정면"가"방향)	주춤서기	멍에치기
7	나	라	왼발 끌어 모둠발로 서고 이어 오른발 다시 내디뎌	왼뒷굽이	안팔목 손바닥 거들어 바깥막기
8	라	라	오른발 약간 밀어 내디뎌 왼 편손끝 엎어 찌르기	오른앞굽이	몸통두번지르기
9	라	라	왼발 내디뎌(몸 정면 "마" 방향)	주춤서기	안팔목 헤쳐 산틀막기
10	라	라	오른발 앞꼬아서기로 옮겨 딛고 이어 왼발 옮겨 디뎌	주춤서기	옆지르기 "기합"
11	나	다	오른발 축으로 오른쪽으로 왼발 내디뎌	주춤서기	멍에치기
12	나	마	왼발 축으로 오른쪽으로 돌아 오른발 옮겨 내디뎌	왼뒷굽이	안팔목 손바닥 거들어 바깥막기
13	마	마	오른발 약간 밀어 내디뎌 왼 편손끝 엎어 찌르기	오른앞굽이	몸통두번지르기
14	마	마	왼발 앞으로 내디뎌	오른뒷굽이	손날 거들어 아래막기
15	마	마	오른발 앞으로 내디뎌	오른앞굽이	바위밀기
16	마	라	왼발 제자리, 오른발 약간 끌어들여	주춤서기	손날등 헤쳐막기
17	마	라	두 발 제자리 서기 그대로	주춤서기	손날 헤쳐 아래막기
18	마	라	두 발 제자리 서기 그대로	주춤서기	헤쳐 아래막기
19	나	가	오른발 축으로 왼발 약간 내디뎌	왼앞굽이	끌어올리기
20	나	가	두 발 제자리, 서기 그대로	왼앞굽이	바위밀기
21	나	가	오른발 앞차기 하고 내디뎌	오른앞굽이	쳇다리지르기
22	가	가	왼발 앞차기 하고 내디뎌	왼앞굽이	〃
23	가	가	오른발 앞차기 하고 내디뎌 짓찧어	왼뒤꼬아서기	등주먹 거들어 앞치기 "기합"
24	나	라	오른발 제자리 왼쪽으로 돌아 왼발 내디뎌	왼앞굽이	바위밀기
25	나	나	오른발 제자리, 왼발 끌어 들여	왼범서기	손날 엇걸어막기
26	나	나	오른발 앞으로 내디뎌	왼뒷굽이	손날등 거들어 바깥막기
27	나	가	왼발 앞으로 내디뎌	오른뒷굽이	쳇다리지르기
28	마	마	오른발 앞으로 내디뎌	왼뒷굽이	쳇다리지르기
바로	나	가	왼쪽으로 돌아 오른발 끌어 들여	나란히서기	기본준비서기

새동작 ① 황소막기

설 명

- 기본준비서기(단전)에서부터 밑팔목을 위로 향하게 회전시키며 이어서 바른주먹이 위로 오르며 몸통 부위에서 두 팔목을 회전하며 얼굴 위로 치켜 올린다.
- 높이와 간격은 얼굴막기와 비슷하다. 다만 두 바깥팔목으로 얼굴막기와 머리 위를 막을 수 있다.
- 두 주먹의 간격은 한주먹 사이이다.

새동작 ② 안팔목 손바닥 거들어 바깥막기

설 명

- 두 주먹을 얼굴폭 너비로 벌려준다.
- 두 팔은 몸통선상 뒤에서부터 한주먹과 손바닥이 나란히 붙는다.
- 안팔목 바깥막기에 손바닥으로 힘을 보태어 준다.
- 가운데 손가락을 중심으로하여 바깥팔목에 붙여 단단함을 유지 한다. (막는 안팔목에 손바닥으로 힘을 보태어 막는 팔목을 단단하고 견고하게 유지시킨다.)

4. 유단자 품새 **345**

새동작 ③ 엎어찌르기

설 명

· 검지손가락부터 차례로 펴면서 손목을 회전시키어 몸의 중심선까지 엎은 손이 되도록 한다.
· 손바닥과 손등을 스치며 몸통을 찌른다.
  - 손가락을 펴면서 찌르기에 이르기까지는 5초 정도가 적합하다.

새동작 ④ 멍에치기

설 명

· 옆지르기를 한 팔이 위로 오고 장골능에서 나온 팔은 아래에서 교차하여 양쪽으로 팔꿈치 치기를 한다.
· 옆지르기 한 주먹은 가슴까지 곡선을 이루어 팔꿈치를 굽힌다.
  - 가슴 앞에서 굽혀 멈추지 않는다.

새동작 ⑤ 바위밀기

설명

- 밀기는 앞으로 미는 것이다. 다만 허리의 방향이 어떻게 비틀어지는가에 따라서 측면으로 이동될 수 있다.
- 두 손을 펴서 허리에서부터 힘을 모아 허리와 함께 앞으로 밀어내는 것이다.
- 손의 간격은 주먹 하나 사이로 자신의 이마 앞과 일치하도록 한다.
- 발과 손은 구분되어서는 안 된다. 다시 말해 동시에 발을 내딛는 동시에 두 손은 장골능 위에서부터 밀어내어야 한다.

새동작 ⑥ 손날등 헤쳐막기

설명

- 오른 앞굽이 상태에서 먼저 왼 뒷무릎을 구부리면서 오른 앞발을 끌어와 주춤서기로 전환 시킨다.
- 이때 두 손은 가볍게 가슴에서 교차하여 손날등으로 헤쳐 막는다.
 - 가슴 앞에서 힘을 주면서 교차하는 방법은 힘의 손실을 가져온다.

새동작 ⑦ 끌어 올리기 (안팔목 올려막기)

설 명

· 주춤서기 무릎 펴고 나서 오른발 앞축과 허리 회전에 의해 재빠른 동작으로 앞굽이로 전환한다. 이때 왼 앞발을 지면에서 앞으로 밀듯이 내딛는다. (앞축을 들어 올리지 않는다)
· 오른팔은 왼팔을 기세 있게 끌어올리기 위한 도움을 줄 수 있도록 한다.
- 오른팔을 앞으로 폈다가 장골능으로 끌어당겨 힘을 증가시킨다.

새동작 ⑧ 쳇다리지르기 - 앞차기 - 쳇다리 지르기

설 명

· 앞굽이에서의 두 팔의 위치는 뒤 주먹이 앞팔의 팔목 정도에 위치한다.
· 뒷굽이에서는 두 팔의 위치는 뒤 주먹이 앞팔의 팔꿈치 아래 팔뚝 정도에 위치한다.
· 두 팔은 앞으로 수평을 이루며 일직선이 되도록 한다.

새동작 ⑨ 턱 등주먹 거들어 앞치기

설 명
· 상대의 발등을 짓찧으면서 등주먹 치고 이어서 거든 손으로 다음 상황을 준비한다.

새동작 ⑩ 아래 손날 엇걸어 막기

설 명
· 두 손과 앞발을 끌어오면서 두 손은 엇걸어서 장골능 위의 옆구리에서 범서기로 엇걸어 막는다. 이때 왼 안팔목과 오른 바깥팔목 부위로 엇걸어야 한다. (손목으로 엇걸어서는 안 된다.)

새동작 ⑪ 손날등 거들어 바깥막기

설 명

· 몸통 뒤에서 왼 손바닥은 위를 향하고 오른손등도 위를 향하면서 오른손등은 안에서 밖으로 막고 왼 바탕손은 젖힌 상태에서 엎어서 눌러 막듯이 거든다.

주요 동작 ① ① 황소막기

설 명

· 기본 준비서기에서 두 주먹을 단전에서부터 밑팔목을 위로 향하게 회전시키며 머리끝 위 높이로 막고 두 주먹 사이 간격은 주먹 하나이고 시선은 정면을 본다. 이어서 두 주먹을 양옆으로 한 뼘 정도 벌린다. 황소막기를 할 때 팔꿈치가 먼저 들리지 않도록 주의해야 한다.

주요 동작 ② ② 안 팔목 손바닥 거들어 바깥막기-③ 편손끝 엎어 찌르기 - 몸통 두 번 지르기

설 명

- 막는 손과 거드는 손은 몸통 높이에서 시작하고 손바닥(몸통) 거들어 바깥막기와 동일하게 한다. 왼 바깥팔목에 오른손 가운뎃손가락을 중심으로 하여 붙여서 막는 데 힘을 보태준다. 왼 주먹을 서서히 펴주면서 안으로 돌리고 거든 손끝이 돌리는 손의 손등이 수평이 됐을 때 손끝을 찌른다. 거들어 주는 두 손의 회전이 일치하도록 한다. 편손끝 엎어 찌르기를 빠르게 찌르고 이어서 두 번 지르기를 빠르게 한다. 거드는 손끝이 바깥팔목을 벗어나지 않도록 주의해야 한다.

주요 동작 ③　⑮ 바위밀기

> 설　명

- 오른 앞굽이에서 두 손을 오른쪽 장골능 위에서 시작하고 두 손바닥은 전면을 향하게 하고 허리에서부터 힘을 모아 허리와 함께 앞으로 밀어 얼굴 위까지 밀어 올리며 이때 자연스럽게 손목은 젖혀지고 팔꿈치는 약간 구부린다. 바위밀기를 할 때 팔이 몸통에서 떨어져 옆으로 밀지 않도록 주의해야 한다.

주요 동작 ④　㉑ 오른발 앞차기 이어서 쳇다리 지르기

> 설　명

- 두 주먹을 왼쪽(장골능)허리에 잡아당겨 작은 돌쩌귀를 하는 동시에 앞차기를 하고 이어서 쳇다리 지르기를 한다. 두 팔꿈치는 펴서 지르고 두 주먹의 높이는 같게 하고 두 주먹의 간격은 두 주먹 정도이며 뒷주먹의 위치는 반대팔의 팔목 정도에 위치한다. 쳇다리 지르기에서 두주먹의 높이와 간격에 주의해야 한다.

주요 동작 ⑤ ㉓ 오른발 앞차고 왼 뒤꼬아서기 얼굴 등주먹 거들어 앞치기

설 명

· 오른발 앞차기 하고 내려 짓찌며 디뎌 왼 뒤꼬아서기에서 등주먹 거들어 앞치기를 할 때 등주먹 앞치기의 높이는 인중 높이, 거들어주는 손의 팔목은 명치 앞에 두며 주먹등은 아래 방향으로 한다. 짓찧기와 옮겨 딛기는 이어서 하고 발날은 45° 향하게 한다. 앞차고 왼 뒤꼬아서기를 할 때 위로 뛰어서 짓찧지 않도록 주의해야 한다.

6) 지태 품새

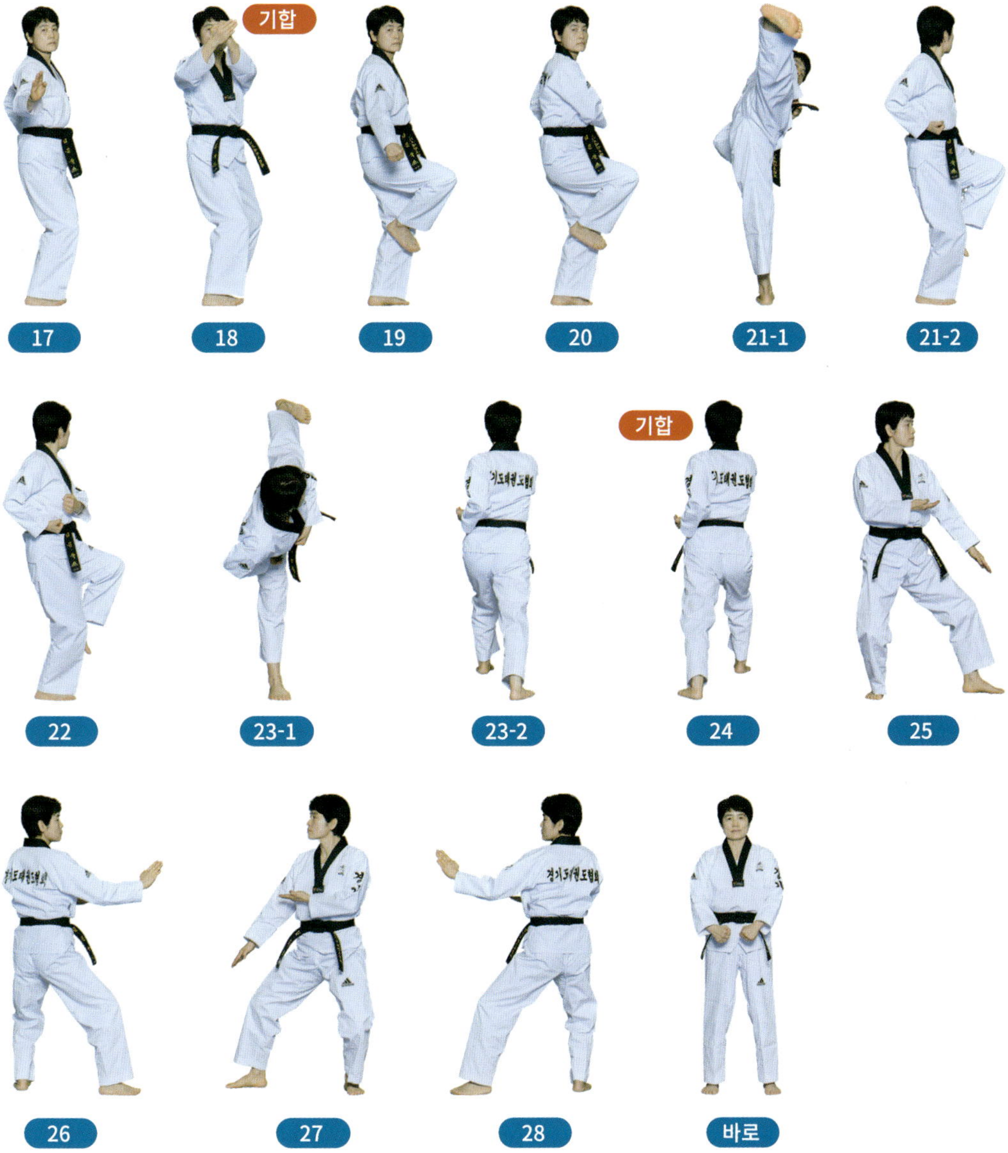

기합
17
18
19
20
21-1
21-2
기합
22
23-1
23-2
24
25
26
27
28
바로

지태품새
Jitae poomsae

나 (Na)
라 (Ra)
다 (Da)

지태품새

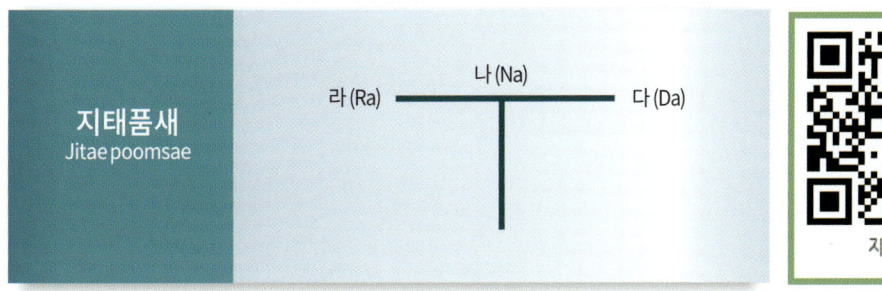

(6-1) 지태품새(한글의 ㅗ(모음) 요약 설명

순서	위치	시선	동 작	서 기	품 명
준비	나	가		나란히서기	기본준비서기
1	다	다	왼쪽으로 왼발 내디뎌	오른뒤굽이	안팔목 바깥막기
2	다	다	오른발 내디뎌 얼굴막기 이어서	오른앞굽이	몸통바로지르기
3	라	라	오른쪽으로 오른발 옮겨 뒤로 돌아	왼뒷굽이	안팔목 바깥막기
4	라	다	왼발 내디뎌 얼굴막기 이어서	왼앞굽이	몸통바로지르기
5	가	가	왼쪽으로 왼발 옮겨 내디뎌	왼앞굽이	아래막기
6	가	가	왼발 약간 끌어 들여	오른뒷굽이	손날 얼굴막기
7	가	가	오른발 앞차기 하고 내디뎌	왼뒷굽이	손날 거들어 아래막기
8	가	다	두 발 제자리, 서기 그대로	왼뒷굽이	몸통 바깥막기
9	가	가	왼발 앞차기 하고 내디뎌	오른뒷굽이	손날 거들어 아래막기
10	가	가	왼발 약간 밀어 내디뎌	왼앞굽이	얼굴막기
11	가	가	오른발 앞으로 내디뎌	오른앞굽이	금강 앞지르기
12	가	가	두 발 제자리 서기 그대로 몸통막기 이어 거들어 몸통막기	오른앞굽이	몸통 거들어안막기
13	나	가	오른발 뒤로 물러 디뎌	오른뒷굽이	손날 아래막기
14	나	가	오른발 앞차기 하고 물러 디뎌	왼앞굽이	몸통 두번지르기
15	나	다	왼발 물러 디뎌	주춤서기	황소막기
16	나	나	두 발 제자리, 서기 그대로	주춤서기	아래 옆막기
17	나	가	두 발 제자리, 서기 그대로	주춤서기	몸통 손날 옆막기
18	나	가	두 발 제자리, 서기 그대로	주춤서기	메주먹 표적치기"기합"
19	나	가	왼발 제자리, 오른발 끌어 올여	왼학다리서기	아래 옆막기
20	나	가	서기 그대로, 왼쪽 허리에	왼학다리서기	작은 돌쩌귀
21	나	나	오른발 옆차기 하고 왼발 안쪽 위치에 짖찧으며 바꾸어 디뎌	오른학다리서기	아래 옆막기
22	나	가	서기 그대로, 오른쪽 허리에	오른학다리서기	작은 돌쩌귀
23	나	가	왼발 옆차기 하고 내디뎌	왼앞굽이	몸통 바로지르기
24	나	가	오른발 앞으로 내디뎌	오른앞굽이	몸통 반대지르기 "기합"
25	라	다	왼쪽으로 돌아 왼발 옮겨 내디뎌	오른앞굽이	손날 거들어 아래막기
26	나	나	오른발 앞으로 내디뎌	왼뒷굽이	손날 거들어 바깥막기
27	라	라	오른쪽으로 오른발 뒤로 돌아 내디뎌	왼뒷굽이	손날 거들어 아래막기
28	나	라	왼발 앞으로 내디뎌	오른뒷굽이	손날 거들어 바깥막기
바로	나	가	오른발 제자리, 왼발 왼쪽으로 옮겨 돌아	나란히서기	기본준비서기

새동작 ① 안팔목 바깥막기

설 명

· 허리를 틀어 감아 왼 주먹등이 오른 팔꿈치의 아래를 지나 포물선을 그리며 교차하면서 막는다.

새동작 ② 금강 앞지르기

설 명

· 얼굴막기에서 밑팔목이 가슴 앞을 향하도록 내리는 동시에 다시 회전하여 추켜올리며 얼굴막기와 동시에 지른다.
- 빠르게 다음 동작으로 연결하기 위하여 얼굴막기의 동작이 작은 것이 특징이다.

새동작 ③ 안막고 안막기

설 명

· 몸통막기와 몸통막기의 연속동작이다.
· 왼팔목으로 몸통막기 시 오른 주먹은 장골능 위를 스치며 이어서 몸통을 막는다.
- 왼손은 궤적이 짧은 몸통막기와 오른손은 궤적이 긴 몸통막기를 이어서 막는다.
- 완성된 품은 안막고 안막기이다.

새동작 ④ 얼굴 메주먹 표적안치기

설 명

· 메주먹으로 표적을 친다. 여기서 표적은 다섯 손가락을 모두 모아서 손바닥 가운데 부위를 치는 것이다.
- 엄지손가락만 펴서 바깥팔목으로 쳐서는 안 된다.
- 등주먹으로 가격해서는 안 된다.

새동작 ⑤   학다리서기 아래 옆막기

설 명

· 오른발 옆차기 후에 짓찧음과 동시에 왼발을 끌어 올리면서 학다리서기로 아래를 막는다.
- 두 팔은 아래막기를 위한 교차하는 동시에 막는다.

주요 동작 ①   ① 안팔목 바깥막기→ ② 바로 지르기

설 명

· ① 오른 뒷굽이 (몸통)안팔목 바깥막기를 하고 오른발 내딛고 오른 앞굽이 얼굴 올려막기를 천천히 하고 이어서 ② 몸통 바로지르기를 천천히 한다. 얼굴 올려막기를 하고 막은 팔의 팔꿈치를 자연스럽게 내리지 않고 인위적으로 팔을 수직으로 세워 내리지 않도록 주의해야 한다.

주요 동작 ②　⑤ 아래 막고→⑥ 손날 얼굴막기

> **설 명**

- ⑤ 왼 앞굽이 아래막기하고 이어서 ⑥ 오른 뒷굽이로 전환하면서 한 손날 얼굴막기를 빠르게 한다. 앞굽이에서 뒷굽이로 전환할 때 서기를 정확하게 전환할 수 있도록 주의해야 한다.

주요 동작 ③　⑦ 앞차고 아래 손날 거들어막기-⑧ (몸통)바깥막기

> **설 명**

- ⑦ 오른발 앞차기를 차고 내디뎌 왼 뒷굽이 아래 손날 거들어막기를 하고 이어서 ⑧(몸통)바깥막기를 천천히 힘을 주고 두 손은 가슴 앞에서 교차하며 시작과 끝을 같게 한다. 바깥막기는 힘을 주어 천천히 왼 팔목과 오른 팔목이 가슴 앞에서 서로 교차하도록 한다.

주요 동작 ④ ⑫ 안막고 안막기

설 명

- ⑫ 오른 앞굽이 (몸통)안막기를 하고 그대로 이어서 (몸통)거들어 막기를 연속으로 빠르게 막아야 한다. 연속 막기를 할 때 왼팔목으로 (몸통)안막기를 하고 오른 주먹은 장골능 위를 치며 이어서 몸통막기를 해야 한다. 왼손은 동작이 작은 몸통막기와 오른손은 동작이 큰 몸통막기를 빠르게 이어서 해야 한다.

주요 동작 ⑤ ⑲ 아래 옆막고 → ⑳ 작은 돌쩌귀 → ㉑ 옆차기 하고 왼팔목 아래 옆막기

설 명

- ⑲ 왼학다리서기 아래 옆막기를 하고 ⑳ 두 주먹을 왼허리에 끌어 왼학다리서기 작은 돌쩌귀 ㉑오른 옆차기를 차고 짓찧음과 동시에 오른발 옆에 바꿔 디뎌 오른 학다리 왼팔목아래막기를 한다. 이 때 오른발로 짓찧음과 동시에 왼발을 오는 무릎에 신속히 당기며 오른발은 과도하게 짓찧지 않도록 주의해야 한다.

7) 천권 품새

14　15　16　17　18-1

18-2　19　20-1　20-2　21　22

23　24　25-1　25-2　26　바로

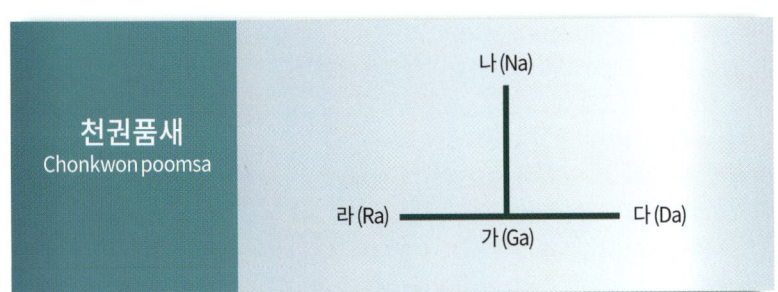

천권품새
Chonkwon poomsa

나(Na)

라(Ra) ─── 가(Ga) ─── 다(Da)

천권품새

(7-1) 천권품새(한글의 ㅜ(모음)) 요약 설명

순서	위치	시선	동 작	서 기	품 명
준비	나	가		모아서기	겹손준비서기
1	나	가	두 발 제자리에서 두 손을 가슴앞까지 끌어올려	모아서기	날개펴기
2	나	가	두 팔을 크게 휘둘러 왼발 뒤로 물러 디뎌	오른 범서기	두 밤주먹 치지르기
3	나	가	오른발 앞으로 내디뎌	오른 앞굽이	손날 비틀어 바깥막기
4	가	가	왼손 잡아끌며 왼발 앞으로 내디뎌	왼 앞굽이	몸통 바로지르기
5	가	가	두 발 제자리	왼 앞굽이	손날 비틀어 바깥막기
6	가	가	오른손 잡아끌며 오른발 앞으로 내디뎌	오른 앞굽이	몸통 바로지르기
7	가	가	두 발 제자리	오른 앞굽이	손날 비틀어 바깥막기
8	가	가	왼발 옆차기 "기합" 하고 앞으로 내디뎌	왼 앞굽이	아래막기
9	가	가	오른발 앞으로 내디뎌	오른 앞굽이	몸통 반대지르기
10	라	라	오른발 축, 왼쪽으로 왼발 옮겨 돌아	오른 뒷굽이	안팔목 거들어 바깥막기
11	라	라	서기 그대로 왼팔목 제쳐 내고	오른 뒷굽이	몸통 왼 주먹 지르기
12	라	라	오른발 내디뎌 왼팔 다시 제쳐 내고	왼 뒷굽이	몸통 오른 주먹 지르기
13	다	다	왼발 축, 오른쪽으로 오른발 옮겨 돌아	왼 뒷굽이	안팔목 거들어 바깥막기
14	다	다	서기 그대로 오른팔목 제쳐 내고	왼 뒷굽이	몸통 오른 주먹 지르기
15	다	다	왼발 내디뎌 오른팔 다시 제쳐 내고	오른 뒷굽이	몸통 왼 주먹 지르기
16	나	나	왼쪽으로 왼발 옮겨 돌아	왼 앞굽이	안팔목 비틀어 바깥막기
17	나	나	서기 그대로	왼 앞굽이	몸통 반대지르기
18	나	나	오른발 앞차기 하고 앞으로 내디뎌	오른앞굽이	몸통 반대지르기
19	나	나	왼발 제자리, 오른발 약간 끌어 들여	왼뒷굽이	손날 거들어 아래막기
20	나	나	잦은 발로 약간 밀고 나가며	왼뒷굽이	오른 안 팔목 바깥막기 하고 거들어 아래막기
21	나	나	오른발 옮겨 디뎌	주춤서기	금강 옆지르기
22	나	나	뛰어 360° 회전하면서 오른 표적차기	주춤서기	금강 옆지르기
23	나	가	두발 제자리 왼쪽으로 방향 바꾸어	오른뒷굽이	손날 외산틀막기
24	나	나	두발 제자리 오른쪽으로 방향 바꾸어	왼뒷굽이	손날 외산틀막기
25	나	가	왼발 끌어 몸 일으키며 모아서기 하며 두 팔로 원을 그리고 다시 앉으면서 오른발 앞으로 내디뎌	오른범서기	태산밀기
26	나	가	오른발 끌어 몸 일으키며 모아서기 하며 두 팔로 원을 그리고 다시 앉으면서 왼발 앞으로 내디뎌	왼범서기	태산밀기
바로	나	가	왼발 끌어 몸 일으키며	모아서기	겹손준비서기

새동작 ① 날개펴기

- 하늘을 나는 듯 두 팔을 어깨높이 옆으로 펼친다.
  - 단전에서 겹손 상태로 가슴까지 끌어올린다.
  - 팔꿈치가 들어 올리지 않고 손바닥과 손등만으로 겹쳐져서 모든 손끝이 위를 향하면서 가슴까지 머무른다.
  - 이때 숨을 들이마신다.
  - 두팔을 펼칠 때는 숨을 고르게 내쉰다.

새동작 ② 두 밤주먹 치지르기

- 상대를 밀쳐내거나 헤쳐 막고 두 밤주먹 치지르기를 한다.
  - 두 팔이 아래를 향하여 오르면서 겹친 손바닥과 손등은 빠르게 쳐내면서 두 손날로 헤쳐막기와 동시에 두 밤주먹은 장골능으로 향하여 두 밤주먹으로 치지르기를 한다.
- 두 밤주먹 치지르기 시 왼발이 뒤로 물러 디디며 범서기를 취한다.
  - 왼발을 들어 올려서 짓찧기는 안 된다.

새동작 ③ 손날 비틀어 바깥막기-지르기

설 명

· 앞굽이에서 뒷발을 약간 끌면서 허리를 비틀어 몸통을 막는다.
· 막은 손날로 상대의 팔목을 휘감아 잡아 끌어당기며 지른다.
- 이때 앞굽이로 내디디면서 동시에 지르기가 되도록 한다.

새동작 ④ 안팔목 거들어 바깥막기-왼 팔목으로 제쳐내며 지르기

설 명

· 왼안팔목으로 막으면서 오른손은 거들어서 밑팔목이 위를 향하도록 한다.
- 왼안팔목으로 막으면서 오른주먹·손끝·바탕손등 등으로 가격할 수 있는 대비가 있어야 한다.
· 휘둘러 얼굴 바깥막고 장골능위를 스치며 이어서 지른다.

새동작 ⑤ 아래 손날 거들어막기- 잦은걸음으로 나가며 안팔목 바깥막고 아래 거들어막기

설 명

· 손날 표현에서 오른 주먹을 쥐면서 팔뚝(안팔목)으로 왼 표적을 치면서 안팔목 바깥막기에 이어서 팔뚝(바깥팔목)으로 또다시 표적을 치며 아래를 막는다.
· 이때 왼 뒷굽이에서 앞발을 밀듯이 내디디며 뒷 발날등쪽이 따라와 뒷굽이를 만들고, 한 번 더 앞발을 내디디며 뒷발이 따라가 뒷굽이를 취한다.
- 다시 말해 오른 안팔목 바깥막기 시 앞발이 나가면서 뒷 발날등이 따라 붙고 오른 아래 거들어막기 시 또다시 앞발을 내딛으며 뒷 발날등이 따라온다.
- 표적치기 시 밑팔목 치기는 안 된다.

새동작 ⑥ 뛰어 360° 회전하며 얼굴 표적안차기 - 금강 옆지르기

설 명

· 오른발 축으로 체공하여 온몸을 회전하며 표적을 차고 장골능에서 작은 돌쩌귀로 하여 금강 옆지르기를 한다.
- 오른발 앞축을 이용하여 뛰어오르며 두 팔은 가슴 앞에 두며 왼 무릎을 접어 올려 회전을 쉽게 한다.
- 착지하기 전에 왼팔은 뻗어서 표적을 만들고 발날 등으로 표적을 찬다.
- 이어지는 착지는 주춤서기를 취하면서 균형을 유지 한다.
- 안전한 돌개차기 연습이 선행되어야 한다.

새동작 ⑦ 편손 외산틀막기(편손 외산막기)

설 명

· 주춤서기에서 왼발을 왼쪽으로 조금 끌어서 뒷굽이를 취한다.
· 금강옆지르기에서 왼손날은 오른견봉에서 오른손날등은 왼장골능에서 교차되며 서서히 아래(앞)와 위(뒤)로 펼쳐서 막는다.
- 손날등은 인중선과 일치 하도록 한다.
- 손날등은 뒤통수와 수평을 유지한다.
- 손날등이 뒤통수 앞쪽 또는 뒤쪽으로 치우치지 않도록 한다.

새동작 ⑧ 태산밀기

설 명

· 태산밀기는 공방의 기술보다는 수련의 정신을 담은 위풍당당한 기세를 표현한 몸짓이라 할 수 있다.
· 두 손등은 양쪽 장골능 위에서 바탕손으로 위(인중)와 아래(단전)로 밀어낸다. 이때 호흡도 내쉰다.
· 앞으로 내딛는 발과 함께 단전 앞으로 팔을 뻗어 민다.
- 내딛는 발의 손은 장골능 위에서부터 바탕손을 나타낼 수 있도록 회전하여 단전 앞으로 민다.
· 모아서기에서 동작을 취할시 뒷발축에 균형을 유지하여야 동작의 효과를 얻을 수 있다.

주요 동작 ①　① 날개펴기

설　명

- ① 모아서기 겹손 준비서기에서 두 손을 가슴 앞까지 올리고 두 팔을 어깨높이 옆으로 펼친다. 두 손이 가슴 앞까지 왔을 때 손목을 뒤로 젖히며 손바닥을 바깥으로 틀면서 각각 양옆으로 힘주어 천천히 민다. 겹손을 가슴 앞까지 올리면서 팔꿈치가 들려 올라가지 않도록 주의해야 한다.

주요 동작 ②　② 두 밤주먹 치지르기

설　명

- 두 팔이 아래를 향하여 원을 그리며 밑으로 내려뜨려 단전 앞에서 두 손을 모아 다시 가슴 앞으로 하여 머리 위까지 겹친 두 손날로 헤쳐막기와 동시에 두 밤주먹은 장골능(허리)으로 향하고 이어서 두 밤주먹으로 치지르기를 한다. 치지르기를 할 때 밤주먹을 장골능(허리)에서 손등을 위로 하였다가 젖혀 치지른다. 범서기를 딛는 순간 치지르기가 동시에 이루어져야 하고 치지르기의 높이는 턱높이로 하고 지나치게 올라가지 않도록 주의해야 한다.

주요 동작 ③ ⑳ 잦은 걸음 안팔목 바깥막기 – 잦은걸음 - 아래 거들어막기

> **설　명**

- 왼 뒷굽이 오른 안팔목 바깥막기를 하고 이어서 거들어 내려막기는 손날막기에서 오른 주먹을 쥐면서 안팔목으로 왼표적을 치면서 안팔목 바깥막기에 이어서 바깥팔목으로 또다시 표적을 치며 아래를 막는다. 잦은 발은 왼 뒷굽이에서 앞발을 밀 듯이 내디디며 뒷발날등 쪽이 뒤꿈치에 와 닿으면서 한 번더 앞발을 내디디며 뒷굽이를 취한다. 잦은발에서 왼발이 먼저 움직이거나 뒷축이 바닥에 먼저 닿지 않도록 주의해야 한다.

주요 동작 ④ ㉒ 뛰어 360° 회전하며 표적 안차고 금강 옆지르기

> **설　명**

- 주춤서기 금강 옆지르기에서 오른발을 축으로 체공하여 온몸을 회전하며 표적을 차고 장골능 위에서 작은 돌쩌귀로 하며 금강 옆지르기를 한다. 뛰어 몸돌아 표적차기를 할 때 왼팔을 뻗어서 표적을 만들고 발날등으로 표적을 차야 한다. 표적을 차기 전에 발이 바닥에 닿으면 안 되고 몸이 공중에 있을 때 표적을 차야 하고 회전할 때 디딤발을 두 번 구르지 않도록 주의해야 한다.

주요 동작 ⑤ ㉕-㉖ **태산밀기**

설 명

· ㉕ 모아서기 겹손에서 두 손을 머리 위로 올려 양옆으로 원을 그리며 내리고 오른발을 앞으로 내디뎌 오른 범서기로 서면서 두 손등은 양쪽 장골능 위(허리)에서 가슴 앞으로 오다가 오른 바탕손으로 아래(단전)로, 왼 바탕손은 위(인중)로 서서히 밀어낸다. 오른발을 다시 끌어들여 모아서기를 하며 몸을 일으켜 세우면서 두 팔로 원을 그렸다가 왼발을 내밀며 왼 범서기 태산밀기를 한다. 이때 두 손등은 양쪽 장골능 위에서 가슴 앞으로 오다가 오른손 바탕손은 위(인중)로, 왼손 바탕손은 아래(단전)로 천천히 밀어낸다. 손과 발의 순서와 위치가 바뀌지 않도록 주의해야 한다.

8) 한수품새

(8-1) 한수 품새(물수:水) 요약 설명

순서	위치	시선	동 작	서 기	품 명
준비	나	가		모아서기	겹손준비서기
1	가	가	오른발 제자리, 왼발 앞으로 내디뎌	왼앞굽이	몸통 손날등 헤쳐막기
2	가	가	왼발 제자리, 오른발 앞으로 내디뎌	오른앞굽이	옆구리 두 메주먹 안치기
3	나	가	오른발 뒤로 물러 디뎌	오른앞굽이	외산틀막기
4	가	가	두 발 제자리, 방향 바꾸어	왼앞굽이	몸통 바로지르기
5	마	가	왼발 뒤로 물러 디뎌	왼앞굽이	외산틀막기
6	나	가	두 발 제자리, 방향 바꾸어	오른앞굽이	몸통 바로지르기
7	마	가	오른발 뒤로 물러 디뎌	오른앞굽이	외산틀막기
8	나	가	두 발 제자리, 방향 바꾸어	왼앞굽이	몸통 바로지르기
9	나	가	오른발 앞으로 내디뎌	오른앞굽이	손날등 헤쳐막기
10	다1	다1	왼발 내디뎌	왼앞굽이	목 아금손 거들어 앞치기
11	다1	다1	오른발 뛰어 나가 내디뎌	오른곁다리서기	두 주먹 젖혀지르기
12	나	다1	왼발 뒤로 물러 디뎌	주춤서기	표적 아래막기
13	나	다1	오른발 뒤로 물러 디뎌	오른뒷굽이	손날 금강막기
14	나	다2	오른발 제자리, 왼발 끌어 올려	오른학다리서기	작은 돌쩌귀
15	다2	다2	왼발 옆차기 하고 내디뎌	왼앞굽이	제비품 안치기
16	다2	다2	오른발 앞차기 하고 내디뎌 짓찧어	왼뒤꼬아서기	등주먹 앞치기"기합"
17	나	나2	왼발 왼쪽으로 물러 디뎌	주춤서기	왼 손날 옆치기
18	나	나	오른 발날등 표적차기 하고 내디뎌	주춤서기	팔굽 표적치기
19	라1	라1	왼발 끌어 모둠발 모아서기 이어 오른발 내디뎌	오른앞굽이	목 아금손 거들어 앞치기
20	라1	라1	왼발 뛰어 나가 내디뎌	왼곁다리서기	두 주먹 젖혀지르기
21	나	라1	오른발 뒤로 물러 디뎌	주춤서기	표적 아래막기
22	나	라1	왼발 뒤로 물러 디뎌	왼뒷굽이	손날 금강막기
23	나	라1	왼발 제자리, 오른발 끌어 올려	왼학다리서기	작은 돌쩌귀
24	라2	라2	오른발 옆차기 하고 내디뎌	오른앞굽이	제비품 안치기
25	라2	라2	왼발 앞차기 하고 내디뎌 짓찧어	오른뒤꼬아서기	등주먹 앞치기"기합"
26	나	나	오른발 뒤로 물러 디뎌	주춤서기	오른 손날 옆치기
27	나	나	왼 발날등 표적차기 하고 내디뎌	주춤서기	팔굽 표적치기
바로	나	가	오른발 끌어들여	모아서기	겹손준비서기

새동작 ① 두 메주먹 안치기

설 명

· 두 손을 회전하며 벌리어 양 어깨 위에서 주먹을 쥐어 두 메주먹으로 하트 모양처럼 모아서 옆구리를 친다.

새동작 ② 목 아금손 거들어 앞치기

설 명

· 오른손은 어깨높이에서 왼손은 장골능 위에서 동시에 바탕손으로 눌러 막고 왼 아금손으로 목을 가격한다.
· 상대의 지르는 팔을 누르거나 잡아당겨 가격한다.

새동작 ③ 곁다리서기 두 주먹 젖혀지르기

설 명

· 몸의 중심은 한발에 모아져 있지만, 곁에 있는 다리는 그 중심을 잃지 않도록 도움을 주고 있다.
- 발끝은 앞으로 내디딘 발날등 중앙 부위 곁에 위치한다.
- 양쪽 발날등은 사이를 둔다.
- 좁은 간격에서 민첩한 동작에 용이하다.
- 상체가 앞으로 숙이지 않도록 주의한다.

새동작 ④ 아래 안팔목 표적 안막기

설 명

· 곁다리에서 주춤서기로 전환 시 오른 앞축과 허리를 회전하며 안팔목으로 단전에서 표적을 이루며 막는다.
- 이때 표적에 왼엄지 손가락을 벌려서 아금손으로 형성되어 안팔목과 마주한다.

새동작 ⑤ 손날 금강막기

설 명

- 왼발을 축으로 뒤로 회전하여 물러 디디며 표적 손이 어깨 앞으로 오고 안팔목은 장골능 위로 교차하며 위아래로 막는다.

주요 동작 ❶ ① 두 메주먹 안치기

설 명

- 왼 앞굽이에서 헤쳐 막은 두 팔을 어깨 위로 올렸다가 곡선을 그리며 메주먹을 마주 보게 하여 옆구리를 친다. 옆구리치기를 할 때 두 팔을 펴서 치지 않도록 주의해야 한다.

| 주요 동작 ❷ | ③ 외산틀막고→ ④ 바로지르기 |

| 설 명 |

- 앞굽이의 형태에서 발의 모양은 일직선 상에서 발끝은 모앞굽이 자세로 하고 외산틀 막기를 한 후 이어서 장골능 위에서 (몸통) 바로지르기를 한다. 외산틀막기에서 (몸통)바로지르기를 할 때 오른발에 쏠렸던 체중을 왼발로 옮겨 딛고 바로지르기를 한다.

| 주요 동작 ❸ | ⑩ 목 아금손 거들어 앞치기 |

| 설 명 |

- 왼앞굽이로 서면서 오른바탕손은 위에서 왼손은 장골능(허리)에서 동시에 오른 바탕손으로 눌러 막고 왼 아금손으로 앞치기를 한다. 아금손의 모양이 바탕손 치기처럼 보이지 않도록 주의해야 한다.

주요 동작 ④ ⑪ 두주먹 젖혀지르기

설 명

· 오른발 뛰어 나가 디디며 왼발은 내디딘 오른발의 발날등 중앙 부위 곁에 위치하고 양쪽 발날등은 사이를 둔다. 두 주먹은 장골능에 붙이고 뛰어 나가며 곁다리 서기로 서는 동시에 두 주먹 젖혀 지르기를 한다. 곁다리서기에서 붙이는 발의 뒤축이 과도하게 들리지 않도록 주의해야 한다.

주요 동작 ⑤ ⑫ 아래 안팔목 표적 안막기

설 명

· 곁다리에서 주춤서기로 전환 시 오른발 앞축과 허리를 사용하여 회전하며 안팔목으로 단전 앞에서 표적을 이루며 막는다. 이때 표적은 왼엄지 손가락을 벌려서 아금손 형태로 만들어 안팔목과 마주한다. 목표가 되는 표적 손은 단전 앞에 위치하여 움직이지 않고 안팔목으로 막는다. 두 팔이 양옆으로 올렸다 막지 않도록 주의해야 한다.

9) 일여 품새

19-2　19-3　20　21

22　23-1　23-2　23-3　바로

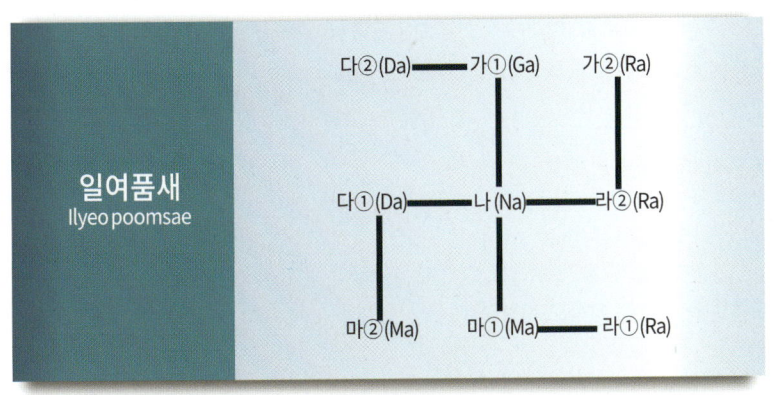

일여품새
Ilyeo poomsae

일여품새

4. 유단자 품새 **381**

(9-1) 일여 품새(만자 만:卍) 요약 설명

순서	위치	시선	동 작	서 기	품 명
준비	나	가	오른 주먹을 왼손으로 감아쥐고	모아서기	보주먹준비서기
1	가	가	왼발 앞으로 내디뎌	오른뒷굽이	손날 거들어 바깥막기
2	가1	가1	오른발 앞으로 내디뎌	오른앞굽이	몸통 반대지르기
3	다1	다2	왼발 옮겨 내디뎌	오른뒷굽이	금강막기
4	나	마1	왼발 왼쪽으로 옮겨 내디뎌	오른뒷굽이	손날 거들어 바깥막기
5	나	마1	두 발 제자리 서기 그대로	오른뒷굽이	몸통 바로지르기
6	나	마1	오른발 뛰어나가 딛고	오른오금서기	몸통 편손끝 세워찌르기 "기합"
7	나	마1	왼발 옆차기 하며	오른발외다리서기	외산틀막기
8	마1	마1	왼발 내려 디뎌	오른뒷굽이	얼굴 엇걸어 막기
9	마1	마1	엇걸은 팔목 비틀어 잡아끌며 오른발 내디뎌	오른앞굽이	몸통 반대지르기
10	라2	라2	왼발 옮겨 내디뎌	오른뒷굽이	금강막기
11	나	가1	왼발 왼쪽으로 옮겨 내디뎌	오른뒷굽이	손날 거들어 바깥막기
12	나	가1	두 발 제자리, 서기 그대로	오른뒷굽이	몸통 바로지르기
13	나	가1	오른발 뛰어 나가 디뎌	오른오금서기	몸통 편손끝 세워찌르기 "기합"
14	나	다1	왼발 옆차기 하며	오른발외다리서기	외산틀막기
15	다1	다1	왼발 내려 디뎌	오른뒷굽이	얼굴 엇걸어 막기
16	다1	다1	엇걸 팔목 비틀어 잡아끌며 오른발 내디뎌	오른앞굽이	몸통 반대지르기
17	마2	마2	왼발 옮겨 내디뎌	오른뒷굽이	금강막기
18	다1	라1	오른발 축으로 몸 왼쪽으로 돌려 왼발 끌어 들여	모아서기	두주먹허리서기
19	라1	라1	오른발 앞차기 하고 한걸음 내디뎌 왼발 뛰어 옆차기 하고 내디뎌	오른뒷굽이	얼굴 엇걸어 막기
20	라1	라1	엇걸은 팔목 비틀어 잡아끌며 오른발 내디뎌	오른앞굽이	몸통 반대지르기
21	가2	가2	왼발 옮겨 내디뎌	오른뒷굽이	금강막기
22	나	다1	오른발 축으로 몸 왼쪽으로 돌려 왼발 끌어 들여	모아서기	두주먹허리서기
23	나	다1	왼발 앞차기 하고 한걸음 내디뎌 오른발 뛰어 옆차기 하고 내디뎌	왼뒷굽이	얼굴 엇걸어 막기
바로	나	가	왼발 축으로 몸 오른쪽으로 돌려 오른발 끌어 들여	모아서기	보주먹준비서기

새동작 ① 오금서기 (세워찌르기)

설 명

· 재빠르게 앞으로 뛰어 나가 상대와의 거리 간격을 유지하기 위한 멈춤의 모둠 서기
· 오른 오금을 구부린 상태에서 왼발 등으로 오금에 붙여서 제자리에서 균형을 유지하도록 도움을 준다.
- 이때 앞에서는 무릎이 벌어지지 않도록 주의를 기울인다.
· 집중력으로 제자리에서 차기를 할 수 있도록 균형을 잘 잡아야 한다.

새동작 ② 외산틀 옆차기

설 명

· 오금서기에서 지면에서 앞축과 허리를 회전하면서 왼손은 주먹을 쥐면서 견봉에서 오른손도 역시 주먹을 쥐어 교차하면서 외산틀막기와 서서히 옆차기를 한다.
- 이때 외산틀 막기와 옆차기를 동시에 서서히 하는 숙달이 요구된다.
- 신체 어느 부위가 흔들림이 없도록 균형을 유지한다.
- 외산틀옆차기를 잘하기 위한 체력강화 선행이 요구된다.

새동작 ③ 얼굴 엇걸어 막기

> 설 명

· 두 손은 엇걸어서 옆구리 쪽으로 오고 뒷굽이로 엇걸어 추켜 막는다. 이때 왼 안팔목과 오른 바깥팔목이 엇걸어져야 한다.
  - 손목으로 엇걸어서는 안 된다.

새동작 ④ 두주먹허리준비

> 설 명

· 앞축으로 회전하여 앞발을 모아서며 두 주먹은 장골능위에 붙인다.
  - 숨을 내쉬며 평상심을 갖는다.
· 두 눈은 자기 눈높이를 향하며. 자신의 신체가 오르고 내린다 할지라도 넓은 시야로 수평을 이루도록 한다.
· 두 주먹이 허리선에 붙어있는 특별한 준비자세이며 몸과 마음이 하나라는 뜻의 반영이라 할 수 있으며 허리를 이용한 주먹과 차기를 동시에 할 수 있는 최고단자의 자세이다.
· 두 다리의 두 발날등끼리 가볍게 붙인다.
  이때 차기를 하기 위하여 성급히 상체가 앞으로 굽히거나 뒤로 젖혀서는 안 된다.
  그래서 단전에 에너지를 충전시키면 신체에 딱딱함을 없애고 자연스러운 몸가짐을 가질 수 있다.

새동작 ⑤ 뛰어 옆차기

설 명

- 앞차기 찬 후에 지면에 내디딜 때 체공할 수 있도록 앞축에 힘을 증가시켜서 차오르도록 한다.
- 성급하게 점프부터 앞서면 안 된다.
- 마치 공이 튀어 오르듯이 자신의 몸을 앞차기 후에 내디딘 앞축으로 지면에서 밀어 오르듯이 뛰어 몸을 틀며 반대 발로 옆차기를 찬다.

주요 동작 ① ⑥ 거들어 세워찌르기 → ⑦ 외산틀 옆차기

설 명

- 오른 오금서기 편손끝 거들어 세워찌르기 하면서 기합을 넣어야 한다. 오금서기에서 몸의 균형을 유지하면서 앞축과 허리를 회전하면서 주먹을 쥐고 교차하면서 외산틀막기와 옆차기를 천천히 해야 한다.
- 오금서기에서 무릎이 벌어지지 않게 하고 외산틀막기를 하면서 옆차기 찰 때는 천천히 하도록 해야 한다.

주요 동작 ② ⑧ 얼굴 엇걸어막기

> 설 명

· 오른 뒷굽이를 하면서 두손을 오른쪽 장골능(허리) 부근에서 엇걸어서 추켜 막는다. 왼 안팔목과 오른 바깥팔목을 엇걸어서 추켜 막는다. 손목으로 엇걸어서 막지 않도록 주의해야 한다.

주요 동작 ③ ⑱ 두주먹허리준비

> 설 명

· 오른발 제자리에서 오른발 앞축으로 회전하면서 왼발을 끌어들여 몸을 왼쪽으로 돌려 모아서기를 하면서 두 주먹을 장골능(허리)에 붙이며 두 주먹 허리 준비를 한다. 두 발날등을 나란히 붙이고 두 발이 벌어지지 않도록 주의해야 한다.

주요 동작 ④ ⑲ 뛰어 옆차기

설 명

· 오른발(왼발) 앞차고 앞으로 한 걸음 내디디며 바로 지면을 밀어 몸을 공중에 띄우면서 몸을 오른쪽(왼쪽)으로 돌려 왼발(오른발)로 옆차기를 찬다. 앞차기를 찰 때 두 주먹은 장골능 위(허리)에서 벗어나지 않도록 주의해야 하며 옆차기 시는 자연스럽게 몸통 앞에 위치한다.

5. 겨루기

1) 겨루기의 이해
2) 겨루기의 수련법 및 지도법
3) 겨루기 전술

5. 겨루기

1) 겨루기의 이해

(1) 겨루기의 정의

인간은 자기 보존과 종족 보존의 본능을 가지고 있으며 이를 위해서 의식적, 무의식적으로 신체활동을 하게 된다. 어느 민족을 막론하고 원시 사회에서는 각자의 생활 영위와 인간 본능의 생활요구에 따라 자연 발생적으로 도수공권의 투쟁형태가 투기 또는 자위 무술로 발달하여 그 시대의 유일한 체육 활동으로 하여지게 되었다. 이러한 생존의식과 관련된 인간 본능이 앞서 개발된 투기나 자위 무술을 체계적으로 발달시켜 왔다.

겨루기의 어원은 '겨루다'의 명사형으로 "서로 버티어 힘과 기를 견주어 본다." 라는 뜻을 의미하며, 손과 발을 이용하여 상대방을 공격하거나 상대의 공격으로부터 자신을 방어하고 역습하는 형태를 말한다. 즉, 상대방을 공격하거나 상대의 여러 가지 공격과 방어에 능동적으로 대처할 수 있도록 공·방의 실기를 활용하는 것이다. 상대방과의 겨루기는 어떠한 목표를 효율적으로 달성하기 위한 특수한 동작패턴을 말하며, 상대방과의 겨룸에서 팔과 다리를 사용하여 목표를 달성하는데 가장 이상적인 동작 패턴을 말한다.

겨루기는 주어진 시간과 공간의 제한 속에서 많은 방향전환, 차기와 지르기의 강한 파괴력, 기술의 아름다운 미적 요소 그리고 상상을 초월하는 고난도의 발기술 등이 이루어지고 있으므로 태권도의 여러 가지 기술들이 복합적으로 사용되는 태권도의 종합적인 발현이라 할 수 있다.

(2) 겨루기의 의의

태권도의 기술을 효과적으로 구사하기 위해서는 속도, 정확성, 타이밍, 적응력, 거리 조절 능력, 예측, 심리적 전술 등이 조화를 이루어야 한다. 기본적인 발기술과 고난도의 발놀림이 조화를 이루어 몸의 움직임을 부드럽고 자연스럽게 하여 힘을 전달하고 적시에 상대를 타격하는 것이 이상적인 겨루기 기술이다.

상대의 움직이는 동작 여하에 따라 자신의 기술이 적절하게 사용되어야 하므로 순발력, 민첩성, 유연성 등의 체력뿐만 아니라 다양한 기술과 정신력도 요구된다.

(3) 겨루기의 변천사

태권도의 겨루기는 생존을 위한 실전 격투술에서 시작하여 수련 문화의 형태를 거쳐 현재의 경기 스포츠로 변해왔다. 현재의 경기 스포츠로서의 겨루기는 발기술이 더욱 다양하고 화려해졌으며, 막기와 몸통지르기로 한정되어 있던 손기술도 변화를 보이고 있다. 경기 겨루기로서 태권도는 대한태권도협회가 1965년 6월 20일 대한 체육회의 경기 단체로 승인받은 것을 계기로 1973년 5월 28일 세계태권도연맹(WT)의 창설과 함께 본격적으로 세계대회를 통한 국제화의 첫걸음을 디뎠다. 1980년에는 태권도가 IOC(International Olympic Committee)로부터 공식경기로 승인을 받은 이후 1988년 서울올림픽에 이어 1992년 바르셀로나올림픽에서 시범종목으로 채택되어 많은 사람의 관심을 끌었으며, 1994년 프랑스에서 열린 국제올림픽위원회(IOC) 총회에서 태권도가 2000년 시드니올림픽부터 정식종목으로 채택되었으며, 2004년 아테네를 시작으로 2008년 베이징올림픽을 거쳐 2012년 런던올림픽, 2016년 리우데자네이루올림픽, 2021년 도쿄올림픽, 2024년 파리올림픽, 2028 LA올림픽까지 8회 연속 채택되었다.

(4) 겨루기의 종류
① 일반 겨루기
상대방에게 치명적인 기술의 타격

a) 도수공권으로 공간과 타이밍을 이용하여 상대방에게 전해지는 일격필살 행위로 잡기, 꺾기, 막기, 넘기기, 빼기, 밀기, 찍기, 치기, 지르기, 찌르기, 차기, 피하기 등의

기술을 다양하게 이용할 수 있으며 신체의 모든 부위를 허용한다.

b) 상대방에게 더욱 큰 충격을 입히는 기술을 이용한다.

c) 상대방과의 겨룸에서 무기를 사용하지 않고 신체 일부분을 강하게 단련하여 무기화시킨 부위를 이용해 상대방을 무력화시키는 방법이다.

② 경기 겨루기

보호 장비의 착용으로 부상을 방지하고 태권도 경기를 통일된 규칙에 의해 운영한다. (안전겨루기, 득점기술타격)

a) 태권도 경기는 상호 간의 직접적인 신체적 충돌이 심하다. 즉, 상대방을 타격하여 득점하며 승부를 가리는 경기이다. 그러므로 선수 상호 간의 체중 차이에서 오는 타격의 물리적 충격을 최소화시켜서 안전을 확보하고 대등한 경쟁 조건에서 기술을 겨룰 수 있게 하려고 체급 제도를 규정하였다.

b) 체급의 구분이 남자부와 여자부로 나누어져 있는 것은 경기의 성 구분을 뜻하는 것으로서 남자는 남자끼리, 여자는 여자끼리 대전하는 것을 원칙으로 한다.

c) 주먹을 이용한 손기술은 몸통 부위만 공격이 허용된다. 복사뼈 이하의 발 부위를 이용한 공격기술은 몸통과 얼굴을 허용하고 허리 아래 타격은 손과 발기술 모두 허용되지 않는다.

d) 일정 강도 이상으로 가격한 타격을 득점이라고 한다. 득점부위로는 몸통 부위 주먹공격 1점, 몸통 부위 발공격 2점, 회전에 의한 몸통공격 4점, 얼굴공격 3점, 회전에 의한 얼굴공격 5점, 위험한 상태에서 주심이 계수를 하면 1점이 추가된다.

e) 잡기, 밀기, 꺾기, 넘기기, 찌르기의 기술은 허용하지 않는다.

(5) 겨루기의 기술체계

50~60년대 겨루기는 품새에서 많이 사용하는 앞차기, 돌려차기, 옆차기의 기술을 이용한 차기가 주를 이루었고, 근래에 와서 다양한 발놀림과 나래차기, 돌개차기, 발붙여차기, 받아차기 등의 응용기술들이 많이 이용되고 있다.

또한, 지속적인 경기규칙의 개정과 장비의 과학화에 의해 겨루기 경기는 더욱 박진감 넘치는 경기로 발전하고 있다. 1973년 세계태권도연맹(WT)의 창설과 함께 최초로 경기규칙이 제정된 이후 수많은 개정을 거쳐 현재 제28차로 개정된 경기규칙을 적용하며 시행되고 있다.

겨루기 경기장은 원형, 팔각형, 정사각형 등 세 가지 형태를 사용할 수 있으며, 한 번의 공격으로 1~5점까지 득점이 가능한 차등점수제의 도입, 전자호구 도입 등은 태권도 발전에 크게 기여하고 있다.

	50~60년대 겨루기	현재의 올림픽 겨루기
겨루기 기술	발기술은 품새에서 많이 사용하는 앞차기, 돌려차기, 옆차기의 기술을 이용한 차기가 주를 이루었다.	다양한 발놀림과 나래차기, 돌개차기, 발붙여차기, 발붙여 내려차기, 받아차기 등의 응용 기술들이 실제 겨루기 경기에서 많이 사용되고 있다.

태권도 겨루기의 기술체계는 우선 태권도의 서기를 통한 기본 손기술 발기술 동작으로 공격과 받아차기, 받아차기와 공격, 공격과 공격, 받아차기와 받아차기 등의 상황적 공·수 변화 기술을 이용할 수 있는 몸의 자동화 현상의 완벽성을 이룰 수 있는 기술체계로 이루어져 있다.

① **기본자세**

서기
왼 엇서기, 오른 엇서기, 맞서기

② **기본 손기술 발기술**

기술	종류
손기술	앞주먹, 뒷주먹
발기술	앞차기, 돌려차기, 내려차기, 옆차기, 뒤차기, 후려차기, 비틀어차기 [응용기술] 발붙여차기, 나래차기, 돌개차기

③ 제자리 기본 딛기(스텝)

딛기	자세설명
기본 딛기	겨루기 자세에서 가볍게 제자리 뛰기
앞뒤 딛기	앞뒤로 움직이기
잦은걸음 딛기	제자리 잦은걸음 움직이기
자세(폼) 바꾸어 주기	반대 자세로 바꾸어주기

④ 이동하며 딛기

딛기의 종류(전진 = 후진)	딛기 후 동작
앞발 내딛기	연결 공격 연결 받아차기 표적 이용하여 타격하기 보호대 착용하여 상대와 함께 타격하기 딛기 혼합하여 공격, 방어, 반격하기
뒷발 내딛기	
두발 내딛기	
발붙여 내딛기	
돌아딛기	

⑤ 실전 겨루기 경기

겨루기 종류	설명
딛기 겨루기	딛기를 이용한 터치 겨루기
공격 겨루기	공격 위주의 기술
수비 겨루기	받아차기 위주의 수비기술
실전 겨루기	실전 겨루기 경기(공방 타격기술)

(6) 겨루기의 수련 효과

① 겨루기를 통한 호신능력 배양
② 수련을 통한 기술의 타격으로 기술의 완성을 보이며 이는 성취감, 자신감으로 이어진다.
③ 태권도는 수련자 자신이 신체수련과 단련을 통해 정신세계를 수양하여 자아실현, 즉 도의 개념을 터득해서 생활에 적용하는 것에 의미를 두고 있다. 특히, 태권도는 일반 스포츠와 달리 승리 자체만을 중요시하는 것이 아니라 수련과정을 통해 수련생의 행동과 정신에 긍정적인 영향을 미친다.
④ 겨루기는 정신과 용기를 북돋우고 눈을 민첩하게 단련시키며 상대방의 생각을 알아낼 수 있는 능력을 기르며 집중력을 길러준다.

(7) 겨루기의 유의사항

① 스트레칭과 몸풀기로 부상을 방지한다.
② 겨루기 시 안전 보호장비를 착용한다.
③ 충분한 기본 기술을 습득하고 겨루기에 임한다.
④ 상대방과 겨루기를 할 때는 항상 상대를 주시하며 긴장을 늦추지 않는다.

2) 겨루기의 수련법 및 지도법

(1) 겨루기의 기본 준비서기

기본자세는 겨루기를 효율적으로 수행하기 위한 준비 자세이다. 기본적인 형태는 기본 발자세 형태를 취한 상태에서 두 발의 간격은 어깨너비 1.5배 정도로 벌리며 주먹은 가볍게 쥐어 자연스럽게 몸통 앞에 위치한다. 또한, 무릎을 120°~130° 굽힌 상태에서 상체를 바르게 세우고 어깨는 약 45° 정도 옆으로 유지하는 것이 이상적인 자세이다.

손은 막기와 지르기가 효율적으로 이루어질 수 있도록 가슴 쪽으로 올려준다. 얼굴 공격의 막기와 몸통 공격의 막기가 가장 빠르게 이루어질 수 있는 위치로서 막기와 함께 힘의 전달이 빠른 지르기로도 쉽게 전환할 수 있다.

※ 준비자세 하는 이유

겨루기 자세는 기술을 사용하기 편리해야 한다. 실전에서 선수가 득점하기 위해서는 많은 기술이 필요하지만, 무엇보다 중요한 것은 공격과 방어의 동작을 쉽고 효율적으로 연결해주는 자세이다.

겨루기 준비자세는 어떠한 상황에서도 공격과 방어를 가장 빠르게 연결 할 수 있는 기본이 된다.

① 엇서기 자세

   a) 왼 엇서기 : 두 선수가 서로 같은 왼발을 앞에 놓고 있는 자세

   b) 오른 엇서기 : 두 선수가 서로 같은 오른발을 앞에 놓고 있는 자세

왼 엇서기

② 맞서기 자세

한 선수는 왼발(오른발)을 앞에 놓고 다른 선수는 오른발(왼발)을 앞에 놓고 마주 서는 자세

맞서기

(2) 겨루기의 기본 유형

 겨루기 시 차기나 주먹 지르기를 쉽게 하기 위한 발의 자세 및 경기 스타일에 따라 공격형, 중립형, 반격형의 3가지 유형으로 나눌 수 있다.

① 공격형
 발붙여차기나 뒷발 돌려차기 공격을 중심으로 하는 공격형 발 자세이다. 앞발의 각도는 약 45°~50°를 유지하고 뒷발의 각도는 약 60°~70°로 자세 잡는 것이 공격적인 발기술을 할 수 있는 좋은 자세이다.

② 중립형
 가장 기본이 되는 기본 발자세는 일반적으로 자신의 신체 능력에 적합하고 앞발과 뒷발 중 어느 발을 사용하든 중심이동이 편리하며 공수전환의 효과가 있는 자세로서 앞발을 정면에서 볼 때 앞발의 각도는 약 45°~50°를 유지하고, 뒷발의 각도는 약 90°~100°로 자세 잡는 것이 공수전환의 기술을 할 수 있는 좋은 자세이다.

③ 반격형
 상대선수의 공격에 대비한 반격형 자세는 앞발을 정면에서 볼 때 앞발의 각도는 45°~110°를 유지하고 뒷발의 각도는 100°~110°로 자세 잡는 것이 반격 형태의 기술을 하기에 좋은 자세이다.

공격형　　　　　　　중립형　　　　　　　반격형

(3) 앉아서 차기 연습방법

① 앞차기

무릎을 접어서 발등으로 차는 연습을 한다.

② 돌려차기

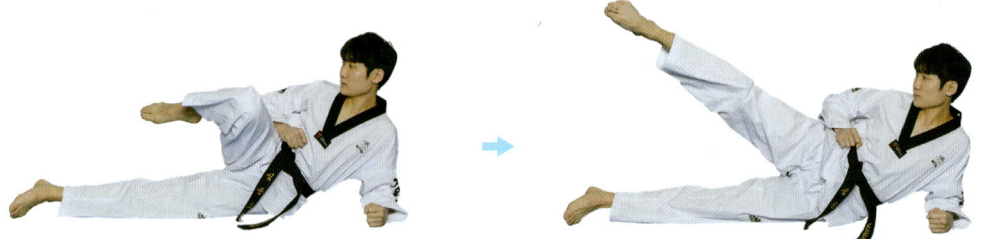

시선을 발끝으로 향하고 골반을 넣어주어 안쪽으로 돌려찬다.

③ 내려차기

앞차기와 같은 방식으로 다리를 펴서 찬다. 들어 올릴 때는 발목을 위로 젖히고 내릴 때는 발목을 아래로 펴준다.

④ 옆차기

뒤꿈치와 허리 어깨가 나란히 되게 만들고 시선은 뒤꿈치를 향한다.

⑤ 뒤차기

무릎과 무릎은 스쳐 지나가도록 하고 시선은 고개를 완전히 젖히지 말고 곁눈질로 살짝 본다. 뒤꿈치로 찬다.

⑥ 뒤후려차기

뒤차기처럼 뒤로 차주고 난 뒤 허리를 이용해서 활시위 당기듯 발과 허리를 젖혀준다.

(4) 딛기

딛기란 겨루기 상황에서 이루어지는 동작 및 차기 기술을 연결하기 위한 간접수단으로서 자신의 발을 제자리 또는 전, 후, 좌, 우 등 여러 곳으로 움직이거나 방향을 바꾸는 동작을 의미한다. 딛기를 통하여 상대 선수의 공격력을 약화시키거나 허점을 유도하며, 효과적인 공격과 받아차기를 수행하기 때문에 상대의 중심을 무너트리는 속임수 동작 등 모든 발의 움직임을 포함한다. 겨루기 시 딛기를 하는 주요 목적은 다음과 같다.

- 겨루기 상황에서 상대와의 거리 조절
- 효과적인 공격 순간 포착
- 속임 동작을 통한 상대의 차기 동작 유도 및 받아 찰 순간 포착
- 상대의 공격을 사전에 제지 및 약화
- 속임 동작을 통한 상대의 의도 파악
- 원활한 차기를 수행하기 위한 예비동작

국기원 기술 용어집에 분류된 딛기의 유형을 기반으로 제자리 딛기, 내딛기, 물러 딛기, 돌아딛기로 구분하였다.

① **제자리 딛기**

제자리 딛기는 두 발을 제자리에서 가볍게 뛰는 동작으로서 신체의 중심을 앞발과 뒷발의 중앙에 두고 제자리에서 두 발을 동시에 뛰거나 앞발과 뒷발을 교대하면서 뛰는 동작이다. 방법으로는 제자리 딛기, 발 바꿔 딛기, 자세 바꿔 딛기가 있다.

a) 제자리 딛기
겨루기 자세에서 발목과 무릎관절을 이용하여 제자리에서 가볍게 뛰는 동작

b) 발 바꿔 딛기
제자리 딛기에서 앞발과 뒷발을 동시에 교차하여 제자리에서 발을 바꾸는 동작

c) 자세 바꿔 딛기

　제자리 딛기에서 앞발과 뒷발을 동시에 교차하여 제자리에서 자세를 바꾸는 동작(왼 자세가 오른 자세로, 오른 자세가 왼 자세로)

② 내딛기

　내딛기는 몸의 중심을 앞으로 이동하는 동작으로서 몸의 중심을 앞으로 이동하면서 두발을 동시에 또는 앞발이나 뒷발을 한 걸음 이상 내딛는 동작이다. 내딛기는 구체적으로 두발 내딛기, 뒷발 내딛기, 앞발 내딛기, 발붙여 내딛기, 빠른 걸음 내딛기가 있다.

a) 두 발 내딛기

　두 발(앞발과 뒷발)이 동시에 앞으로 이동하는 동작

b) 뒷발 내딛기

　뒷발이 앞발 앞으로 한 걸음 나아가는 동작

c) 앞발 내딛기

　앞발을 앞으로 이동시킴과 동시에 뒷발이 앞발을 자연스럽게 따라서 나아가는 동작

d) 발붙여 내딛기

　뒷발이 앞발을 향해 이동함과 동시에 앞발이 자연스럽게 앞으로 이동하는 동작

e) 빠른 걸음 내딛기

　앞발을 뒤로 조금 빼는 동시에 뒷발을 앞으로 빠르게 옮기면서 앞발이 다시 앞으로 한 걸음 나아가는 동작

③ 물러 딛기

　물러 딛기는 몸의 중심을 뒤로 이동하는 동작으로서 몸의 중심을 뒤로 이동하면서 두 발을 동시에 또는 앞발이나 뒷발을 한걸음 이상 뒤로 물러 딛는 동작이다. 물러 딛

기는 구체적으로 두 발 물러 딛기, 앞발 붙여 물러 딛기, 뒷발 물러 딛기가 있다.

a) 두 발 물러 딛기
두 발(앞발과 뒷발)이 동시에 뒤로 이동하는 동작

b) 앞발 물러 딛기
앞발이 뒷발 뒤로 한걸음 물러서는 동작

c) 발붙여 물러 딛기
앞발을 뒤로 이동시킴과 동시에 뒷발이 자연스럽게 뒤로 물러서는 동작

d) 뒷발 물러 딛기
뒷발이 뒤로 이동시킴과 동시에 앞발이 자연스럽게 뒤로 따라오는 동작

④ 돌아딛기

돌아딛기는 왼쪽이나 오른쪽으로 방향을 바꾸는 동작으로서 한쪽 발을 중심으로 다른 발을 시계 방향 또는 시계 반대 방향으로 돌려 딛는 동작이다. 돌아딛기는 구체적으로 90° 왼돌아딛기, 90° 오른돌아딛기, 135° 왼돌아딛기, 135° 오른돌아딛기가 있다.

a) 90° 왼돌아딛기
앞발에 중심을 두고 뒷발이 왼쪽 뒤(시계 방향)로 90° 이동하는 동작.

b) 90° 오른돌아딛기
앞발에 중심을 두고 뒷발이 오른쪽 뒤(시계 반대 방향)로 90° 이동하는 동작

(5) 지르기

지르기는 상대의 차기에 대응하여 근접한 거리에서 시도되는 손기술로써 단일 동작으로 득점을 획득하거나 상대의 차기를 효과적으로 차단하기 위한 겨루기 기술이다. 특히 지르기 기술은 상대가 차기를 시도하는 짧은 순간에 두 손을 이용하여 방어와 지르기가 동시에 이루어져야 하기 때문에 찰나의 순간 포착과 상대와의 거리를 조절할 수 있는 능력이 요구된다. 겨루기 상황에서 사용되는 지르기 기술은 뒷주먹 지르기와 앞주먹 지르기가 있다.

① 뒷주먹 지르기

뒷주먹 지르기는 겨루기 자세에서 상대가 자신의 옆구리를 목표로 차기 공격을 시도 할 때 앞 손으로 방어함과 동시에 뒷손은 허리의 회전력을 이용하여 일직선으로 상대의 몸통을 가격하는 동작이다.

겨루기 상황에서 효율적인 뒷주먹 공격을 위해서는 지르는 주먹의 손등방향과 앞발의 움직임 그리고 앞발의 오금을 향한 뒷발 무릎의 이동이 중요하다. 상대의 몸통을 가격하는 뒷주먹의 손등은 위로 향하고 겨루기 자세 시 유지했던 손등의 방향과 유사하게 바깥쪽을 향해야 하며, 팔꿈치는 완전히 펴지 않고 다소 구부린 형태(140°~160°)를 유지해야 한다.

앞발의 움직임은 상대의 공격 강도를 약화시키고 근접한 간격을 유지할 수 있는 중요한 요인이므로 상대의 차기 시 상대의 방향으로 전진 이동되어야 한다. 또한, 앞발의 오금을 향한 뒷발 무릎의 자연스러운 이동현상은 강한 타격을 위해 요구되는 몸의 중심이동과 허리의 회전력이 동반되었음을 나타내며, 뒷발의 뒤꿈치는 바닥에 닿지 않은 상태를 유지하게 된다.

② 앞주먹 지르기

　앞주먹 지르기는 겨루기 자세에서 상대가 자신의 배 부위를 목표로 차기 공격을 시도 할 때 뒷손으로 방어함과 동시에 앞 손은 상체를 옆으로 틀어주면서 상대의 몸통을 지르는 동작이다. 앞주먹을 지를 때는 상체의 중심이 앞으로 쏠리면서 양발의 위치와 각도는 자연스럽게 틀어준다.

　앞주먹 지르기는 단일 동작으로 득점을 획득하려는 목적보다는 상대의 공격을 차단하거나 자신의 차기를 위해 거리를 확보하는 보조 수단으로 주로 사용된다.

　첫째, 상대의 공격을 차단하는 목적으로서의 앞주먹 지르기이다. 서로 같은 자세로 겨루는 상황에서 상대가 앞발을 이용한 차기에 이어서 연속적으로 차기를 시도하려고 할 때 첫 번째 앞발 차기 시 앞주먹을 이용하여 상대의 공격을 끊어줌으로써 상대의 연속적인 차기가 시도될 수 없도록 한다.

　둘째, 자신의 차기 시 보조수단으로서의 앞주먹 지르기이다. 자신이 연속적으로 차기를 시도하는 상황에서 자신의 배 부위를 목표로 상대의 받아 차기가 시도될 때 앞주먹 지르기로 상대의 받아 차기를 방어함과 동시에 자신의 차기가 연속적으로 원활하게 발휘될 수 있도록 연속적인 차기 거리를 유지하기 위한 보조수단으로써 사용된다.

(6) 차기

차기는 겨루기 상황에서 득점을 획득하기 위해 시도되는 발기술로써 복사뼈 이하의 발 부위를 이용하여 공격 또는 받아차기를 하는 겨루기 기술이다. 겨루기 상황에서 주로 사용되는 차기 기술은 돌려차기, 내려차기, 뒤차기, 후려차기, 밀어차기, 발붙여 차기, 나래차기, 돌개차기 등이 있다.

① 앞차기

앞차기 기술은 발 앞꿈치로 목표를 향해 앞으로 차는 기술로써 실전경기에서는 발 앞꿈치를 이용해서 공격하거나 득점을 얻는 경우는 거의 드물지만 차기 동작의 기본원리를 습득하기 위한 기술로써 매우 중요하다고 할 수 있다.

앞차기 기술은 타격점의 높이에 따라서 크게 몸통 앞차기, 얼굴 앞차기 2가지로 나눌 수 있다. 몸통 앞차기 기술은 무릎을 접어 앞으로 90° 정도 끌어올려 상대의 몸통 부분을 앞으로 차는 기술로써 차기 동작 시 몸의 중심을 유지하기 위하여 딛고 있는 디딤발을 중심으로 상체를 눕혀야 한다. 딛고 있는 디딤발은 무릎을 약간 구부린 상태로 앞꿈치를 축으로 발바닥 내측으로 50° 정도 내전하며 시선은 차는 발의 발끝을 주시하여야 한다.

얼굴 앞차기 기술은 몸통 앞차기 기술과 차는 방법은 동일하나 타격점의 위치가 얼굴 부위로써 얼굴을 찰 때 무릎을 접어 최대한 끌어올리면서 높게 차야 하며 상체는 중심을 유지하기 위하여 곧게 세워야 한다. 딛고 있는 디딤발의 무릎을 곧게 펴고 앞꿈치를 축으로 발바닥을 60° 정도 내전하며 시선은 차는 발의 발끝을 주시하여야 한다.

앞차기 기술의 중요한 요소로는 무릎을 끌어올려 차는 순간부터 타격점까지의 속도가 매우 중요하며 차기 동작에서 무릎은 완전히 곧게 펴며, 타격점에 닿는 순간 찬 발을 빨리 끌어당겨 접어야 한다. 무릎을 접은 후에는 다음 동작을 위한 준비자세로의 빠른 전환이 필요하다.

> **도움말**
> ※ 몸통 앞차기 무릎을 접어 끌어올림과 동시에 상체를 약간 눕혀 몸의 중심을 유지한다. 딛고 있는 디딤발의 무릎은 약간 구부린 상태로 무릎을 곧게 펴면서 빠르게 찬다.
> ※ 얼굴 앞차기 무릎을 접어 최대한 끌어올림과 동시에 상체를 세워 몸의 중심을 유지한다. 디딤발은 무릎을 곧게 편 상태로 무릎을 곧게 펴면서 빠르게 찬다.

② **돌려차기**

돌려차기는 겨루기 경기에서 많이 사용되는 기술로서 위치나 거리에 상관없이 공격 및 받아차기로 사용되기 때문에 가장 높은 득점력을 나타내는 차기 기

술이다. 겨루기 상황에서 돌려차기가 변화된 차기는 발붙여차기(몸통, 머리), 발 바꿔 돌려차기, 자세(폼) 바꿔 돌려차기, 앞발 끌어 돌려차기(몸통, 머리), 돌개차기, 나래차기 등이 있으며, 받아 차기로는 뒷발 받아 돌려차기(몸통, 머리) 앞발 받아 돌려차기(몸통, 머리), 앞발 뺏다 돌려차기, 나래차기 등이 있다. 돌려차기를 하는 방법은 다음과 같다.

ⓐ 차고자 하는 목표(몸통, 얼굴)를 향해 시선을 둔다.
ⓑ 무릎을 안쪽으로 접어 올림과 동시에 몸의 중심이 상대를 향해 이동될 수 있도록 한다. 무릎을 안쪽으로 접어 올릴 때 지면 지지발의 뒤꿈치는 반드시 들려야 하며, 앞굽을 축으로 몸의 회전이 이루어져야 한다.
ⓒ 안쪽으로 들어 올려진 무릎방향으로 골반을 넣어주면서 무릎을 뻗어 발등으로 목표를 찬다.
ⓓ 찬 발은 처음의 접힌 무릎 상태로 돌아오려고 일부러 끌어당기려 하지 말고 자연스럽게 형성된 스냅을 활용하여 빨리 다음 동작을 위한 준비자세를 갖춘다.

> **도움말**
> ※ 지지발의 뒤꿈치가 지면에 붙은 상태에서 돌려차기가 수행되면 앞축을 이용한 몸의 회전에 비해서 회전반경이 크기 때문에 목표한 부위를 빠르게 찰 수 없을 뿐만 아니라 일반적으로 엉덩이가 뒤로 빠진 상태의 돌려차기가 이루어진다.
> ※ 발목의 스냅을 주기 위하여 찬 발의 의도적으로 끌어당기려 한다면 목표 부위를 가격하는 순간에 힘이 최대로 전달될 수 없다.

③ **내려차기**

　내려차기는 고관절의 유연성을 이용하여 위에서 아래로 내려 차는 발기술이다. 겨루기 상황에서의 내려차기는 차는 다리를 무릎을 편 채로 머리 위까지 끌어올려 아래로 내려차기보다는 차는 발의 무릎이 지지발의 무릎을 스치듯 바짝 접어 끌어올렸다가 상대의 얼굴부위를 향해 뻗어주는 형태로 내려찬다. 시선을 얼굴을 향하고 지지발은 35°~65° 각도로 틀어주며, 뒤꿈치는 지면에 붙지 않아야 한다. 내려차기 시 지지발이 지면에 붙어있거나 90° 이상의 각도로 틀어지게 되면 몸의 중심이 아래로 쏠리게 되므로 원활한 내려차기를 수행할 수 없다. 내려차기는 상대와의 같은 자세에서 발붙여 내려차기로, 또는 상대가 자신의 옆구리를 목표로 돌려차기를 시도할 때 받아차기를 위한 앞발 내려차기로도 응용되어 사용된다.

> **도움말**
> ※ 발붙여 내려차기 공격 시 유의할 사항은 얼굴부위를 내려찬다는 생각보다는 접힌 앞무릎과 발바닥을 얼굴을 향해 밀어 차준다는 느낌을 시도해야 더욱 빠르고 효율적인 공격기술로 사용될 수 있다.

④ 뒤차기

상대의 움직임을 예측하여 가격지점을 설정해야 하므로 제자리에서 공격기술로 시도하기보다는 딛기를 활용하여 빠르고 길게 차야 한다. 딛기는 목표를 향한 신체의 움직임을 신속하게 할 뿐만 아니라 직선적인 뒤차기 공격이 이루어질 수 있는 보조역할을 한다. 딛기 시 지지하는 발의 뒤꿈치는 160°~180°로 틀어 목표를 향해야 하며, 딛기에 이은 뒤차기 시 지지발의 앞 축은 몸의 중심을 유지하며 미끄러지듯이 이동돼야 한다. 또한, 차는 발의 어깨가 열리게 되면 허리와 엉덩이가 과하게 틀어지기 때문에 목표를 향해 길고 정확한 공격 뒤차기를 수행할 수 없다. 따라서 차는 발의 어깨를 안쪽으로 조금 잡아당긴다는 느낌이 오도록 한다.

뒤차기를 받아 차는 목적으로 사용할 때는 받아 차고자 하는 가격지점의 설정이 중요하다. 일반적으로 가격지점은 상대가 서 있는 지점이 아닌 상대가 공격하여 자신의 몸통을 가격했을 때 위치하게 되는 상대의 몸통 지점이 되며, 자신이 서 있는 지점으로부터 약 90cm~1m 전방에 위치하게 된다. 따라서 뒤차기로 받아 찰 때는 상대의 공격 시 목표가 되는 몸통이 움직이는 동선을 고려하여 자신이 서 있는 지점으로부터 전방의 약 90cm~1m에 위치한 가상의 가격 지점을 찰 수 있어야 한다. 한편 받아 뒤차기를 차는 방법은 한발을 지면에 붙이고 차는 방법과 도약하여 차는 방법이 있으며, 무릎이 다소 구부려진 상태에서 타격돼야 한다.

> **도움말**
> ※ 몸을 돌려서 무릎을 올릴 때 회전력에 의해서 무릎이 벌어지는 것을 주의해야 하며 몸통은 너무 많이 외전되어서 엉덩이가 뒤로 빠지지 않도록 한다. 시선은 차는 발끝을 바라본다.

⑤ 후려차기

후려차기는 고관절의 이용하여 무릎을 펴면서 후리듯 원 회전을 하면서 발바닥이나 발뒤꿈치로 머리부위를 차는 발기술이다. 후려차기 기술은 앞·옆·뒤 후려차기가 있으며, 후려 찰 때 몸의 중심이 흔들리지 않고 지지발은 안정적이어야 한다.

겨루기 상황에서 후려차기는 받아차는 기술로써 뒤 후려차기가 주로 사용된다. 뒤 후려차기는 앞발을 축으로 몸과 허리를 360° 뒤로 회전하면서 차는 동작으로서 전신 조정력과 중심 이동 및 골반 유연성이 필요한 고난도 기술이다. 차는 방법은 머리부위를 빠른 회전을 통해 차주고 난 뒤 허리를 이용해서 활시위 당기듯이 발과 허리를 젖혀준다. 이때 가격 지점은 뒤차기와 동일하게 상대의 얼굴이 이동하는 동선을 고려하여 약 90cm~1m 전방을 감각적으로 차야 하며, 시선은 동작을 시도하기 직전에만 상대 선수의 얼굴에 고정한 뒤 동작 수행 시에는 시선을 상대 선수에게 유지하지 않은 상태에서 감각적으로 차기 동작을 수행한다.

> **도움말**
> ※ 앞발을 축으로 발바닥이나 뒤축으로 뿌리듯이 뻗었다 접으면서 후려 찬다. 이때 허리의 반동을 이용하는 것이 더욱 효과적이다.

⑥ 밀어차기

 밀어차기는 앞발 또는 뒷발의 무릎을 안쪽으로 접어 올려 발바닥으로 상대의 장골능 위의 부위를 밀어 차는 발기술이다. 밀어 차는 기술은 발붙여 밀어차기와 뒷발 밀어차기가 있으며, 밀어 찰 때 몸의 중심이 상대를 향하면서 상대 몸을 가격하는 발바닥의 각도는 45°를 유지하는 것이 이상적이다. 겨루기 상황에서 밀어차기 기술은 득점을 획득하기 위한 목적으로 사용되는 선제 공격기술이다. 또한, 상대가 뒤차기로 받아 차려고 할 때 발붙여(뒷발) 밀어차기로 상대의 뒤차기를 저지할 수 있으며, 밀어차기 후 상대가 중심을 잃고 뒤로 물러서면 다음 차기 기술의 연결이 용이하다.

 발붙여 밀어차기 기술은 상대와 같은 자세에서 축이 되는 앞발 쪽으로 뒷발을 끌어서 붙임과 동시에 앞무릎을 사선으로 90° 끌어 올려 상대의 장골능 위의 안쪽 측면(옆구리와 배 사이)을 뻗어 찬다. 뒷발 붙여 밀어차기 기술은 상대와 맞 자세에서 축이 되는 앞발 쪽으로 뒷무릎을 사선으로 90° 끌어 올려 상대의 장골능 위의 안쪽 측면(옆구리와 배 사이)을 밀어 찬다.

> **도움말**
> ※ 상대 몸을 가격하는 발바닥의 각도가 지면과 직각인 90°이면, 뻗어 차는 발이 상대의 몸통을 비켜서 가격할 수 있다. 특히, 상대의 뒤차기를 저지하려는 목적으로 시도한 밀어차기가 비켜서 가격되면 뒤차기의 회전력을 가속해 줌으로써 실점뿐만 아니라 위험한 상황을 맞이할 수 있다.

⑦ 발붙여 돌려차기

발붙여 돌려차기는 상대와 같은 자세인 상황에서 앞발을 이용하여 주로 상대의 배 부위를 가격하는 기술로써 가격하는 앞발 쪽으로 뒷발을 끌어서 붙임과 동시에 앞무릎을 사선으로 90° 끌어 올린 후 허리를 내측으로 틀어 차는 발기술이다. 발붙여 돌려차기 시 유의해야 할 점은 공격 시 어깨의 흔들림이 없어야 하며, 가격하는 앞발이 탄력적으로 나갈 수 있도록 뒷발을 빠르게 끌어 붙여야 한다. 또한, 강한 타격이 이루어지기 위해서는 차는 순간에 엉덩이가 빠지지 않도록 허리를 틀어주어야 하며, 타격점이 상대의 옆구리 쪽이 아닌 배의 안쪽을 가격하는 것이 득점을 획득하기가 용이하다.

> **도움말**
> ※ 차는 발의 무릎을 곧게 펴며 차는 발의 발목은 가볍게 힘을 뺀 상태여야 한다. 시선은 발끝을 향하며 허리를 넣어 엉덩이가 뒤로 빠지지 않도록 한다.
> ※ 타점에 닿는 순간 한 발을 빨리 끌어당기면서 무릎을 접는다.

⑧ 나래차기

　나래차기는 몸을 띄우면서 공중에서 양발을 번갈아 돌려차는 기술로써 받아 차기는 물론 공격 기술로도 사용된다. 나래차기는 공격 부위에 따라 몸통 나래차기와 얼굴 나래차기로, 처음 가격하는 발의 위치에 따라 앞발 나래차기와 뒷발 나래차기로 구분한다.

　앞발 나래차기는 뒷발을 축으로 앞발로 상대의 몸통 부위를 돌려찬 후 공중에서 축이 되는 뒷발을 점프하며 돌려차기와 같이 무릎을 접어서 몸통 또는 머리를 가격한다. 뒷발 나래차기는 앞발 나래차기와 반대로 앞발이 축이 되어 뒷발로 상대의 몸통 부위를 돌려찬 후 공중에서 축이 되는 앞발을 점프하여 몸통 또는 머리를 가격한다.

　나래차기 시 유의해야 할 점은 두 발이 공중에 띄어져 있는 상태이므로 가격할 때나 가격하고 난 후에도 넘어지지 않도록 중심을 잘 유지해야 한다. 또한, 두 발의 가격 강도가 동일할 수 없으므로 먼저 차는 발의 강도를 60~70%의 세기로, 두 번째 차는 발은 목표 부위를 정확하고 강하게 쳐야 한다.

> **도움말**
> ※ 뒷발을 돌려찬 후 공중에서 축이 되는 앞발로 점프하면서 공중에서 몸을 틀어준다.
> ※ 뒷발의 무릎을 접어 사선으로 90° 정도 끌어올리면서 허리를 틀어 몸통 부분을 돌려 차며 상체는 유지하기 위하여 곧게 세워야 한다.

⑨ 돌개차기

　돌개차기는 뒤로 뛰어 도는 회전력을 이용하여 돌려차는 발기술이다. 겨루기 상황에서는 상대가 물러설 것을 예측하여 회전을 이용하여 길게 돌아서 차는 기술이므로 공격 뒤차기와 유사하게 딛기를 활용하여 빠르고 긴 회전을 이용하여 가격해야 한다.
　돌개차기 기술은 상대와의 거리조절과 타이밍이 중요하다. 상대와의 거리는 발붙여 딛기에 이은 연속동작으로 뒷발을 뒤로 회전함과 동시에 축이 되는 앞발의 지면 반발력을 이용하여 회전하는 뒷발의 무릎을 앞으로 밀어주면서 조절해야 한다. 한편 돌개차기는 동작이 크기 때문에 상대에게 반격을 당할 확률이 높으므로 이점을 유념하여 공격하는 순간에 대한 세심한 판단이 요구된다.

> **도움말**
> ※ 타점에 닿는 순간 찬 발은 빨리 끌어당겨 무릎을 접는다. 상체는 중심을 유지하기 위하여 곧게 세워야 한다.
> ※ 찬 발은 디딤발을 축으로 앞에 딛고 준비자세로 돌아오거나 자세를 바꿔준다.

(7) 표적차기

① 표적차기의 개념

표적차기는 표적(타겟, 미트 등)을 활용한 차기 수련으로서 겨루기 시 주로 사용하는 차기의 정확성을 향상시키기 위한 목적으로 수행되며, 표적을 차는 수련자와 표적을 잡는 보조자가 각자의 역할을 병행하며 실시한다. 효율적인 표적차기를 위해서 보조자는 정확한 득점부위에 표적이 위치할 수 있도록 잡아야 하며, 수련자는 딛기를 응용하여 표적을 정확하게 가격함으로써 겨루기 상황에서 득점력을 높일 수 있도록 한다. 또한, 표적차기 시 수련자의 흥미를 유발할 수 있도록 다양한 표적차기 수련방법과 기술 유형을 적용해야 한다.

② 표적 잡는 법

실전 겨루기 연습 방법 중 가장 기초적이면서도 실전 타격과 가장 흡사한 연습 방법 중의 하나가 바로 표적차기 연습이라고 할 수 있다. 차기 종류에 따라 잡는 손의 각도를 달리해 연습 시 효율적인 타격을 할 수 있도록 잡는 방법이다. 표적을 잡고 있을 때는 힘을 뺀 상태에서 상대방이 표적차기 할 때 순간적으로 힘을 주어 상대방으로 하여금 타격감을 느낄 수 있도록 한다.

① 세워 잡는 법 (손목 뻗어 세운주먹 형태)

설 명

※ 돌려차기 연습 시 필요각도
※ 무릎을 접어서 완전히 돌려차게 하는 것으로 짧은 동작을 사용하여 근접한 거리 공격의 연습을 위해 표적을 수직으로 세워 잡는 방법.
※ 접지면의 충격센서 전자호구 연습에 필요한 돌려차기 연습방법

② 비켜 잡는 법 (비스듬히 손을 틀어준다.)

설 명

※ 돌려차기 연습 시 필요각도
※ 겨루기 실전에서 주로 이루어지는 차기 동작을 익히는 방법으로 자연스럽게 공격할 수 있는 거리에 대하여 빠르게 허리를 넣으며 공격하는 연습으로 표적을 45° 정도 눕혀 잡는 방법
※ 상대방에 동작에 따라 공격(제자리) 또는 빠져서 받아치는 연습방법

③ 눕혀 잡는 법 (손을 앞으로 뻗어준다.)

설 명

※ 앞차기 연습 시 필요각도
※ 스피드 차기 및 허리와 엉덩이를 목표물을 향해 집어넣는 동작을 숙달하는 방법으로 차기 사정권을 최대로 하여 차도록 표적을 수평으로 눕혀 잡는 방법.
※ 단발 공격, 받아차기 시 최대한 몸을 눕혀 차는 연습방법

④ 들어 잡는 법 (선서하듯이 손을 올려준다.)

설 명

※ 내려차기 연습 시 필요각도
※ 상황에 따라 짧게 길게 차는 방법으로 제자리에서, 나가면서, 뛰어가면서 차는 방법
※ 발붙여 내려차기 응용

⑤ 세워 틀어잡는 법 (표적을 세워서 틀어준다.)

설 명

※ 뒤후려차기 연습 시 필요각도
※ 상황에 따라 제자리에서, 빠지면서, 뛰어 뒤후려차는 방법
※ 두 손으로 X자로 잡아 뒤차기, 옆차기 응용

⑥ 뻗어 잡는 법 (표적을 메주먹 형태로 옆으로 뻗어준다.)

설 명

※ 뒤차기 연습 잡는 방법
※ 제자리에서, 한 발주고 나가면서, 뛰어 뒤차는 방법

■ **표적의 높이**

몸통 : 보조자의 배꼽과 명치 사이 높이로 팔을 뻗어 앞으로 내밀어 잡는다.

얼굴 : 보조자의 미간 사이 높이를 팔을 뻗어 앞으로 내밀어 잡는다.

■ **표적의 거리**

연습하고자 하는 발기술과 상대와의 거리를 가늠하여 수련자의 사정권 범위 내에서 「세워」, 「비껴」, 「눕혀」, 「들어」, 「틀어」, 「뻗어」 서 표적을 잡으며 보조해야 한다.

■ **주의할 점**

표적을 바르게 잡지 못하면 수련자 발의 연결 동작이 부자연스럽고 때에 따라서는 수련자의 관절에 손상을 주어 상해를 입힐 수 있다.

■ **표적 예절**

표적을 주고받을 시 상대방을 존중하는 의미로 항상 목례로 서로 상대방에게 예의를 표현하고 두 손으로 주고받도록 한다.

수련자 사이가 서로 동등하거나 위아래로 차이가(나이, 수련선배) 있을지라도 누구 할 것 없이 올바른 자세와 마음가짐으로 먼저 주고받음의 예의를 갖는 자세를 취한다.

③ 표적차기 수련방법

지도자는 표적차기 수련자의 흥미를 유발할 수 있도록 다양한 형태의 표적차기 수련방법을 적용해야 한다. 일반적으로 표적차기 시 사용되는 수련방법은 2인 1조 제자리 또는 이동 표적차기, 3인 1조 표적차기, 지그재그 표적차기, 순환 표적차기가 있다.

a) 2인 1조 표적차기

2인 1조 표적차기는 수련자와 보조자가 2인 1조로 짝을 이루어 제자리 또는 이동하면서 차기를 수행하는 수련방법으로서 서로의 역할을 교대로 시행한다. 2인 1조 표적차기는 겨루기 시 발생하는 전술적인 기술들을 표적을 이용하여 연출시킴으로써 겨루기 상황에서 거리를 유지하는 감각을 숙지하고 차기의 다양성과 정확성을 높임으로써 득점 능력을 향상하게 시키는 목적이 있다.

ⓐ 수련대형
- 2인 1조 제자리 대형 : 2열 또는 4열 횡대로 수련자와 보조자가 마주 보고 선 대형.
- 2인 1조 이동 대형 : 출발선을 중심으로 4열~6열 종대로 수련자와 보조자가 앞, 뒤로 마주 보고 선다.

※ A 대형 : 출발선을 기준으로 보조자가 앞에, 수행자 뒤에 위치한 후 이동하는 방향을 향해서 수련자가 차기를 수행하는 대형.
※ B 대형 : A 대형과 반대로 수련자가 앞에 위치한 후 이동하는 방향의 역방향으로 차기를 수행하는 대형.

ⓑ 수련방법 및 요령
■ 2인 1조 제자리 표적차기
- 지도자의 구령에 의해서 제자리에서 딛기와 속임 동작을 이용한 차기를 실시한다.
- 정확한 동작으로 실시하며, 거리감을 숙지한다.
- 단일 차기에서 연속 차기로, 단순 유형에서 복합유형 단계로 실시한다.
- 연속 차기는 차기와 받아 차기를 병행하며, 연결을 빠르고 부드럽게 한다.
- 빠른 차기는 지정 차기를 멈추지 말고 최대한 빠르고 연속적으로 실시한다.
- 자유롭게 이동하며 차기를 실시할 때는 겨루기 상황과 동일하게 공격 및 반격 상황을 부여함으로써 경기 적응 능력을 배양시킨다.

■ 2인 1조 이동 표적차기
- 출발선에서 종료 선까지 이동하면서 차기를 실시한다.
- 수련자는 이동 시 몸의 중심 유지와 보조자와 거리간격에 유념한다.
- 단일 차기, 연속 차기, 단순 유형, 복합 유형, 빠른 차기, 자유이동 차기를 실시하는 요령은 제자리 수련과 유사하다.
- 종료 선까지는 집중력을 가지고 차기를 실시한다.

b) 3인 1조 표적차기

　3인 1조 표적차기는 수련자 1명과 보조자 2명이 짝을 이루어 보조자 사이를 왕복하며 차기를 수행하는 수련방법으로써 서로의 역할을 순환적으로 교대하며 실시한다.

　3인 1조 표적차기는 보조자 사이를 신속하고 빠른 방향 전환을 통해 순발력과 민첩성을 향상하게 시킴으로써 겨루기 상황에서 순간 동작에 대한 대처능력을 높이려는 목적이 있다. 또한, 복합유형 수행 시 차기 및 왕복 횟수에 대해 부하를 증대함으로써 전문 체력을 배양한다.

　ⓐ 수련대형
　- 3인 1조 제자리 대형 : 3인이 한 개 조로 구성되어 수행자는 가운데, 보조자는 좌·우에 위치한 후 수행자가 왕복으로 이동하며 차기를 수행하는 대형

　ⓑ 수련방법 및 요령
　- 수련자는 좌·우로 왕복하며 빠르고 정확하게 차기를 수행한다.
　- 보조자는 지정된 차기가 원활하게 수행될 수 있도록 수련자와의 거리조절에 유념한다.
　- 1단계는 단일 차기를 중심으로 좌·우 왕복하며 빠르게 실시한다.
　- 2단계는 한쪽 방향은 2~3동작 연속 차기를 실시하며 반대 방향은 단일 차기를 왕복하며 실시한다.
　- 3단계는 복합유형 수행단계로 한쪽 방향은 차기가 선행된 복합유형을 실시하며 반대 방향은 받아 차기가 선행된 복합유형을 수행함으로써 전문 체력을 향상시킨다.

c) 지그재그 표적차기

　지그재그 표적차기는 수련자를 수행그룹과 보조그룹으로 구분한 후 보조그룹이 지그재그로 위치하여 표적을 잡은 후, 수행그룹은 지그재그로 이동하면서 차기를 수행하는 수련방법이다. 지그재그 표적차기는 2인 1조 제자리 표적차기와 유사한 점은 있으나 단일 차기를 딛기와 응용하여 천천히 또는 빠르게 이동하며 수행하기 때문에 초보 수련자들에게 차기에 대한 흥미와 재미를 제공하려는 목적이 있다. 또한, 수행그룹의 선두에서 수행하는 자의 차기와 자신의 차기를 비교함으로써 자신의 차기에 대

한 분석과 교정을 통해 차기의 정확성을 높이는 장점이 있다.

　ⓐ 수련대형
　- 지그재그 대형 : 수행그룹과 보조그룹으로 구성한 후 보조그룹은 지그재그로 위치하며, 수행그룹은 지그재그로 이동하며 차기를 수행하는 대형

　ⓑ 수련방법 및 요령
- 수행그룹은 지그재그로 이동하면서 차기를 수행하며 차기의 정확성을 높인다.
- 단일 차기를 중심으로 한 번은 천천히 실시하며, 다음은 최대한 빠르게 이동하며 실시한다.
- 수행그룹의 선두는 차기가 가장 정확한 수행자를 배치한다.

d) 1열 순환 표적차기

　1열 순환 표적차기는 수련자가 수행자와 보조자로 구분 없이 1열로 정렬 후 원 또는 사각형으로 순환하면서 표적을 잡거나 차기를 수행하는 수련 방법이다. 1열 순환 표적차기는 밀어차기(뒷발, 발붙여), 내려차기(뒷발, 발붙여), 공격 뒤차기를 빠르게 순환·이동하며 수행하기 때문에 수행자들에게 연속적인 차기 시 거리의 간격을 숙지시킴과 동시에 심폐지구력을 향상시킬 수 있다. 또한, 지그재그 표적차기와 유사하게 다른 수행자의 차기와 자신의 차기를 비교함으로써 스스로의 결점을 분석하고 교정함으로써 차기의 정확성을 높이는 장점도 있다.

　ⓐ 대형
- 1열 순환 원 대형 : 수련자가 출발선을 기준으로 1열로 정렬한 후 원을 그리며 순환하며 차기를 수행하는 대형
- 1열 순환 사각 대형 : 수련자가 출발선을 기준으로 1열로 정렬한 후 사각을 그리며 순환하며 차기를 수행하는 대형

　ⓑ 수련방법 및 요령
- 참여자는 수련자와 보조자의 역할을 순환하면서 실시한다.
- 원 또는 사각 대형을 정확하게 유지·순환하면서 차기를 수행하고, 차기 시 보조자

들의 표적 간격을 유념하여 연속적인 차기를 수행한다.
- 수련자 역할 시 앞사람과의 거리 간격을 유념하며, 정확한 동작으로 실시한다.
- 보조자 역할 시 타격점(몸통, 머리)을 정확하게 구분하여 표적을 잡는다.
- 밀어차기, 내려차기, 뒤차기를 중심으로 실시한다.

3) 겨루기 전술

(1) 겨루기 전술의 개념

겨루기 전술은 상대방의 자세와 움직임에 따라 정해 놓은 공격과 받아차기 기술을 말한다. 겨루기 기술의 가장 기본이 되는 공방기술로 이루어져 있으며 겨루기 전술 기술을 익힘으로 겨루기의 실전 상황에서도 기술을 주고받을 수 있다. 겨루기 전술은 상대방의 공격 형태에 따른 공격과 반격을 체계적인 단계로 공식화하였으며, 이는 상대방과 상호작용을 통한 기술 교류 습득과정이라 할 수 있다.

※ 겨루기 전술을 해야 하는 이유?

겨루기 전술은 상대방과 상호작용을 통한 기술 교류 습득과정으로 주어진 문제에 공식을 대입하듯 공격과 반격의 체계적인 유형들을 연습해야 하며 이를 통해 상대방 행동(공격형태, 방어형태)을 알 수 있다. 또한, 상대방의 기술에 따라 대처 유형(먼저, 같이, 나중)을 선택할 수 있으며, 상대방의 동작을 한 수 앞서 대처할 수 있는 심리적인 기술도 함께 습득할 수 있다.

※ 효과

상방과의 겨루기 상황에서의 예측, 판단을 내리고 신속한 행동 반응을 실행시켜 상대를 효과적으로 공략할 수 있다.

(2) 겨루기 공격 전술

겨루기 시 선수들의 움직임은 경기 상황에 따라서 다양한 형태로 나타난다. 보편적으로 공격하는 선수의 움직임(딛기 또는 차기)에 따라 상대 선수는 제자리에 서 있는 형태, 뒤(좌, 우)로 물러서는 형태 또는 차기를 차단하기 위하여 근접거리로 전진하여 붙는 형태로 구분할 수 있다. 따라서 공격 전술수련을 실시할 때는 앞서 언급한 움직임(제자리에 서있는 상태, 뒤로 물러나는 상태 등)을 설정하여 수련을 실시하는 것이 공격 전술의 학습효과를 높일 수 있다.

같은 자세에서 사용할 수 있는 차기는 발붙여 차기, 앞발 끌어 돌려차기, 발붙여 내려차기, 발 붙여 밀어차기, 뒷발 나래차기, 자세 바꿔 돌려차기 등이 있으며, 맞 자세에서 상용할 수 있는 차기는 뒷발 돌려차기, 밀어차기, 앞발 나래차기, 자세 바꿔 발붙여 차기, 뒤차기, 내려차기, 뒷발 내딛기를 활용한 발붙여 차기와 돌개차기 등이 있다.

① 같은 자세에서의 공격 전술 (엇서기 자세)
 a) 상대 선수가 제자리에 있는 상황

※ 발붙여 돌려차기

 발붙여 돌려차기는 같은 자세에서 상대를 가격하기 위한 가장 기본이 되는 차기로서, 지속적인 움직임으로 상대 선수의 타이밍을 빼앗은 후 상대의 몸통 또는 머리를 타격하는 기술이다. 보조자는 몸통 보호구를 착용한 상태로 실제 겨루기를 수행하는 딛기를 유지하여 발붙여 차기 동작을 수행하는 선수가 적절한 타이밍과 가격 거리를 조절할 수 있도록 도와주는 것이 중요하다. 또한, 수행자는 보조자가 제자리에서 있는 상황을 설정하여 진행되는 수련임으로 상체의 움직임을 최소화하여 빠르고 간결한 동작으로 발붙여 돌려차기를 수행하는 것이 몸의 중심을 뒤로 젖혀 큰 동작으로 발붙여 차기를 수행하는 것보다 효과적이다.

 발붙여 돌려차기를 수행할 때 주의할 점은 뒤쪽에 위치한 발이 지면에서 먼저 떨어지고 난 후 순차적으로 앞쪽에 위치한 발로 상대를 가격하는 동작보다는 양발이 동시에 지면에서 떨어지고 난 후 가격과 동시에 뒷발이 지면에 닿는 형태를 유지하는 것이 가장 이상적인 형태라고 할 수 있다. 또한, 상대를 가격한 후 최대한 빨리 상대 선수와 붙거나 뒤로 물러서는 동작을 수련에 포함해 상대 선수의 받아차기를 차단할 수 있는 후속 동작의 연습이 동시에 이루어질 수 있도록 한다.

> **도움말**
>
> ※ 지도자는 발붙여 돌려차기 기술이 완료된 후 상대의 받아 차기를 차단하기 위하여 붙거나 뒤로 물러서는 동작을 모든 상황에서 반드시 수행해야 하는 것은 아니다. 특히, 상대 선수와의 근접거리 시 연속 차기를 수행하는 것은 매우 효과적인 전술이 될 수 있다. 예를 들어 발붙여 돌려차기로 몸통 공격을 성공한 후 찰나의 순간에 상대 선수의 머뭇거림을 확인할 수 있다면 몸통 부위를 가격한 발로 재차 상대의 몸통 또는 머리 공격을 수행하는 것도 효율적인 전술이 된다.

※ 앞발 끌어 돌려차기(몸통, 머리)

앞발 끌어 돌려차기는 상대와의 거리 간격이 1m 내외에서 이루어지는 차기로서 공격적인 자세(중심이 앞으로 쏠린 상태)를 취하는 상대 선수를 공격하는 데 효과적이다. 즉, 뒤로 잘 물러서지 않고 공격적인 자세를 유지하는 선수에게 뒷발이 지면에서 떨어지지 않은 상태에서 뒤꿈치가 상대 선수를 향하도록 틀어줌과 동시에 골반을 길게 틀어 밀면서 최대한 길게 차는 기술이다. 앞발 끌어 돌려차기를 수행할 때 주의할 점은 뒷발이 먼저 움직이지 않으며 앞발을 들어줌과 동시에 자연스럽게 뒷발의 뒤꿈치가 상대를 향하도록 틀어주는 자세를 유지할 수 있도록 한다.

같은 자세 앞발 끌어 돌려차기 연속 동작

> **도움말**
>
> ※ 지도자는 앞발 끌어 돌려차기 수련 시 경기상황을 설정함으로써 수련의 효율성을 높이는 것이 중요하다. 예를 들어 보조자와 수행자에게 경기 종료 30초 전이며, 득점차이는 1~2점 차이가 난 경기상황임을 주의시킨 후 보조자에게는 득점의 획득하기 위하여 뒤로 물러서지 않고 공격적인 자세를 취하며 전진하는 상황을 연출시킨다. 이때 수행자는 보조자의 몸 중심이 앞으로 쏠림을 인지한 후 조금씩 뒤로 물러서다가 순간적으로 차기를 수행하는 방법으로 수련을 진행한다.

※ 발붙여 내려차기

 차등점수제로 경기규칙이 개정된 이후 회전이 이루어지지 않은 머리 공격은 3점을 부여함으로써 머리 공격을 시도하는 빈도가 증가하는 추세다. 발붙여 내려차기는 같은 자세에서 머리를 공격하는 대표적인 기술로써, 발붙여 차기와 동일하게 상체의 움직임을 최소화하여 빠르고 간결한 동작으로 수행되어야 한다. 발붙여 내려차기는 상체를 뒤로 젖히지 않은 상태에서 양발이 동시에 지면에서 떨어지고 난 후 앞발의 무릎을 바짝 접어 올려 상대의 머리를 향해서 밀어 차는 형태를 유지하는 것이 가장 이상적인 자세라고 할 수 있다.

 그러나 발붙여 내려차기의 경우 발붙여 차기보다는 상체가 서 있는 상태에서 동작이 이루어지는 특성상 상대 선수의 뒤차기 또는 뒤 후려차기 등과 같은 받아 차기에 노출되기 쉽다. 이에 뒤차기 등과 같은 받아 차기를 차단하기 위하여 발붙여 밀어차기 동작을 병행해가며 수행한다.

같은 자세 발붙여 내려차기 연속동작

> **도움말**
> ※ 지도자는 발붙여 내려차기 수련 시 보조자의 중심을 무너트릴 수 있는 발붙여 밀어차기를 병행시키며, 보조자는 수행자가 동작을 수행하는 순간에 맞춰 받아 뒤차기 자세를 취해주는 것으로 실제 겨루기 상황과 유사한 상황을 유지할 수 있도록 한다.

※ 뒷발 나래차기

뒷발 나래차기는 앞발이 축이 되어 뒷발로 상대의 몸통 부위를 돌려찬 후 공중에서 축이 되는 앞발을 점프하며 몸통 또는 얼굴을 가격하는 차기로서 성공적인 수행을 위해서는 가격하는 앞발에 중점을 두어야 한다. 뒷발 나래차기 시 강한 가격을 위해서는 허리와 골반을 틀어주는 동작이 자연스럽게 이루어져야 하며, 상대가 순간적으로 뒤로 물러설 수도 있으므로 상대가 제자리 또는 물러서는 상황을 고려한 수련을 수행한다.

같은 자세 뒷발 나래차기 연속동작

도움말

※ 지도자는 뒷발 나래차기 수련 시 수행자가 보조자의 움직임에 따라 순간적으로 거리를 조절할 수 있는 능력을 향상시키기 위하여 보조자에게 능동적인 움직임을 요구한다.

※ 자세 바꿔 돌려차기

　자세 바꿔 돌려차기는 상대 선수가 제자리에 서 있는 상태를 가정하여 맞 자세로 바꾼 후 뒷발 돌려차기로 공격하는 기술로써 자세 바꿔 딛기를 빠르게 수행함과 동시에 차기가 이루어져야 한다. 또한, 자세 바꿔 돌려차기는 겨루기 상황에서 상대선수가 앞발로 받아차기를 시도하는 경우 자세를 바꿔주는 속임 동작으로 상대선수의 앞발 받아차기를 유인한 후 상대의 몸통 또는 머리를 가격하는 기술로도 활용된다. 따라서 자세 바꿔 돌려차기는 상대 선수로 하여금 실제로 공격을 수행한다는 느낌을 일으킬 수 있을 정도의 강한 속임 동작이 우선적으로 요구되며, 상대 선수가 공격을 수행한다는 느낌을 받는 상황(앞발을 들어주는 상황)과 받지 않는 상황(앞발을 들지 않는 상황)을 구분하여 수행한다.

> **도움말**
> ※ 지도자는 자세 바꿔 딛기 시 양발이 동시에 지면에서 교체될 수도 있지만 앞발을 슬며시 뒷발 쪽으로 옮김과 동시에 뒷발을 기합과 함께 빠르고 강하게 앞발의 위치로 이동시킴으로써 상대의 타이밍을 뺏을 수 있는 변형된 딛기로서의 속임 동작도 전술 수련의 일환으로 숙련시킨다.

② 맞자세에서의 공격 전술 (맞서기 자세)
  a) 상대 선수가 제자리에 있는 상황

※ **뒷발 돌려차기**

뒷발 돌려차기는 맞 자세에서 상대를 가격하기 위한 가장 기본이 되는 차기로서 같은 자세에서 발붙여 차기 공격과 같이 상대 선수의 타이밍을 빼앗은 후 상대의 몸통을 가격하는 기술이다. 수련 보조자는 몸통 보호구를 착용한 상태로 실제 겨루기를 수행하는 딛기를 유지하여 뒷발 돌려차기를 수행하는 선수를 보조해야 한다. 수행자는 딛기와 속임 동작을 활용하여 보조자의 타이밍을 뺏는 것이 중요하다. 또한, 수행자는 뒷발 돌려차기 공격 후 다양한 연속 차기가 이루어질 수 있다는 사항을 염두에 두고 수련에 참여해야 한다.

맞자세에서 뒷발 돌려차기 연속동작

> **도움말**
> ※ 지도자는 수행자가 뒷발 돌려차기를 실시할 때는 보조자가 뒤차기로 받아 차기를 수행한다는 상황을 설정하여 의미 없이 뒷발 돌려차기가 수행되지 않도록 지도한다.

※ 뒷발 밀어차기

맞자세에서 선제공격으로 득점을 획득하기보다는 상대의 중심을 무너뜨린 후 연속적인 차기를 수행하기 위한 기술로써 상대의 회전을 활용한 받아 차기를 효율적으로 지지할 뿐만 아니라 뒷발 돌려차기의 성공확률을 높여줄 수 있는 기술이다.

뒷발 밀어차기 시 유의해야 할 사항은 상대를 강하게 밀어차기 보다는 상대의 장골능 위의 안쪽 측면 부위를 정확하게 밀어 차기로 중심을 무너트릴 수 있어야 한다.

맞자세에서 뒷발 밀어차기 연속동작

※ **짧은 앞발 나래차기**

짧은 앞발 나래차기는 맞 자세에서 뒷발을 축으로 앞발로 상대의 옆구리 부위를 돌려찬 후 공중에서 축이 되는 뒷발을 도약함과 동시에 무릎을 짧게 접어서 몸통 또는 머리를 공격하는 기술로써 단일 차기로 득점을 획득할 확률이 높은 기술이다.

짧은 앞발 나래차기의 수련 시 유의해야 할 점은 상대가 뒤로 물러서지 않기 때문에 두 번째 공격이 이루어지는 발의 무릎을 바짝 접어서 차야 하며, 공중에서 이루어지는 기술임으로 착지 후 자세를 신속하게 잡아야 한다.

맞자세에서 짧은 앞발 나래차기 연속동작

※ 자세 바꿔 발붙여 돌려차기

자세 바꿔 발붙여 돌려차기는 발 바꿔 딛기를 활용한 발붙여 차기 기술로써 자세 바꿔 딛기를 빠르게 수행함과 동시에 발붙여 돌려차기가 신속하게 이루어져야 한다.

맞자세에서 자세 바꿔 발붙여 돌려차기 연속동작

※ 옆구리 공격 뒤차기

옆구리 공격 뒤차기는 상대의 옆구리를 목표로 뒤차기로 공격하는 기술로써 앞발을 축으로 몸을 180° 뒤로 회전하면서 뻗어 차는 기술이다.

맞자세에서 옆구리 공격 뒤차기 연속동작

(3) 받아차기

받아차기는 상대의 차기에 대응하여 반격하는 것으로서 제자리 또는 물러 딛기를 활용하여 실시한다. 특히, 겨루기 상황에서는 상대의 차기가 다양하고도 순간적으로 이루어지기 때문에 상황에 맞는 효율적인 받아차기가 반사적으로 시도될 수 있도록 반복 수련이 요구된다. 같은 자세의 경우 상대가 발붙여 차기, 앞발 끌어 돌려차기, 발붙여 내려차기, 발붙여 밀어차기, 뒷발 내려차기, 자세 바꿔 돌려차기 등으로 공격할 때 받아치는 기술로써는 뒤차기, 뒤 후려차기, 앞발 돌려차기, 앞발 뺏다 돌려차기, 나래차기 등이 있다. 또한, 맞자세에서 상대가 뒷발 돌려차기, 자세 바꿔 발붙여 차기, 뒷발 밀어차기, 앞발 나래차기, 공격 뒤차기 등으로 공격 시 받아 차는 기술로써는 뒤차기, 뒤 후려차기, 앞발 돌려차기, 앞발 뺏다 돌려차기, 나래차기 등이 있다.

① 회전을 활용한 받아차기

회전을 활용한 받아차기란 상대가 같은 자세에서 발붙여 차기, 앞발 끌어 돌려차기, 발붙여 내려차기, 맞자세에서 뒷발 돌려차기, 자세 바꿔 발붙여 차기로 자신의 전면 부위를 공격할 때 회전을 더하여 받아 차는 기술이다. 뒤차기와 뒤 후려차기가 회전이 활용된 대표적인 받아 차기이며, 회전 동작이 수반되기 때문에 득점이 1점 추가로 부여된다. 뒤차기와 뒤 후려차기는 회전하며 동작이 수행되는 특성으로 인하여 상대가 공격을 시작하는 순간에 감각적인 동작으로 받아 차기를 수행해야만 공격하는 상대를 정확하게 가격할 수 있다. 또한, 회전이 이루어진 차기인 관계로 받아 차기 후 상대에게 반격을 허용할 위험이 크기 때문에 최대한 민첩한 동작으로 자세를 정비할 수 있는 후속조치가 요구된다.

※ 받아 뒤차기

뒤차기로 받아 차는 방법은 한 발을 지면에 붙이고 차는 방법과 두 발을 도약하여 차는 방법이 있으며, 타격 시 무릎이 다소 구부려진 형태를 유지한다. 일반적인 가격지점은 공격을 시도하려는 상대의 현 위치가 아니고 상대가 공격하면서 이동하는 거리를 감안하여 자신이 서 있는 지점으로부터 약 90cm~1m 전방에 형성된다. 따라서 상대가 자신을 향해 공격 차기를 시도할 때 형성되는 동선을 고려한 후 자신의 위치를 기준으로 90cm~1m 전방의 동선 상에 위치하게 될 몸통 또는 머리를 가격해야 한다. 예를 들어 뒤차기로 몸통을 받아 찰 경우 상대가 공격하는 순간에 자신의 전방 약 90cm~1m에 형성될 동선 상에 위치할 상대의 몸통을 예측하여 뒤차기를 시도한다.

받아 차기를 목적으로 한 뒤차기 전술수련은 보조자가 몸통보호구를 착용하거나 사각 표적을 활용하여 실시하며, 보조자는 지정된 차기를 실전과 같이 빠르게 수행하여 긍정적인 수련 효과를 얻을 수 있다.

같은 자세에서 발붙여 차기 공격 시 받아 뒤차기 연속동작 (제자리)

같은 자세에서 발붙여 차기 공격 시 받아 뒤차기 연속동작 (점프)

맞 자세에서 뒷발 돌려차기 공격 시 받아 뒤차기 연속동작 (제자리)

맞 자세에서 뒷발 돌려차기 공격 시 받아 뒤차기 연속동작 (점프)

※ 받아 뒤후려차기

뒤후려차기로 받아 차는 방법은 앞발을 축으로 몸과 허리를 360° 뒤로 회전하면서 뒷발로 상대의 머리부위를 가격하는 형태를 취한다. 일반적인 가격지점은 뒤차기와 유사하게 자신이 서 있는 지점으로부터 약 90cm~1m에 형성된다. 받아 차는 타이밍은 상대가 공격하는 순간에 상대의 머리가 움직일 수 있는 동선을 예측하여 자신의 전방 약 90cm~1m에 형성될 동선 상의 상대 머리높이를 향해 상체를 다소 숙이면서 감각적으로 뒤후려 찬다.

뒤후려차기 수련은 표적이나 보조자의 손을 가격하는 방법으로 수행한다. 보조자는 표적 또는 손을 자신의 어깨 위쪽에 위치하게 한 후 지정된 차기를 실전과 같이 빠르게 수행하며, 수행자는 보조자가 차기를 시도하기 위하여 움직이기 시작되는 순간에 설정한 가격지점을 감각적으로 뒤후려 찬다.

같은 자세에서 발 붙여 차기 공격 시 받아 뒤후려차기 연속동작 (제자리)

맞 자세에서 뒷발 돌려차기 공격 시 받아 뒤후려차기 연속동작 (점프)

> **도움말**
> ※ 지도자는 수행자가 뒤후려차기로 받아 차기를 시도할 때 상체가 서 있는 자세보다 낮아지는 점을 고려할 때 성공적인 수행을 위해서는 받아 차는 발의 높이가 상대의 목 부위를 향할 수 있도록 반복 수련시켜야 한다.

② 지르기를 활용한 방어

※ 앞주먹 지르기

앞주먹 지르기는 상대가 같은 자세에서 발붙여 차기 또는 앞발 끌어 돌려차기로 공격할 때 뒤로 물러서지 않고 앞발을 10시~11시 방향으로 약 10~20cm 전진 이동시키면서 뒷손으로 방어함과 동시에 앞 손으로 지르기를 시도함으로써 상대의 공격을 차단하는 기술이다.

또한, 앞주먹 지르기는 상대의 공격을 차단함과 동시에 앞발 또는 뒷발을 이용한 근

거리 차기를 시도할 수도 있다. 단, 앞주먹 지르기를 시도할 때 유의해야 할 점은 발붙여 차기와 유사한 형태로 공격이 이루어지는 발붙여 내려차기 시 위험한 사항을 초래할 수 있으므로 수행자의 판단력이 요구된다.

※ 뒷주먹 지르기

뒷주먹 지르기는 상대가 같은 자세에서 자신의 옆구리를 뒷발 돌려차기로 공격할 때 앞 손으로 방어를 함과 동시에 허리의 회전력이 동반된 뒷손으로 상대의 몸통을 가격하는 기술이다. 또한 같은 자세에서 상대의 뒷발 나래차기 공격 또는 맞 자세에서 앞발 나래차기로 공격할 때도 단일 동작으로 득점을 획득하거나 상대의 동작을 차단할 수 있다. 단 상대의 짧은 뒷발 내려차기 시 앞주먹 지르기와 마찬가지로 머리 공격을 허용할 수 있으므로 유의해야 한다.

같은 자세에서 뒷발 돌려차기 시 뒷주먹 지르기 연속동작

> **도움말**
> ※ 지도자는 지르기 동작을 통해서 득점을 획득할 수도 있으나 동작 수행이 종료된 후 상대와 일정 거리가 유지된다면 차기로 연결될 수 있다는 점을 수행자에게 주지시켜야 하며, 지르기에 이은 차기가 연결될 수 있도록 지도한다.

(4) 각 품(단)별 겨루기 전술

① 1품(1단)

겨루기 전술	1품(단)	(1) 앞차기 - 돌려차기	오른발 앞차기 - 왼발 돌려차기
		(2) 돌려차기 - 돌려차기	두 발 뒤로 내딛으며 오른발 돌려차기 두 발 뒤로 내딛으며 왼발 돌려 차기
		(3) 앞차기 - 내려차기	오른발 앞차기 - 왼발 내려차기
		(4) 돌려차기 - 내려차기	두 발 뒤로 내딛으며 오른발 돌려차기 두 발 뒤로 내딛으며 왼 내려차기
		(5) 돌려차기 - 돌려차기	오른발 돌려차기 - 왼발 돌려차기
		(6) 내려차기 - 옆차기	두 발 뒤로 내딛으며 오른발 내려차기 두 발 뒤로 내딛으며 왼발 옆차기

② 2품(2단)

겨루기 전술	2품(단)	(1) 돌려차기 - 얼굴 돌려차기	오른발 돌려차기 - 왼발 얼굴 돌려차기
		(2) 얼굴 돌려차기 - 내려차기	두 발 뒤로 내딛으며 오른발 돌려차기 두 발 뒤로 내딛으며 왼발 내려 차기
		(3) 발붙여 돌려차기 - 옆차기	발붙여 왼발 돌려차기 - 오른발 옆차기
		(4) 나래 차기 - 뒤차기	두 발 뒤로 두 번 내딛으며 왼발 오른발 나래차기 두 발 뒤로 두 번 내딛으며 왼발 뒤차기
		(5) 돌려차기 - 돌개차기	오른발 돌려차기 - 오른발 돌개차기
		(6) 나래차기 - 뒤차기	두 발 뒤로 내딛으며 왼발, 오른발 나래차기 두 발 뒤로 내딛으며 왼발 뒤차기

③ 3품(3단)

겨루기 전술	3품(단)	(1) 돌려차기 – 돌개차기 - 돌려차기	오른발 돌려차기 - 오른발 돌개차기 - 왼발 돌려차기
		(2) 돌려차기 – 나래차기 - 내려차기	두 발 뒤로 내딛으며 왼발 돌려차기 두 발 뒤로 내딛으며 왼발, 오른발 나래 차기 두 발 뒤로 내딛으며 왼발 내려차기
		(3) 발붙여 내려차기 – 내려차기 - 나래차기	발붙여 왼발 내려차기 - 오른발 내려차기 - 왼발 오른발 나래차기
		(4) 돌려 차기 – 뛰어 뒤차기 - 앞발 돌려차기	두 발 뒤로 두 번 내딛으며 왼발 돌려차기 두 발 뒤로 두 번 내딛으며 오른발 뛰어 뒤차기 두 발 뒤로 두 번 내딛으며 발 바꿔 왼 앞발 돌려차기
		(5) 발붙여 돌려차기 - 얼굴 돌려 차기 - 뒤후려차기	발붙여 왼발 돌려차기 오른발 얼굴 돌려차기 왼발 뒤후려차기
		(6) 앞발 돌려차기 – 나래차기 - 막고 지르면서 돌려차기	두 발 뒤로 내딛으며 오른발 돌려차기 두 발 뒤로 내딛으며 왼발, 오른발 나래차기 두 발 뒤로 내딛으며 오른손 막고 왼손 지르면서 왼발 돌려차기

④ 4품(4단)

겨루기 전술	4품(단)	(1) 돌려차기 – 돌려차기 - 얼굴 돌려차기	오른발 돌려차기 - 왼발 돌려차기 - 오른발 얼굴 돌려차기
		(2) 돌려차기 – 돌려차기 - 뒤후려차기	두 발 뒤로 내딛으며 왼발 돌려차기 두 발 뒤로 내딛으며 오른발 돌려 차기 두 발 뒤로 내딛으며 왼발 뒤 후려차기
		(3) 발붙여 내려차기 – 돌려차기 - 돌개차기	오른발 발붙여 내려차기- 왼발 돌려차기- 왼발 돌개차기
		(4) 돌려 차기 – 나래차기 - 뒤차기	두 발 뒤로 내딛으며 왼 앞발 돌려차기- 두 발 뒤로 내딛으며 왼발 오른발 나래차기 두 발 뒤로 두 번 내딛으며 왼발 뒤차기
		(5) 발붙여 돌려차기 – 뒤후려차기 - 뛰어 뒤후려차기	왼발 발붙여 돌려차기 - 두 발 뒤로 내딛으며 오른발 뒤후려차기 - 두 발 뒤로 내딛으며 뛰어 오른발 뒤후려차기

※ 스텝발차기 (코로나 19 예방을 위한 겨루기 스텝 발차기)

6. 격파

1) 격파란
2) 심사에 사용되는 격파 기술
3) 심사 시 사용되는 타격 부위 단련 및 연습방법
4) 수준별 격파예시
5) 격파부문 교수학습 및 평가

6. 격파

1) 격파란

(1) 격파의 정의

격파는 태권도가 가지고 있는 여러 가지 기법으로 목표물을 타격하는 기술로써 태권도 기술의 수준과 위력을 측정할 수 있는 자기 실력평가의 기준이라고 할 수 있다. 수련을 통하여 변화한 기술과 위력을 송판이나 기와, 벽돌 등의 격파물을 타격함으로써 수련자의 위력과 기량을 측정하고 평가하는 것이다.

(2) 격파의 의의

격파는 격파물에 대하여 이루어지는 단련된 신체의 한 부분을 이용한 충격량의 전달 과정이며 충격량의 전달 결과로 인하여 격파물이 파괴되는 것과 같은 형체 변화가 나타나게 되는 현상이다.

격파는 고도의 정신 집중, 정확성, 힘의 집중, 의지력의 위력 등 '정신과 힘과 기술'이 하나가 되었을 때 격파의 완결미가 구체화 된다.

(3) 격파의 교육목표
- 격파의 과학적 원리를 이해하고 활용한다.
- 몸의 사용부위와 힘의 원리 및 전달 과정을 이해하고 체득한다.

(3) 격파의 종류
- 위력 격파
- 기술 격파

2) 심사에 사용되는 격파 기술

- 손 (손날격파, 주먹격파)
- 발 (뒤차기격파)

(1) 손날격파

엄지손가락을 제외한 손바닥을 편 상태에서 네 손가락을 힘 있게 붙여 펴고 엄지는 손가락을 집게손가락 쪽으로 오므려 붙여서 손날의 볼록한 부분으로 격파한다. 이때 신체 중심이 격파물의 목표점으로 집중되도록 한다.

조립식 벽돌 1장 격파

조립식 기와 격파

(2) 주먹격파

손가락을 모두 편 다음 엄지손가락을 제외한 네 손가락을 힘있게 손바닥에 오므려 쥐고 엄지손가락은 집게손가락과 가운뎃손가락이 둘 때 마디에 구부려 붙인다.

사용부위는 집게손가락과 가운뎃손가락이 첫마디 중수골 앞부분으로 집중하여 타격 지점을 정한 후 허리의 회전을 이용하여 체중을 실어 목표물(점)을 향하여 뻗어 격파한다.

(3) 뒤차기격파

무릎을 들어 올리는 동시에 몸을 디딤발을 중심으로 120도 정도 틀어주며 신체의 중심을 격파물 방향으로 하여 무릎 관절의 탄력과 허리의 회전을 이용해서 발의 뒤축 부분으로 타격한다.

격파할 때 발에 체중을 실어야 하며 힘이 분산되지 않게 허리, 엉덩이, 무릎, 뒤꿈치까지 목표물과 일직선 유지하도록 하여야 한다.

3) 심사 시 사용되는 타격 부위 단련 및 연습방법

(1) 단련이란?

 태권도에서 단련이란, 손과 발 그 밖의 신체 일부분을 여러 번 반복적으로 충격을 주어 피부에 굳은살과 근육, 뼈를 단단하게 무기화시켜서 공격과 방어에 자신감을 갖게 하는 것이다.

(2) 단련부위

① 손 (손날, 주먹)
 (a) 손날 (수직 방향)
- 단련대를 가로로 앞발과 뒷발의 꼭지점 사이에 팔꿈치 부분이 오도록 놓는다. (한 뼘 정도 앞)
- 자세의 모양은 무릎 앉아 자세로 허리를 펴고 앞굽이 형태를 만들어 준다.
- 팔꿈치를 귀에 가깝게 올리며 자연스런 범위내에서 최대한 높이 들어 올린다.
- 몸은 최대한 신전하여 주며 몸통, 어깨, 팔꿈치, 손날 순으로 힘을 전달하여 가격한다.
- 몸통의 회전을 통한 힘을 손날에 전달한다.
- 반대 손은 자연스럽게 놓으며 단련하는 손과 반대방향으로 잡아당긴다.
- 손날은 팔목과 일직선이 되도록 하며 단단하게 한다. 팔목과 손목의 관절부위도 단련한다. 무릎에 가슴이 닿지 않도록 주의한다.
- 시선은 목표물에 두며 호흡은 크게 들어 마신 후 내뱉다가 목표물에 닿는 순간 멈춘다.
- 상처가 나거나 아프면 쉬었다가 아픔이 가시면 다시 시작한다.

(b) 주먹 (수직방향)

- 단련대를 세로로 앞발과 뒷발의 꼭지점 사이에 단련대 정중앙 부분이 오도록 놓는다.
- 자세의 모양은 뒷굽이 형태에서 앞굽이 형태로 변환한다. 몸의 중심이 뒷발 쪽에 두었다가 앞발 쪽으로 이동한다.
- 주먹은 가볍게 말아쥐고 집게손가락과 가운뎃손가락 첫마디 앞부분을 단련대 정중앙 위에 놓는다.
- 팔꿈치는 일직선으로 위를 향하게 하며 주먹은 가슴 높이까지 끌어 올린다. 어깨는 최대한 신전하였다가 격파물과 일직선이 되도록 만들어 준다.
- 뒤꿈치는 들어 올려 무릎과 몸을 최대한 신전하여 펴준다.
- 몸통을 회전하며 팔꿈치의 힘을 풀어 아래로 떨구어 준다. (중력의 원리)
- 주먹은 수직선 상에서 아래를 향하게 하며 몸통, 어깨, 팔꿈치, 주먹 순으로 힘을 전달하여 가격한다.
- 주먹이 단련대를 치는 순간 팔꿈치가 완전히 펴지면 안 된다.
- 반대 손은 자연스럽게 앞발 앞에 두고 단련대에 내려칠 때 반대방향으로 빠르게 잡아당긴다.
- 시선은 목표물을 향하며 호흡은 크게 들이마신 후 내뱉다가 목표물에 닿는 순간 멈춘다.

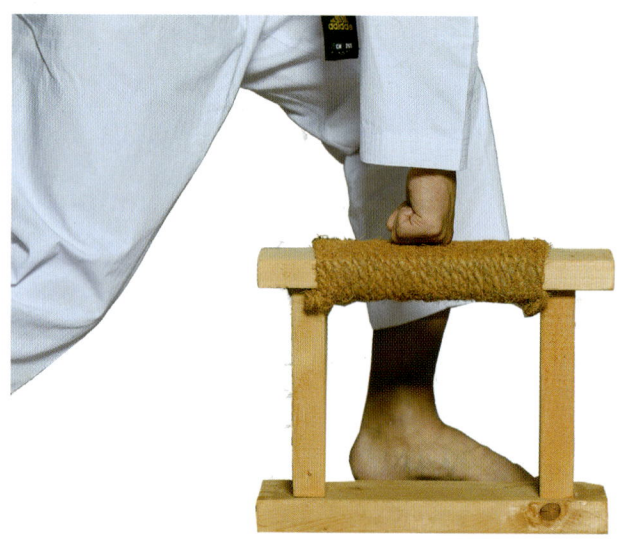

② 발(뒤축)

(a) 뒤축 (수평방향)

- 단련대와 마주보며 격파 자세를 취한다.
- 허리를 틀어 단련대와 반대방향(뒤차기 모양)으로 주춤서기 모양을 만든다. 어깨, 허리, 뒤축을 일직선상에 둔다.
- 중심을 이동하며 중심축의 회전을 이용하여 뻗어준다. 허리의 회전력을 직선운동으로 바꾸어 준다. 시선을 돌려 몸의 회전력을 도와주며 목표물을 향한다.
- 숙달되면 마주 바라보며 회전을 이용하여 뻗어준다.
- 처음부터 강한 충격을 주기보다는 점진적으로 충격을 올려준다.
- 시선은 목표물에 두며 호흡은 크게 들이마신 후 내뱉다가 목표물에 닿는 순간 멈춘다.
- 상처가 나거나 아프면 쉬었다가 아픔이 가시면 다시 시작한다.

(3) 격파 교수학습 방향

① 단계별 훈련과정의 교구는 부드럽고 크기가 큰 것부터 하고 이후에 단단하고 크기가 작은 목표의 교구를 활용하여 지도한다.

② 힘으로만 격파하기보다는 동작의 완성으로 격파가 이루어지도록 지도한다.

③ 수련자의 연령, 체력, 수련기간에 따라 격파 두께와 개수를 달리 지정한다.

④ 단계별 단련과정을 통해 신체 일부분을 단단하게 만들고 자신감을 갖게 지도한다.

4) 수준별 격파예시

구분	손날격파	주먹격파	발격파
유급자	손날 내려치기 1	세워 지르기 바로 지르기	앞차기 돌려차기
	얇은 송판	얇은 송판	얇은 송판
1품·단	손날 내려치기 2	내려지르기 1	옆차기
	조립식 플라스틱 기와 초급자용	조립식 플라스틱 기와 초급자용	조립식 플라스틱 기와 초급자용
2품·단	손날 내려치기 3	내려지르기 2	뒤차기 1
	조립식 플라스틱 벽돌 초급자용	조립식 플라스틱 기와 중급자용	조립식 플라스틱 송판 중급자용
3품·단	손날 내려치기 4	내려지르기 3	뒤차기 2
	조립식 플라스틱 벽돌 중급자용	조립식 플라스틱 기와 상급자용	조립식 플라스틱 송판 상급자용
4품·단 이상	손날 내려치기 5	내려지르기 4	뒤차기 3
	조립식 플라스틱 벽돌 상급자용	조립식 플라스틱 기와 상급자용 다수	조립식 플라스틱 송판 상급자용 다수

5) 격파부문 교수학습 및 평가
(1) 손날 내려치기

학습 내용		손날격파자세에서 손날을 감싸고 있는 근육으로 격파하는 것으로 손날을 몸 뒤에서 위로 올리며 회전하며 정점에서 멈추지 말고 앞으로 빠르게 내려치면서 격파한다. - 모든 손가락을 붙이고 마지막 관절만 살짝 구부려 손날에 힘을 모아 준다. - 교차 주먹이 당겨지고 다리, 허리, 팔꿈치, 손날 순서대로 자연스럽게 연결되어야 한다.
교수법	시선	- 격파하고자 하는 지점을 조준해서 격파 시까지 바라본다. - 격파물이 모두 깨질 때까지 고개를 돌려서는 안 된다.
	다리	- 앞굽이나 뒷굽이 자세에서 체중을 뒷발에 실었다가 앞발로 빠르게 옮긴다. - 두 무릎을 빠르게 구부리며 허리가 이어져 틀어지며 팔꿈치와 어깨를 잡아당긴다. - 뒤 발은 앞 축으로 지지하며 뒤축이 들리며 회전한다.
	몸통	- 조준상태에서 허리를 편안하게 뒤로 틀어 감아올리며 팔의 회전과 조화를 이룬다. - 왼쪽 어깨너머로 조준하며 오른쪽 팔꿈치로 격파하듯이 허리와 팔꿈치를 아래로 빨리 틀어 회전력을 높여준다. - 허리가 먼저 틀어져 들어가고 팔꿈치, 어깨와 손날이 바로 붙어 들어가야 한다.
	팔	- 조준 상태에서 팔꿈치를 뒤로 빼서 원심력을 이용하여 손날이 편안한 상태로 가장 높은 위치에 왔을 때 빠르게 내려친다. - 가격 시 격파물체와 손날은 수직이 되어야 하며 겨드랑이 윗부분이 붙어야 한다. - 교차 주먹은 격파물 위에서 장골능위로 힘차게 당기며 격파 손날보다 먼저 당겨야 한다.
주의사항		- 가격 시 교차 주먹이 몸에서 벌어져 있으면 수직으로 밑에까지 힘이 미치지 못한다. - 겨드랑이가 너무 많이 벌어져 가격이 되면 격파물에 미치는 힘이 적어진다. - 손날 뼈로 직접 가격이 이루어지면 골절상을 입을 수 있다.

준 비 물	준비 운동	보조 운동	단련 방법	정리 운동
격파물 받침대 여러 개의 고무판 조립식 기와	손목, 팔꿈치, 어깨 스트레칭 허리와 하체 스트레칭	자전거 튜브 당기기 (위에서, 뒤에서) 손날로 push-up 복근 운동	새끼줄 감아 치기 고무 벽돌 치기 종이 쌓아 치기 나무 벽돌 치기	손날 냉찜질 팔꿈치, 어깨 마사지 전신 스트레칭
평가	① 매우 잘함 ② 잘함 ③ 보통 ④ 못함 ⑤ 아주 못함	1. 서기 및 준비자세의 견고함 ( ) 2. 격파 시 체중 이동 ( ) 3. 격파 시 정확한 가격 ( ) 4. 격파의 성공과 강도 ( ) 5. 격파 후 안전한 자세 ( ) 6. 올바른 시선과 기합 ( ) 7. 상해 없는 안전한 격파 ( )		

(2) 세워 지르기

학습 내용		가까이 있는 목표를 세운 주먹 형태로 팔꿈치 관절을 다 펴지 않은 채 격파하는 초급 기술이다. - 기본 격파 자세에서 격파할 오른손을 손등이 바닥을 향한 채 장골능 위로 가져오며 왼손은 교차하여 뻗어주는 큰 겨룸새 에서 장골능 위로 빠르게 당기어 앞굽이로 전환하며 격파한다.
교수법	시선	- 기본 격파자세에서 격파물을 바라본다. - 격파되는 순간까지 격파지점을 바라본다. - 격파할 때 고개를 돌리거나 눈을 감아서는 안 된다.
	다리	- 측면 앞서기의 기본 격파자세에서 앞발을 앞굽이로 나아가며 전환한다. - 뒷발은 무릎을 곧게 뻗어주며 뒤꿈치는 들리지 않는다. - 뒷발을 힘차게 밀어주어 주먹까지 힘을 전달한다.
	몸통	- 기본격파자세에서 가슴을 열며 왼손은 큰 겨룸새로 교차하여 뻗어주고 격파할 오른손은 옆구리로 가져온다. - 겨룸새 한 왼팔의 팔굽치를 빠르게 당기고 허리를 틀며 앞굽이로 나가며 격파한다.
	팔	- 기본격파자세에서 왼팔은 앞으로 큰 겨룸새로 뻗어주며 오른 주먹은 옆구리로 들어온다. - 왼팔이 원하는 지점(팔굽치 내각 약 160도)에 다 왔으면 멈추지 말고 빠르게 잡아당기며 오른 주먹은 지르기를 빠르게 한다.
주의사항		- 지르기는 가까운 지점의 목표를 가격하는 세워 지르기를 먼저 지도한다. - 지르기 격파 시 목표지점은 바로지르기를 했을 때의 한 뼘 정도 앞이다. - 약한 격파물을 사용한다.

준 비 물	준비 운동	보조 운동	단련 방법	정리 운동
얇은 송판 약한 격파물	손목, 팔꿈치, 어깨 무릎, 허리 스트레칭	앞서기 에서 앞굽이로 전환하기 정권으로 push-up	빠르고 정확하게 지르기 연습 빠르게 팔 당기고 허리 트는 연습	주먹 마사지 상체 및 하체, 허리 스트레칭

평가	① 매우 잘함 ② 잘함 ③ 보통 ④ 못함 ⑤ 아주 못함	1. 서기 및 준비자세의 견고함 ( ) 2. 격파 시 체중 이동 ( ) 3. 격파 시 정확한 가격 ( ) 4. 격파의 성공과 강도 ( ) 5. 격파 후 안전한 자세 ( ) 6. 올바른 시선과 기합 ( ) 7. 상해 없는 안전한 격파 ( )

(3) (몸통) 바로지르기

학습 내용		- 기본 격파자세에서 왼발을 앞굽이로 내딛으며 오른 주먹의 정권 부위로 주먹의 등이 위로 오게 하여 격파한다. - 세워 지르기 격파보다는 강한 물체를 격파한다.
교수법	시선	- 기본 격파자세에서 격파물을 바라본다. - 격파되는 순간까지 격파지점을 바라본다. - 격파할 때 고개를 돌리거나 눈을 감아서는 안 된다.
	다리	- 기본 격파자세인 측면 앞서기에서 앞발을 앞굽이로 빠르게 바꿔준다. - 앞발 앞굽이로 바뀔 때 체중이 많이 실리며 격파가 될 때 무릎이 흔들려서는 안 된다. - 뒷발의 무릎은 곧게 뻗어주며 양 발바닥은 모두 바닥에 대준다.
	몸통	- 큰 힘으로 가격하기 위하여 어깨와 허리를 뒤로 자연스럽게 틀어 감아준다. - 감아준 허리와 어깨는 허리가 먼저 풀어져 들어가고 이어서 어깨가 따라 들어간다. - 가격 시 몸통은 30도 정도 틀어져 들어가야 큰 충격량이 발생한다.
	팔	- 격파를 하지 않는 팔은 원심력을 위해 격파물을 향해 160도 정도 뻗었다가 당겨준다. - 당겨주는 팔이 격파하는 주먹보다 조금 빠르게 당겨져야 한다. - 당기는 팔은 장골능 위 허리선에 견고히 붙어져야 한다.
주의사항		- 허리를 틀지 않고 어깨나 주먹의 힘으로만 격파해서는 안 된다. - 격파할 때 정권 부위로 정확히 가격해야 한다. - 체중을 앞굽이로 빠르게 옮기며 가격해야 큰 힘이 나온다. - 목표지점은 바로 지르기를 했을 때의 한 뼘 정도 앞이다.

준비물	준비 운동	보조 운동	단련 방법	정리 운동
연습용 격파물 격파용 송판	손가락 관절, 손목, 팔꿈치, 어깨 무릎, 허리 스트레칭	앞서기에서 앞굽이로 전환하기 정권으로 push-up	빠르고 정확한 지르기 연습 빠르게 팔 당기고 허리 트는 연습	주먹, 팔꿈치, 어깨 마사지 허리 스트레칭

평가	① 매우 잘함 ② 잘함 ③ 보통 ④ 못함 ⑤ 아주 못함	1. 서기 및 준비자세의 견고함 ( ) 2. 격파 시 체중 이동 ( ) 3. 격파 시 정확한 가격 ( ) 4. 격파의 성공과 강도 ( ) 5. 격파 후 안전한 자세 ( ) 6. 올바른 시선과 기합 ( ) 7. 상해 없는 안전한 격파 ( )

(4) (아래) 내려지르기

학습 내용		주먹 내려지르기 격파자세에서 바닥에 격파물체를 쌓아 놓고 바른 주먹의 정권 부위로 힘차고 빠르고 정확하게 내려지르면서 격파한다. - 격파물은 왼발의 안쪽과 오른 무릎의 앞이며 오른 어깨의 수직 아래에 위치한다.
교수법	시선	- 격파하고자 하는 지점을 조준해서 격파 시까지 바라본다. - 격파물이 모두 깨질 때까지 고개를 돌려서는 안 된다. - 맨 위의 격파물만 보는 것이 아니라 맨 하단까지 마음의 눈으로 보아야 한다.
	다리	- 앞굽이나 뒷굽이 자세에서 체중을 뒷발에 실었다가 앞발로 빠르게 옮기는 연습을 한다. (체형이나 습관에 따라 조금씩 달리할 수 있다.) - 두 무릎을 빠르게 구부리며 허리가 다리에 붙어서 틀어지며 어깨를 잡아당기는 과정을 숙달한다. 이때 뒷발은 앞 축으로 지지하며 뒤축이 회전하며 들린다.
	몸통	- 조준 상태에서 허리를 편안하게 뒤로 틀어 감으며 주먹을 어깨높이로 당겨 올린다. - 왼쪽 어깨너머로 조준하며 오른쪽 어깨로 격파하듯이 허리를 아래로 빨리 튼다. - 허리가 먼저 틀어져 들어가고 어깨가 바로 붙어 들어가야 한다.
	팔	- 격파 주먹은 조준상태에서 어깨높이까지 편안한 속도로 당기며 격파 순간 격파물과 수직이 되게 가격한다. - 교차 주먹은 격파 시 장골능 위로 힘차게 당기며 격파 주먹보다 먼저 당겨야 한다.
주의사항		- 지나치게 큰 허리 회전이나 격파할 주먹을 너무 높이 올리는 것은 좋지 않다. - 최초 격파 순간 허리가 앞으로 들어간 상태에서 가격이 시작되어야 한다. - 격파물이 높을수록 발과 허리와 주먹의 타이밍이 안 맞아 목표의 바깥쪽을 칠 수가 있으니 각별히 주의한다. - 격파물의 수는 능력에 따라 조절한다.

준 비 물	준비 운동	보조 운동	단련 방법	정리 운동
격파물 받침대 연습용 고무판 여러 개 조립식 기와	하체 스트레칭 손목 스트레칭 팔꿈치 스트레칭 어깨 스트레칭	정권으로 push-up 윗몸 일으키기 윗몸 뒤로 들어주기 튜브 밑으로 당기기	새끼줄 감아치기 종이 쌓아 치기 고무판 치기 나무판 치기	주먹, 팔꿈치, 어깨 부위 마사지 전신 스트레칭

평가	① 매우 잘함 ② 잘함 ③ 보통 ④ 못함 ⑤ 아주 못함	1. 서기 및 준비자세의 견고함 ( ) 2. 격파 시 체중 이동 ( ) 3. 격파 시 정확한 가격 ( ) 4. 격파의 성공과 강도 ( ) 5. 격파 후 안전한 자세 ( ) 6. 올바른 시선과 기합 ( ) 7. 상해 없는 안전한 격파 ( )

(5) 앞차기

학습 내용		기본 격파자세에서 정면에 있는 격파물을 뒷발 앞 축이나 발등으로 격파한다.
교수법	시선	- 준비자세부터 격파가 끝날 때까지 격파물을 바라본다. - 격파물이 깨지기 전까지 눈을 감거나 고개를 돌리지 않는다.
	다리	- 무릎을 가슴 앞으로 90도 이상 접어 올린다. - 접은 무릎을 펴면서 쭉 뻗어 찬다. - 디딤발은 무릎이 자연스럽게 구부러지며 효과적인 허리 쓰임을 위해서 안쪽 앞으로 자연스럽게 틀어준다.
	몸통	- 상체는 뒤로 조금만 젖혀 중심을 잡도록 한다. - 가격할 때에 몸이 옆으로 쓰러져서는 안 된다. - 골반은 앞쪽으로 쭉 밀어준다.
	팔	- 어깨나 팔에 힘이 들어가서는 안 되며 오른발 차기가 나갈 때 오른팔은 달리기처럼 뒤쪽으로 잡아채 주며 왼팔은 몸 앞쪽으로 당겨준다.
주의사항		- 격파물이 높은 위치에 있으면 차는 발의 무릎을 최대한 높이 접어 올려야 한다. - 허벅지 부상의 우려가 있으므로 충분히 준비 운동을 해야 한다. - 앞 축 격파가 어려우면 발등 격파도 가능하다. - 무리한 앞 축 격파는 발가락 골절상을 입을 수 있다.

준 비 물	준비 운동	보조 운동	단련 방법	정리 운동
연습용 격파물 격파용 송판	하체 스트레칭 허리 스트레칭 허벅지 스트레칭 발목 스트레칭	뒤축 세우고 앞축으로 달리기	앞축으로 고무 송판 차기	허벅지 근육마사지 하체 관절 마사지

평가	① 매우 잘함 ② 잘함 ③ 보통 ④ 못함 ⑤ 아주 못함	1. 서기 및 준비자세의 견고함 ( ) 2. 격파 시 체중 이동 ( ) 3. 격파 시 정확한 가격 ( ) 4. 격파의 성공과 강도 ( ) 5. 격파 후 안전한 자세 ( ) 6. 올바른 시선과 기합 ( ) 7. 상해 없는 안전한 격파 ( )

(6) 돌려차기

학습 내용		기본 격파자세에서 정면에 있는 격파물을 몸을 앞으로 돌려 앞축이나 발등으로 격파한다.
교수법	시선	- 준비부터 격파가 될 때까지 격파물을 바라본다. - 격파 시 차는 발의 어깨너머로 격파지점을 바라본다. - 격파물이 깨지기 전까지 고개를 돌리지 않는다.
	다리	- 차는 발 무릎을 가슴 앞쪽으로 접어 올린다. - 디딤발은 차는 발이 돌아갈 때 같이 돌려준다. - 디딤발과 몸이 동시에 돌아가며 접은 무릎을 빠르게 펴며 찬다. - 격파 시 무릎이 아래로 떨어지지 않도록 올려 준다.
	몸통	- 상체는 뒤로 30도 정도만 젖혀지게 하여 균형과 속도를 좋게 한다. - 가격 할 때에 허리를 구부리지 말고 곧게 펴 준다. - 허리가 먼저 들어가며 이어서 상체가 따라 돌아가야 한다.
	팔	- 어깨나 팔에 힘이 들어가서는 안 되며 오른발 차기가 나갈 때 오른팔은 오른 허리 뒤쪽으로 잡아채 주며 왼팔은 몸쪽으로 붙여서 오른팔을 따라가듯이 당겨준다.
주의사항		- 격파물이 높은 위치에 있으면 차는 발 무릎을 최대한 높이 접어 올려야 한다. - 높이 찰 경우에는 디딤발의 중심 잡기가 중요하다. - 앞 축 격파가 어려우면 발등 윗 부분 격파도 가능하다. - 무리한 앞 축 격파는 발가락 골절상을 입을 수 있다.

준 비 물	준비 운동	보조 운동	단련 방법	정리 운동
연습용 격파물 격파용 송판	하체 스트레칭 허리 스트레칭 허벅지 스트레칭 발목 스트레칭	디딤발의 회전력 강화를 위한 앞축으로 틀어주기	앞축(발등)으로 고무 송판 차기	관절 마사지 하체 스트레칭
평가	① 매우 잘함 ② 잘함 ③ 보통 ④ 못함 ⑤ 아주 못함	1. 서기 및 준비자세의 견고함　(　) 2. 격파 시 체중 이동　(　) 3. 격파 시 정확한 가격　(　) 4. 격파의 성공과 강도　(　) 5. 격파 후 안전한 자세　(　) 6. 올바른 시선과 기합　(　) 7. 상해 없는 안전한 격파　(　)		

(7) 옆차기

학습 내용		기본 격파자세에서 무릎을 가슴 앞으로 접어 당기고 내 몸을 앞 방향 옆으로 돌려서 옆으로 격파물을 바라보며 곧장 뻗어 차는 격파이다. - 디딤발과 허리의 힘과 뻗어지는 발의 힘을 이용해 뒤축의 날 부위로 찬다.
교수법	시선	- 준비부터 격파될 때까지 격파물을 바라본다. - 격파물이 깨지기 전까지 시선을 유지하며 절대로 고개를 돌리지 않는다.
	다리	- 디딤발은 무릎을 접어 옆으로 돌릴 때 130도 정도 안쪽으로 돌아가고 뻗어 찰 때 더 돌아가며 180도 회전한다. - 차는 발 무릎은 최대한 몸 안쪽으로 접어 당긴 후 뻗어 차야 큰 힘을 낼 수 있다. - 격파하는 순간에는 골반을 격파물 쪽으로 밀어 최대한 깊숙이 발을 꽂듯이 찬다.
	몸통	- 상체를 너무 많이 뒤로 젖히면 시선을 놓치며 너무 세우면 큰 힘이 안 나온다. 격파물의 높이에 따라 다르지만 30도 정도만 뒤로 젖힌다. - 가격 순간 차는 발과 동시에 허리를 깊숙이 틀어 밀어 허리와 하체의 힘을 이용한다. - 격파 시 몸에 힘을 빼며 가격 순간에 수축을 통한 힘이 받쳐 주어야 한다.
	팔	- 팔이 몸에서 많이 벌어지게 되면 체중이 분산되고 정확성이 떨어지므로 차는 순간 몸쪽으로 자연스럽게 모아 겨드랑이에 붙여 준다. - 협응력을 위하여 자연스럽게 움직이도록 한다.
주의사항		- 몸에 힘을 빼고 빠르게 차며 가격 시에만 수축을 통한 힘이 전달되어야 한다. - 뒤축의 날 부위로 정확하게 격파해야 많은 양을 격파할 수 있다.

준비물	준비 운동	보조 운동	단련 방법	정리 운동
연습용 격파물 격파용 송판	하체 관절 및 근육 스트레칭 허리 스트레칭	디딤발 빠르게 틀기 옆 차고 버티기	나무판자 뒤축 날로 치기 스냅으로 허공 옆차기	뒤축의 날 마사지 무릎 마사지 허벅지 마사지 고관절 스트레칭

평가	① 매우 잘함 ② 잘함 ③ 보통 ④ 못함 ⑤ 아주 못함	1. 서기 및 준비자세의 견고함 ( ) 2. 격파 시 체중 이동 ( ) 3. 격파 시 정확한 가격 ( ) 4. 격파의 성공과 강도 ( ) 5. 격파 후 안전한 자세 ( ) 6. 올바른 시선과 기합 ( ) 7. 상해 없는 안전한 격파 ( )

(8) 뒤차기

학습 내용		기본 격파자세에서 정면의 격파물을 바라보며 앞발 축으로 바깥쪽으로 회전하며 시선과 상체를 뒤로 돌아 바라보며 뒷발 무릎을 앞으로 접어 올린 후 뒤축의 날 부위로 곧고 빠르게 차서 격파한다.
교수법	시선	- 차기를 하기 전에 시선은 목표물을 바라본다. - 뒤차기를 차기 위해 다리를 접었을 때 어깨너머로 목표물을 바라본다. - 격파하고 발을 내려놓을 때까지 시선을 떼지 않는다. - 어깨너머로 격파물을 봐야 하므로 가격 순간에는 격파물을 못 볼 수도 있다.
	다리	- 뒷발을 뒤로 접을 때 앞발은 130도 정도 격파물 방향으로 틀어준다. - 뒤로 접은 무릎은 디딤발 무릎과 간격을 좁게 해주며 몸 밖으로 벌어지지 않게 한다. - 가격 시 디딤발은 뒤꿈치가 앞을 보도록 틀어주며 뒤축의 날 부위로 쭉 뻗으며 찬다. - 한발 주고 뒤차기는 기본 뒤차기가 완성된 이후 찬다.
	몸통	- 뒤차기를 찰 때 등판이 격파물을 향해야 하므로 차는 쪽 어깨가 열리지 않아야 한다. - 뒤축과 고관절, 견갑골이 일자가 되도록 상체를 바르게 한다. - 상체를 너무 세우거나 숙이지 않는다.
	팔	- 팔을 회전 방향으로 돌려 원심력을 크게 해준다. - 뒤차기를 찰 때 팔은 내 몸에서 크게 벌어지지 않게 하여 힘과 속도를 이용한다.
주의사항		- 어깨가 열려서 옆차기처럼 차서는 안 된다. - 무릎은 접어주어 가슴 쪽으로 당겼다가 찬다. - 회전력에 의해 양팔이 지나치게 양옆으로 벌어지지 않게 한다. - 접어 올린 상태에서 발차기의 운동 방향은 곡선이 아닌 직선이어야 한다.

준 비 물	준비 운동	보조 운동	단련 방법	정리 운동
연습용 격파물 격파용 송판	발목 스트레칭 무릎 스트레칭 허리 스트레칭 하체 스트레칭	디딤발 틀며 무릎 접기 연습 직선으로 뻗어 차기	뒤축날로 걷기 뒤축날로 송판차기	뒤축의 날 마사지 발목 스트레칭 무릎 스트레칭 하체 스트레칭

평가	① 매우 잘함 ② 잘함 ③ 보통 ④ 못함 ⑤ 아주 못함	1. 서기 및 준비자세의 견고함 ( ) 2. 격파 시 체중 이동 ( ) 3. 격파 시 정확한 가격 ( ) 4. 격파의 성공과 강도 ( ) 5. 격파 후 안전한 자세 ( ) 6. 올바른 시선과 기합 ( ) 7. 상해 없는 안전한 격파 ( )

IV. 부록

1. 승품·단 심사 이후 응심자 관리
2. 찾아가는 승품·단 심사 안내

1. 승품·단 심사 이후 응심자 관리

 태권도 심사에 합격하기 위해서는 많은 시간과 노력이 필요하다. 심사를 앞두고 평소보다 과도한 연습량의 증가는 정신적 스트레스가 될 수 있다. 수련생은 심사를 마친 이후에 어려운 승품·단 심사를 마쳤다는 해방감이 생기며, 수련을 지속하지 못하고 휴관 또는 퇴관할 우려가 있다. 특히 준비 과정이 힘들었던 수련생일수록 퇴관할 가능성이 크다. 태권도 심사를 마친 수련생이 도장에서 수련을 이어가기 위해서는 세심한 관리가 필요하다.

1. 심사 결과 발표 및 불합격자 관리
 심사 일정에 따라 발표되는 심사 결과를 공지한다. 불합격자는 불합격 이유에 대해 상세히 설명하고, 다음 심사 일정에 대한 상담을 실시한다. 불합격 공지는 문자로 하기보다는 전화를 통한 상담을 권장한다.

2. 상위 품(단)에 대한 설명
 상위 품(단)으로 오르기 위한 수련기간을 안내하고, 품(단)별 교육 프로그램을 제시하여 태권도 수련이 이어질 수 있도록 한다.
 예를 들어 1품에 합격한 경우, 2품을 취득하기까지 필요한 수련기간과 2품을 준비하는 교육과정에 대한 설명이 있으면 좋다. 상담을 통해 설명하거나, 영상이나 안내문 제작하여 안내하는 방법이 있다.

3. 품(단)증 수여식을 통한 성취감 고취
 품(단)증이 발급되면 단순히 나눠주기보다는 기념사진을 촬영하거나 여러 수련생 앞에서 수여식을 진행하는 게 좋다. 품(단)증을 받는 수여식은 어려운 심사를 무사히 마치고 합격한 수련생의 성취감을 고취할 수 있다. 더불어 수여식을 참관하는 수련생들에게는 승품·단 심사에 대한 목표의식이 생기는 효과를 줄 수 있다.

※ 합격자에게 지급하는 가정통신문 예시

CONGRATULATION

국기원 공인 1품 합격을 축하합니다.

학부모님 안녕하세요.
○○이의 1품 합격을 축하합니다.
부모님의 귀한 아들 ○○이가 긴장된 모습으로 도장의 문을 들어서던 모습이 아직까지도 생생하게 기억납니다.
4계절의 변화 속에서 꾸준히 노력한 ○○이가 열심히 노력한 결과 드디어 1품에 합격했습니다.
지도한 사람으로서 매우 기쁘며, 앞으로 발전할 ○○이의 모습에 기대가 큽니다.

태권도 품증은 국기원 전산실에 평생 등록되며, 품증은 만 15세가 되면 단증으로 자동 전환됩니다(4품은 전환교육 이수). 태권도 단증은 사회 각 분야에서 우대받는 가치 있는 자격증입니다.

태권도 품으로 최고 과정은 4품(이후 5단에서 9단 과정)입니다.
1품에서 4품까지 오르는 첫 관문을 통과한 ○○이에게 아낌없는 칭찬을 부탁드립니다.
1품 합격이 더 높은 곳으로 향하는 디딤돌이 되길 바랍니다.

매사에 최선을 다하는 ○○이기에 앞으로 더욱 큰 발전이 있을 것이라 생각합니다.
가정에서도 많은 격려와 성원을 부탁드립니다.

2022년 ○월 ○일
○○○태권도장
관장 ○○○ 드림

Curriculum & Direction

1품 교육과정 및 방향

　　1품은 태권도 유단자로서의 첫 단계입니다. 국기원 승품·단 연한 규정에 따라 1품 합격 후 최소 1년의 의무수련 기간을 거치면 국기원 2품 심사에 도전할 자격이 주어집니다.
1품 과정에서는 초급자에 비해 난이도가 높은 도약, 회전 발차기와 응용기술 등을 교육합니다. 발전하는 자녀의 모습에 많은 관심 가져주시길 바랍니다.

　　우리 OOO태권도장은 인성교육을 최우선 가치로 교육하고 있습니다. 예와 효를 갖춘 사람은 모든 이에게 칭찬을 받는다는 교훈을 가슴에 심어주어 참된 인품을 기르도록 지도하겠습니다. 사람은 좋은 교육을 통해 바르게 성장합니다. 도장에서 실시하는 다양한 교육이 건전한 사회인으로 살아가는데 큰 보탬이 될 것입니다.

　　항상 보이지 않는 곳에서 자녀의 교육에 여러모로 애써주시는 학부모님께 진심으로 감사의 인사를 드립니다. 저희 지도진은 오늘에 만족하지 않고 내일을 위해 연구하고 노력하는 모습을 보이도록 하겠습니다.

　　다시 한번 1품 합격을 축하합니다. 꾸준한 수련으로 건강한 몸과 마음을 가지길 바랍니다. 항상 열정과 사랑으로 지도하겠습니다.

2022년 O월 O일
OOO태권도장
관장 OOO 드림

CONGRATULATION

국기원 공인 2품 합격을 축하합니다.

학부모님 안녕하세요.
○○이의 2품 합격을 축하합니다.
도장에서 하얀띠를 매고 첫 시작을 했던 시절이 엊그제 같은데 벌써 2품에 당당히 합격했습니다.
○○이도 어려운 심사준비 과정을 잘 소화하고 좋은 결과를 얻었기에 많이 기쁘리라 생각합니다.

태권도 품증은 국기원 전산실에 평생 등록되며, 사회 각 분야에서 우대받는 가치 있는 자격증입니다.
태권도 품으로 최고 과정은 4품(이후 5단에서 9단까지 과정)까지 입니다. 1품에 이어 2품에 합격한
○○이가 꾸준한 수련을 이어가도록 가정에서도 많은 관심과 성원 바랍니다.

앞으로 도전하게 될 태권도 3품은 초등학생 과정 중에선 최고 수준의 단계입니다.
도장에서 항상 열정적으로 배우는 ○○이기에 앞으로 더욱 큰 발전이 있을 것이라 기대합니다.
도전을 통해 더욱 성장하고 발전하도록 도장에서도 각별히 신경을 쓰겠습니다.

2022년 ○월 ○일
○○○태권도장
관장 ○○○ 드림

Curriculum & Direction

2품 교육과정 및 방향

노력하고 최선을 다하는 사람에게는 성공이 뒤따릅니다. 성공하는 사람은 자세부터가 다릅니다. 도장에서 태권도 수련을 통해 성공하는 습관을 기르도록 지도하겠습니다.

이제는 3품을 향해 열심히 수련합니다. 국기원 승품·단 연한 규정에 따라 2품 합격 후 최소 2년의 의무수련 기간을 거치면 국기원 3품 심사에 도전할 자격이 주어집니다.

○○○태권도장에서는 다양한 교육을 합니다. 열심히 운동하여 신체를 단련하고, 선후배와의 관계를 통해 건전한 사회성을 키우는 전인교육을 실시합니다.

2품 교육과정에서는 호신 능력 함양에 중점을 두고, 다양한 고급 기술을 배울 수 있습니다. 어린 시절 다양한 신체 자극은 성장과 발달에도 긍정적인 영향을 줍니다.

항상 보이지 않는 곳에서 ○○○태권도장을 위해 각별한 애정을 보내주신 학부모님께 감사의 인사를 드립니다. 3품에 도전하는 교육과정도 열정과 사랑으로 지도하겠습니다.

2022년 ○월 ○일
○○○태권도장
관장 ○○○ 드림

CONGRATULATION

국기원 공인 3품 합격을 축하합니다.

학부모님 안녕하세요.
○○이의 3품 합격을 축하합니다.
○○이가 오랜 기간 동안 태권도와 인연이 되어 열심히 수련했는데, 드디어 3품에 합격했습니다. 1품과 2품 과정에 이어 3품까지 당당히 합격한 ○○이에게 박수를 보냅니다. 3품 심사에 합격하기 위해서는 상당히 많은 시간과 노력이 필요합니다. 그런 값진 자격증이기에 사회에서도 태권도 단증을 매우 우대합니다. 사회생활을 통해 단증의 가치를 느끼게 될 것입니다.

성공하는 사람은 좋은 습관에 익숙해져 있습니다. 운동하는 좋은 습관은 성공하는 사람의 공통적인 습관입니다. 하루 1시간 태권도 수련은 일상에 활력을 주고, 활력은 생활의 경쟁력이 될 것입니다.

청소년 시기에 운동은 필수입니다. 태권도 수련을 통해 사춘기 시절의 스트레스를 해소하고, 신체의 성장과 발육을 극대화할 수 있습니다. 무엇보다 청소년기 운동을 통한 근육의 성장은 미래의 성인병을 근본적으로 없애고, 좋은 가치관을 형성시키는 데 도움이 됩니다. 하루 1시간 정도의 적절한 운동은 학업에도 매우 좋은 영향을 미칩니다.

그동안 심사를 준비하며 어려운 과정을 이겨낸 ○○이에게 가정에서도 아낌없는 칭찬을 해주시길 바랍니다.

2022년 ○월 ○일
○○○태권도장
관장 ○○○ 드림

Curriculum & Direction

3품 교육과정 및 방향

　○○○태권도장에서는 3품 수련생이 되면 다양한 고급 기술을 지도합니다. 태권도의 다양한 기술 발차기, 몸을 보호하는 응용낙법과 실전호신술, 더불어 리더십을 키우기 위한 교육을 합니다. 리더십을 기르기 위해서는 가르치는 경험이 중요합니다. 도장의 후배를 지도하며 교범의 역할을 함께할 것입니다.

　태권도 단증은 높을수록 희소성이 있고 가치를 인정받습니다. 이제 마지막 4품 과정에 도전합니다. 4품은 품의 마지막 최고 과정입니다. 국기원 승품·단 연한 규정에 따라 3품 합격 후 최소 3년의 의무수련 기간을 거치면 국기원 4품 심사에 도전할 자격이 주어집니다. 4품은 추후 4단으로 전환하여 태권도사범 자격증에 응시할 수 있고, 도장을 개설할 수 있는 필요조건입니다. 단증의 우대와 혜택은 사회에서 빛을 발합니다.

　○○이가 태권도 품의 최고 단계인 4품에 오르도록 최선을 다하길 바라며, 가정에서도 아낌없는 관심과 성원을 부탁드립니다.

2022년 ○월 ○일
○○○**태권도장**
관장 ○○○ 드림

2. 찾아가는 승품·단 심사 안내

1) 심사장소(태권도장) 및 복도, 계단, 엘리베이터, 현관 등 소독
2) 심사 책임관, 검인관, 진행위원, 응심자 마스크 의무 착용(귀가 시까지)
3) 심사 책임관, 검인관, 진행위원, 응심자 체온 체크, 손소독 후 입장·퇴장 (귀가 시까지)
(입장 시 유증상자 및 체온 37.5도 이상자는 출입 금지 및 귀가 조치)
4) 심사장 입장 시 응시자 본인 여부 확인 후 입장
5) 심사장 및 대기 장소의 응시자 거리 두기 2m 간격 유지 (전·후, 좌·우) 및 자리 배치표 부착 (소속 태권도장 지도자 협조)

3명	4명
②―① 2m 간격 ③	②―① 2m 간격 ④―③

6) 검인관, 동영상 촬영 위치 등을 사전 점검
7) 검인관, 심사 응시자 연명부 확인 후 번호와 성명을 호명하면
   응시자는 오른손을 높게 들면서 "네. ooo입니다" 대답한다.
8) 지도자(관장, 사범)나 진행위원, 구령자로 지휘
9) 학부형이 각자 데리고 왔다가 데리고 갈 수 있도록 권유 (단체 이동 금지) 단, 부득이한 사정의 경우 (한부모 가정이나 맞벌이 가정으로 부모님과 이동이 어려운 응시자의 경우 등) 지도자 동행 허용.
10) 심사 종료 후 심사장 및 대기 장소 소독
11) 심사 응시자 불참 시 심사비 100% 반환 (찾아가는 심사의 경우에만 적용)

◆ 심사 진행자 구령 안내

☞ 1품 진행자 구령

차려/경례

준비/태극(   )장 시작/바로/쉬어/제자리

준비/태극(   )장 시작/바로/쉬어/제자리

겨루기(발차기) 준비

앞뻗어차올리기	하나, 둘, 셋 /발 바꿔/ 하나, 둘, 셋 /발 바꿔
앞차기	하나, 둘, 셋 /발 바꿔/ 하나, 둘, 셋 /발 바꿔
돌려차기	하나, 둘, 셋 /발 바꿔/ 하나, 둘, 셋 /발 바꿔
옆차기	하나, 둘, 셋 /발 바꿔/ 하나, 둘, 셋 /바로/차려/경례/퇴장

☞ 2품 진행자 구령

차려/경례

준비/태극(   )장 시작/바로/쉬어/제자리

고려품새 준비/시작/바로/쉬어/제자리

겨루기(발차기) 준비

앞뻗어차올리기	3회 시작 /발 바꿔/ 3회 시작/발 바꿔
앞차기	3회 시작 /발 바꿔/ 3회 시작/발 바꿔
돌려차기	3회 시작 /발 바꿔/ 3회 시작/발 바꿔
옆차기	3회 시작 /발 바꿔/ 3회 시작/발 바꿔
뒤차기(뒤돌아옆차기)	3회 시작 /발 바꿔/ 3회 시작/바로/차려/경례/퇴장

☞ 3품 진행자 구령

차려/경례

준비/태극( )장 시작/바로/쉬어/제자리

금강품새 준비/시작/바로/쉬어/제자리

겨루기(발차기) 준비

앞뻗어차올리기	3회 시작 /발 바꿔/ 3회 시작/발 바꿔
앞차기	3회 시작 /발 바꿔/ 3회 시작/발 바꿔
돌려차기	3회 시작 /발 바꿔/ 3회시작/발 바꿔
옆차기	3회 시작 /발 바꿔/ 3회 시작/발 바꿔
뒤차기(뒤돌아옆차기)	3회 시작 /발 바꿔/ 3회 시작/발 바꿔
뒤후려차기	3회 시작 /발 바꿔/ 3회 시작/바로/차려/경례/퇴장

☞ 4품 진행자 구령

차려/경례

준비/기본동작 손기술 시작/바로

기본동작 발차기 준비

앞뻗어차올리기 시작/앞차기 시작/돌려차기 시작/옆차기 시작/

뒤차기(뒤돌아옆차기)시작/뒤후려차기 시작/바로/쉬어/제자리

준비/태극( )장 시작/바로/쉬어/제자리

태백 품새 준비/시작/바로/쉬어/제자리

태백 품새 준비/시작/바로/쉬어/제자리

겨루기(발차기) 준비

스텝발차기 돌려차기-돌려차기-얼굴 돌려차기 시작

　　　　　돌려차기-돌려차기-뒤후려차기 시작

　　　　　발붙여 내려차기-돌려차기-돌개차기 시작

　　　　　돌려차기-나래차기-뒤차기 시작

　　　　　발붙여 돌려차기-뒤후려차기-뛰어 뒤후려차기 시작/바로/차려/경례/퇴장

☞ **4.5단 진행자 구령**

　차려/경례

　준비/기본동작 손기술 시작/바로

　기본동작 발차기 준비/시작/바로/쉬어/제자리

　준비/태극(　　)장 시작/바로/쉬어/제자리

　태백품새 준비/시작/바로/쉬어/제자리

겨루기(발차기) 준비

　스텝발차기 시작/바로/차려/경례/퇴장

참고문헌

국기원(2021). 국기원 심사평가위원 교재. 서울: 국기원

국기원(1987). 태권도교본. 서울: 국기원

국기원(2005). 태권도교본. 서울: 국기원

국기원(2010). 태권도 기술 용어집. 서울: 국기원

국기원(2014). 태권도의 기본과 품새. 서울: 국기원

국기원(2019). 태권도 용어 사전. 서울: 국기원

국기원(2021). 태권도교본. 서울: 국기원

김문수, 박소현 공역(2014). 학습과 행동. 서울: 센게이지러닝코리아(주)

김병준(2019). 스포츠 심리학의 정석. 서울: 레인보우북스

김병현(2010). 국가대표 심리학. 경기: 다음생각

세계태권도연수원(2014). 개발도상국 태권도 전문가 교육과정

세계태권도연수원((2015). WTA 실기 강의지도서-기본동작 및 품새

신명희 외(1998). 교육심리학의 이해. 서울: 학지사

전정우(2008) 태권도 경기도지도법. 도서출판 대한미디어

정현주(2015). 초당학생의 방과 후 체육활동 성취감 구성요인. 인천대학교 교육대학원 석사학위논문

재단법인 경기도태권도협회(2019). 전통태권도수련법. 비매품

천성문 외(2019). 상담심리학의 이론과 실제. 서울: 학지사

편찬위원

편찬위원장: 김경덕 (경기도태권도협회장)

편찬위원: 이송학 (경기도태권도협회)
조남도 (경기도태권도협회)
오철희 (경기도태권도협회)
문종휴 (경기도태권도협회)
구본호 (경희대학교 대학원 겸임교수)
강경석 (경기도태권도협회)

전문위원: 정태성 (국기원 품새교수)
서민학 (국기원 품새교수)
김성기 (국기원 품새교수)
고영정 (경희대학교 겸임교수)
강유진 (서울대학교 대학원 박사과정 수료)

프로젝트 매니저: 이송학 (전략기획위원회 위원장)

사진·영상모델: 이주영, 김태우, 윤대건, 김은숙, 김연부, 이철희, 황인식, 심윤호, 공태현